INTELLIGENCE ÉCONOMIQUE ET VEILLE STRATÉGIQUE

Défis et stratégies pour les économies émergentes

Ouvrage publié avec le concours du Centre National pour la Recherche Scientifique et Technique

Première édition 2005

L'Harmattan

ISBN
2-7475-9096-8

NADACOM Design

N° Dépot légal
0743/2005

Sous la Direction de
Driss GUERRAOUI et Xavier RICHET

INTELLIGENCE ÉCONOMIQUE ET VEILLE STRATÉGIQUE

Défis et stratégies pour les économies émergentes

Collection Mouvements Economiques et Sociaux

INSTITUT CEDIMES

Association de Recherche en Communication Interculturelle

L'Harmattan
7, rue de l'Ecole-Polytechnique,
75005 Paris - France
Tél.. : 01 40 46 79 14
Fax: 01 43 29 86 20

Collection Mouvements Economiques et Sociaux
Dirigée par Claude ALBAGLI

*La collection « **les Mouvements Economiques et Sociaux** » présentée par L'HARMATTAN et l'INSTITUT CEDIMES se propose de contribuer à l'analyse des nouveaux aspects de la mondialisation en embrassant les phénomènes économiques, sociaux et culturels. Elle vise à faire émerger des recherches et des contributions originales sur les mutations du développement et de la mondialisation.*

- ALBAGLI Claude, « **Le surplus agricole, De la puissance à la jouissance** », L'Harmattan, Coll. M.E.S., 2001
- DELIVANIS-NEGREPONTI Maria, « **La mondialisation conspiratrice** », L'Harmattan, Coll. M.E.S., 2002
- RUBY Marcel (sous la direction) « **Une mondialisation humaniste** », Préface du Ministre Délégué de la Coopération et de la Francophonie, Pierre-André WILTZER L'Harmattan, Coll. M.E.S., 2003
- RAJEMISON Sahondravololona et ALBAGLI Claude, (sous la direction) « **Mutations contemporaines et développement** », Préface du Ministre de l'Enseignement Supérieur et de la Recherche, Jean-Théodore RANJIVASON, L'Harmattan, Coll. MES, 2003
- MAYOUKOU Célestin, ALBAGLI Claude, TORQUEBIAU Emmanuel et THUILLIER Jean-Pierre (Coordonnateurs), « **Gouvernance du Développement local** », CIRAD, L'Harmattan, Coll. M.E.S. 2003
- ALBAGLI Claude, (Coordonnateur) « **Alter-Développements, et développements altérés, Hommage à Jacques AUSTRUY** », L'Harmattan, Coll. M.E.S. 2003
- KIM Yersu & ALBAGLI Claude (Coordonnateurs), « **Corée du Sud, le modèle et la crise** », Commission Nationale Coréenne pour l'UNESCO, Coll. MES, L'Harmattan, 2004
- TREMBLAY Rodrigue « **L'Amérique impériale** » Coll. MES L'Harmattan, 2004
- RICHET Xavier et HUCHET Jean-François (Coordination) « **Transformations et stratégies des entreprises chinoises** », L'Harmattan, Coll. M.E.S., 2004
- DUPRIEZ Pierre (Sous la direction), « **Entreprises roumaines en transition, Etudes de cultures organisationnelles** », Coll. MES, L'Harmattan, 2005
- COURTHEOUX Jean-Paul, « **La socio-euphémie ou l'action déguisée** », Coll. MES, L'Harmattan, 2005
- GUERRAOUI Driss et RICHET Xavier (Coordination) « **Intelligence économique et veille stratégique : Défis et stratégies pour les économies émergentes** », L'Harmattan, Coll. M.E.S., 2005
- AUSTRUY Jacques, « **Islam face au Développement** » Coll. MES, L'Harmattan, 2005 (en cours)
- GERN Jean-Pierre (sous la Direction), « **Les sciences sociales confrontées au défi du développement** », L'Harmattan, Coll. M.E.S., 2005 (en cours)
- PATUREL Robert (sous la Direction), « **Dynamique entrepreneuriale et développement économique** » L'Harmattan, Coll. M.E.S., 2005 (en cours)
- SCHMITT Christophe (sous la Direction), « **Université et entrepreneuriat : une relation en quête de sens** » L'Harmattan, Coll. M.E.S., 2005 (en cours)

En préparation

- DELIVANIS-NEGREPONTI Maria (sous la direction) « **Euro, convergences et divergences européennes**», Préface du Recteur Jean-Claude Dischamp, AELF, Coll. MES, L'Harmattan, 2005
- DUPRIEZ Pierre et VANDERLINDEN Blandine (sous la direction) « **Balises pour le management interculturel** », Coll. MES L'Harmattan
- ALBAGLI Claude « **Inventaire et itinéraire de la pensée en développement, De Bandung à Cancún** » Coll. MES, L'Harmattan
- DUPRIEZ Pierre (sous la direction) « **Perspectives latino-américaines du management interculturel** » Coll. MES L'Harmattan

LISTE DES AUTEURS

ALBAGLI Claude
ARVANITIS Rigas
BELCADI Said
BENSAHEL Liliane
BENSEDDIK Abdellah
BERNOSSI Abdellatif
BOUCHET Yannick
CLERC Philippe
FONTANEL Jacques
GUERRAOUI Driss
JASTRABSKY Eglantine
MARTINET Alain-Charles
MICHON Christian
PAYAUD Marielle
RAMAROTAFIKA Lazaniana Lala
REDSLOB Alain
RICHET Xavier
SAMSON Ivan
SILEM Ahmed
TITECAT Michel
WANG WEI

AVANT-PROPOS

Le présent ouvrage regroupe les travaux de la rencontre internationale de Tétouan, organisée sous le Haut Patronage de Sa Majesté le Roi Mohammed VI, du 25 au 27 novembre 2004 par la Commune Urbaine de Tétouan, en partenariat avec les Universités Mohammed V de Rabat Agdal, Abdemalmek Essaadi de Tétouan, la Sorbonne Nouvelle de Paris, Jean Moulin de Lyon, Bergkademie de Freiberg, Allemagne , Sopel International du Sénégal, la Région Tanger Tétouan et la Wilaya de Tétouan sur le thème : «Intelligence économique et veille stratégique, défis et stratégies pour les économies émergentes».

Cette rencontre a réuni des experts, des chercheurs et des décideurs en vue de tenter un bilan raisonné des questions liées à l'intelligence économique et à la veille stratégique, d'évaluer l'état des politiques menées dans ce domaine dans le monde et de tirer les enseignements les plus pertinents pour les économies émergentes.

Nous présentons nos sincères remerciements à l'ensemble des institutions qui ont parrainé cette rencontre et à tous les experts, chercheurs et opérateurs qui y ont participé et apporté leur contribution à sa réussite.

Driss GUERRAOUI et Xavier RICHET

NOTE DE PRÉSENTATION

Par Driss GUERRAOUI et Xavier RICHET

La popularité des concepts d'économie de la connaissance et de veille stratégique, le développement des formations autour de l'intelligence économique dans les universités et les grandes écoles de management ne s'expliquent pas uniquement par un effet de mode récurrent, comme les sciences économiques et de gestion en sont souvent familières. Ces concepts rendent compte en fait d'une double réalité de l'évolution de l'économie mondiale:

- Tout d'abord l'accent mis sur la dimension immatérielle des facteurs de production pour expliquer les externalités positives engendrées par le capital humain, l'application des découvertes scientifiques (les nouvelles technologies de l'information et de la communication notamment), les nouveaux modèles organisationnels, l'endogénéisation des facteurs de production qui contribuent à l'existence de rendements croissants dans les économies de marché développées;
- Le second phénomène, engendré par ce processus, est le déplacement vers l'amont de la concurrence dans le cycle de vie du produit. En effet, la concurrence entre firmes et entre pays a tendance aujourd'hui à faire de la recherche-développement et de ses applications l'un des supports essentiels de la création non seulement de la valeur et des richesses mais aussi et surtout des avantages stratégiques.

Cette nouvelle configuration des économies de marché développées avec la science qui devient "une force productive directe" pour paraphraser l'auteur du Capital, a des conséquences importantes sur le façonnage du paysage industriel dans les économies du Nord, déjà bien avancées dans le développement des services. Ce processus contribue à la fois à accroître l'écart technologique dans les pays du Sud, à l'exception de ceux qui ont su atteindre une masse critique à travers l'accueil des investissements directs étrangers comme la Chine, et à remettre en cause la traditionnelle division du travail Nord-Sud.

Alors que les pays émergents du Sud, notamment les plus avancés dans leurs stratégies de rattrapage (Tunisie, Maroc, par exemple pour le Maghreb), avaient commencé à s'insérer dans la nouvelle division internationale du travail sur la base des avantages comparatifs, de la montée en gamme, le nouveau contexte de la concurrence, reposant sur l'exploitation des externalités mentionnées, remet en cause les orientions des firmes dans de nombreux secteurs et pousse les Etats à réfléchir sur les nouvelles stratégies permettant à leur tour d'endogénéiser les connaissances et le savoir-faire.

Cette nouvelle réalité de l'économie mondiale obéit, par ailleurs, à une dynamique de localisation des firmes qui a mis les collectivités locales (les communes, les villes et les régions), indistinctement au Nord et au Sud, au centre d'une véritable compétition, les amenant à développer des formes appropriées d'intelligence économique à la faveur de l'attractivité de leurs territoires.

Mais ce phénomène semble toucher tous les acteurs de la croissance et du développement les firmes et les Etat certes mais aussi, les collectivités territoriales, et les organisations non gouvernementales. De fait, le génie de tout ces acteurs est de plus en plus recherché pour être mis à contribution de l'élévation des performances globales des économies et des sociétés.

La maîtrise des aléas, des incertitudes et de la complexité économique, financière, technologique et managerielle grandissante des organisations publiques et privées dans un contexte de globalisation, incite à développer une veille stratégique permanente indispensable pour anticiper et gouverner les évolutions futures que leur dictent les nouvelles réalités de la société post-industrielle ,une société principalement fondée sur la connaissance,l'intelligence et l'avantage stratégique.

Les économies émergentes se trouvent ainsi en face d'un nouveau défi majeur. Il importe donc d'en analyser les questions relatives à ses conséquences prévisibles sur les systèmes productifs, afin d'en apprécier la portée et de préciser les contours des stratégies publiques et privées possibles.

Les contributions présentées dans ce livre tentent d'apporter un éclairage sur les dimensions essentielles de ces problématiques, en mettant en évidence les aspects conceptuels et méthodologiques liés à l'intelligence économique et à la veille stratégique, en analysant le rôle et l'impact de la mobilisation des compétences, de la veille technologique et de la l'information dans le renforcement de la compétitivité des entreprises, en interrogant la globalisation et la mondialisation par rapport à la gestion des nouvelles contraintes induites par l'ouverture des économies et la libéralisation des échanges et en tirant, enfin, quelques enseignements à partir d'expériences concrètes tentées dans le Monde et notamment dans les économies émergentes.

Allocution de M. Rachid TALBI EL ALAMI

Ministre Délégué auprès du Premier Ministre chargé des affaires Economiques et Générales, Président de la Commune Urbaine de Tétouan

Monsieur le Wali, Honorable Assistance, Mesdames et Messieurs,

Avant toute chose, je voudrais exprimer tout l'honneur que Sa Majesté le Roi, Mohammed VI, Puisse Dieu le Protéger, nous a fait en entourant la rencontre d'aujourd'hui, de toute Sa Sollicitude, d'autant qu'elle se déroule dans une région qualifiée de "vitrine Nord Africaine de l'Europe" et à Tétouan en particulier.

Je voudrais également vous souhaiter la bienvenue et remercier toutes les personnalités qui ont effectué le déplacement pour participer à ce séminaire dédié à un thème particulièrement important et qui n'est autre que "L'intelligence économique et la veille stratégique.

L'organisation de cet évènement s'inscrit dans le cadre d'une coopération entre le Réseau d'Universités, les Centres de Recherche, les Agences de Développement, les opérateurs publics et privés et la Municipalité de Tétouan.

Que tous nos partenaires ici présents, soient, remerciés pour la pertinence de l'accompagnement dont ils ont fait bénéficier ce séminaire.

Mesdames, Messieurs,

Aujourd'hui, l'utilité de la veille stratégique ou de l'intelligence économique n'est plus à démontrer.

Je me contenterai de rappeler qu'il nous faut, tous, acteurs publics, opérateurs privés, prendre conscience que la veille doit désormais être considérée comme un outil incontournable d'amélioration de la performance économique et un facteur de compétitivité à part entière des entreprises.

Ce n'est, en effet, que par ce moyen qu'il sera possible à une entreprise ou à un secteur de se mettre à l'écoute anticipative de son environnement, en vue de réduire les incertitudes et d'accroître les opportunités et ce pour mieux décider et agir dans la poursuite de ces objectifs.

Il s'agit en définitive d'évoluer vers un système qui permettrait de repositionner continuellement le potentiel compétitif de l'économie marocaine dans le contexte mondial et de stimuler sa réactivité face aux effets induits de la mondialisation.

En effet, le Maroc est résolument engagé dans la voie de l'ouverture et du changement, dans un environnement mondial subissant de profondes et continuelles mutations du fait, notamment, de l'internationalisation des marchés.

A ce propos, il convient de rappeler que le Maroc a signé un ensemble d'accords d'association et de libre échange avec plusieurs pays et groupements régionaux telle que l'Unlon Européenne, les Etats de la rive sud de la méditerranée signataires de la déclaration d'Agadir, la Turquie, et à présent les Etats Unis d'Amérique.

Mesdames, Messieurs,

L'ouverture, qui constitue un choix délibéré et irréversible, engendre bien entendu des challenges que notre pays devra impérativement, relever et qui sont de deux ordres.

Sur le plan interne, la mise à niveau de l'économie fait l'objet d'une attention toute particulière et constitue le fer de lance de la nouvelle démarche pragmatique, visant l'arrimage, de manière réussie, de notre développement socio-économique à l'économie mondiale.

Sur le plan international, le Maroc est appelé à consolider son rayonnement au sein du concert des nations modernes et à améliorer davantage la compétitivité de son économie aussi bien sur ses marchés traditionnels que sur de nouveaux créneaux et débouchés.

A ce titre, la mise en place de dispositifs de surveillance, fournissant des informations fiables, permettant de scruter les concurrents, les opportunités d'affaires, les technologies et les nouveaux procédés n'est aucunement céder à un quelconque effet de mode mais répond bien à un impératif de premier plan pour tous les secteurs exposés à la compétition mondiale.

D'ailleurs, ces dispositifs ne manqueront pas, dans une perspective comparative, de valoriser davantage les atouts dont dispose le Maroc.

Une position géostratégique privilégiée, des ressources naturelles diversifiées, des infrastructures d'accueil et de communication de qualité, une main-d'œuvre compétente et réceptive aux mutations technologiques, de nombreux secteurs à fort potentiel de développement sont en effet autant de facteurs qui font du Royaume un excellent pôle d'attraction des investissements, tant nationaux qu'internationaux, et une base incontournable d'exportation vers les marchés internationaux.

Ceci dit, je reviens à la Région pour souligner que si l'intelligence économique et la veille stratégique interpellent les entreprises privées et les décideurs publics, il n'en demeure pas moins que ces outils devront jouer un rôle essentiel dans la compétitivité et l'attractivité territoriale.

Mesdames et Messieurs,

En effet, grâce à une bonne pratique de la veille économique, nous aspirons à assigner la Région la mission cl'acteur pivot qui lui revient dans les politiques de développement local. A cet effet, nous devons nous préparer en ce qui concerne la ville de Tétouan en nous appropriant les concepts clés de la veille intégrant les concepts clés de la veille à savoir "collecter l'information stratégique" en utilisant les données existantes, "anticiper" en essayant de cibler les projets opportuns pour la Région et enfin "proposer" des scénarii de développement de l'espace régional prenant en compte les spécificités et les atouts de cette région.

Par ailleurs, nous devons, en tant qu'élus locaux, saisir l'occasion des projets structurants en cours dans notre région tel le Port "Tanger-Méditerranée" pour la concrétisation d'importants investissements induits en termes de zones franches "logistique, industrielle et commerciale" et d'infrastructures d'accompagnement (routes, autoroutes et voies ferroviaires).

J'ajouterai qu'il nous faut exploiter cette opportunité pour mettre à niveau notre région et en faire un espace attractif pour les investissements aussi bien nationaux qu'internationaux, la mettant ainsi, au diapason de la rive Nord de la Méditerranée.

Mesdames, Messieurs,

L'organisation de ce séminaire vise en fait, à sensibiliser tous les acteurs ici présents à l'importance de conjuguer leurs efforts pour la diffusion d'une culture de veille si essentielle à la croissance et à la mise à niveau incessante de nos entreprises.

En d'autres termes, notre souci ultime est que cette manifestation soit l'amorce effective d'un dispositif qui nous permettra à tous d'intégrer la veille stratégique parmi nos préoccupations et tâches quotidiennes.

Encore une fois, je vous remercie d'avoir bien voulu partager vos expériences avec nous, et souhaite plein succès à vos travaux.

Allocution de M. Omar FASSI-FEHRI

Secrétaire Perpétuel de l'Académie Hassan II
des Sciences et Techniques

Mesdames, Messieurs,

C'est avec un réel plaisir que je participe avec vous à la cérémonie d'ouverture de cette rencontre internationale, organisée par le Conseil de la ville de Tétouan et son Président mon ami, M. le Ministre Rachid Talbi Alami, sur "intelligence économique et veille stratégique: défis et stratégies pour les économies émergentes".

Depuis un peu moins de deux décennies, des mutations profondes affectent notre monde; elles sont d'abord de nature économique avec la globalisation des échanges, elles sont aussi géopolitiques après tous les changements intervenus dans la plupart des grandes régions de la planète; elles sont aussi et surtout de nature technologique; rappelons à ce propos la formidable révolution que nous vivons dans le domaine de la microélectronique et des technologies de la communication; signalons a titre d'illustration que nous atteindrons très bientôt la limite ultime de la loi empirique selon laquelle la taille des composants électroniques est divisée par deux tous les dix huit mois; la limite de la taille des atomes sera bientôt atteinte, y aura-t-il alors d'autres processus physiques que ceux des semiconducteurs pour nous permettre d'aller plus loin dans la miniaturisation ? C'est aujourd'hui une des préoccupations des chercheurs dans le domaine des composants électroniques; signalons encore dans le domaine des NTIC, les travaux de recherche qui visent à créer des ordinateurs quantiques dont les principes n'ont rien de commun avec ceux que nous connaissons dont les portes logiques ne peuvent être qu'ouvertes ou fermées; la mécanique quantique autorise en effet d'autres combinaisons et nous sommes peut être a l'aube d'une nouvelle révolution, celle de l'information quantique, d'ou l'importance de ces recherches pour le sujet dont nous discutons aujourd'hui, l'intelligence économique.

Devant ces changements et ces nouvelles données, devant la concurrence impitoyable imposée par la globalisation, nos opérateurs économiques sont tenus pour survivre d'avoir une vision stratégique adaptée, réactive et performante; pour cela, ils sont tenus de recourir aux actions dites d'Intelligence économique et de veille stratégique qui ont pour base la recherche, le traitement, la diffusion et parfois la protection de l'information qui leur est utile.

L'informatisation des modes de production et d'échanges, la croissance de la part immatérielle de la richesse produite et le développement de nouveaux réseaux multimédia comme Internet ont de fortes répercusions sur notre économie et sur la vie des citoyens.

L'information devient une richesse stratégique et une des conditions de la compétitivité; les produits issus de l'activité intellectuelle représentent et représenteront encore davantage dans l'avenir une part déterminante de la richesse collective; la compétition internationale de ce siècle sera une bataille de l'intelligence et du savoir.

La performance économique d'une entreprise (ou d'une nation) provient directement de ses capacités d'innovation technologique découlant des efforts entrepris par l'entreprise sur le plan de la recherche-développement et des applications des découvertes scientifiques, ainsi que des investissements faits par l'Etat pour le développement technologique. C'est à travers la recherche-développement, à travers un investissement plus important dans l'innovation que les entreprises peuvent aujourd'hui faire face à la concurrence.

Ces questions posent au niveau marocain de manière urgente la mise à niveau technologique de nos entreprises et le développement d'un système national d'information. Dans ce cadre, la réalisation de l'Institut Marocain de l'Information Scientifique et Technique, en cours de construction, mettra à la disposition des chercheurs, et des opérateurs économiques et décideurs politiques l'information scientifique et technique et assurera la veille technologique.

L'entrée du Maroc dans la société de l'information constitue un enjeu décisif pour l'avenir du pays.

Sous la Haute impulsion de Sa Majesté le Roi Mohammed VI - Que Dieu L'assiste-, le Maroc a adopté une stratégie nationale permettant son insertion dans la société de l'information et du savoir, par la généralisation des NTIC, le déploiement accéléré des infrastructures, l'accélération de la libéralisation et de la concurrence, et la mise en place des moyens de cette stratégie sur les plans éducation, formation et recherche, ainsi qu'au niveau de l'administration, des entreprises et de l'économie.

Notre pays bien entendu, dans son souci légitime de développer les actions d'intelligence économique, veillera à tenir compte dans sa démarche de ses spécificités culturelles et historiques, à l'instar de pays qui ont mis en place très tôt un système d'intelligence économique adapté à leurs spécificités comme le Japon ou l'Allemagne; c'est pourquoi la définition d'une stratégie d'intelligence économique incluant nécessairement la connaissance et la compréhension des réalités des marchés, doit aussi intégrer les modes de pensée des concurrents, de leur culture et de leurs intentions.

Mesdames, Messieurs,

En prenant connaissance du programme très riche de votre Rencontre, et des thèmes qui vont être abordés dans les différentes sessions, je dois avouer que ce sera avec beaucoup d'intérêt que nous écouterons les contributions concernant les thèmes qui vont aborder la question de l'intelligence économique de manière plus concrète, plus pratique, à partir des expériences de terrain en particulier celles du monde de l'entreprise, celles d'une vision géostratégique essentielle pour nous maghrébins, au niveau régional en liaison avec la nécessaire construction du Maghreb Uni, ou encore à partir d'expériences étrangères certainement toutes très enrichissantes.

Mesdames, Messieurs,

En remerciant les organisateurs de cette rencontre pour leur invitation et en les félicitant pour leur initiative, je souhaite à tous nos amis venus de l'étranger la bienvenue et à vos travaux une réussite totale.

Merci pour votre attention.

Allocution de M. Mohamed MBARKI

Wali de Tétouan

Monsieur le Ministre,

Messieurs les gouverneurs,

Monsieur le Secrétaire perpétuel de l'Académie Hassan II des Sciences et Techniques,

Messieurs les Présidents des conseils élus,

Mesdames et Messieurs en vos divers titres et fonctions,

1- Comment réussir le développement en situation de déficit de moyens, qui se traduit évidemment en faiblesse de ressources, à laquelle vient souvent s'ajouter le caractère désuet des systèmes d'information et des structures d'organisation, la rareté des relations de partenariat entre l'administration, le monde de l'entreprise et l'université ?

2- Dans un monde marqué par toutes les formes de compétition, comment faire les meilleurs choix, anticiper judicieusement, en prenant les décisions les plus appropriées pour renforcer nos potentiels de compétitivité, adapter nos systèmes de gestion et gagner la bataille du développement réel et durable ?

3- Enfin, comment concilier la nécessité de rattraper le retard de développement, qui se résume le plus souvent en capacité de satisfaction des besoins quantitatifs, avec l'utilisation des méthodes de management les plus pointues, qui restent forcément sélectives ? Ce sont là les difficultés spécifiques qui sont celles des pays émergents, face à un sujet aussi stratégique que celui qu nous abordons.

Ces questions, elles sont permanentes et universelles. Elles préfigurent un nouvel arsenal de moyens et d'outils, susceptibles de faire gagner la bataille du développement, cette grande épopée qui dessine de plus en plus les contours d'un nouveau système mondial de dépendance de relations et de la domination. Ces questions se posent à l'entreprise privée et aux organisations et institutions publiques responsables de la gouvernance en termes certes différents, mais avec la même acuité, et dans le même objectif.

Le thème de ce séminaire se situe au cœur de cette problématique. SM le Roi Mohamed VI, Que Dieu l'Assiste, a voulu l'honoré de son haut patronage, ce qui, déjà, symbolise l'importance qu'il accorde à l'Etat. Nous sommes à Tétouan, très heureux de l'ouverture qu'il nous offre, et des échanges positifs qu'il favorisera dans notre quête incessante de recherche de compétitivité et de performance.

Je voudrai donc, au nom de la Wilaya de Tétouan et des quatre provinces qui la composent, vous souhaiter à tous la bienvenue, vous dire combien nous sommes heureux d'accueillir ce séminaire international dans cette ville d'art et de culture, inscrite au patrimoine Mondial de l'humanité, mais qui a l'ardente obligation, (vous savez de qui est l'expression) de se hisser au niveau d'une métropole capable de soutenir et de porter la compétitivité de ses territoires.

Je voudrai particulièrement saluer nos invités de marque, venus de lointains pays amis, ou de diverses régions du Royaume, tous ces professeurs et éminents chercheurs, ces chefs d'entreprise et leaders de leurs secteurs, venus partager avec nous cette réflexion pointue.

Permettez moi enfin de remercier le professeur Guerraoui, chargé de mission auprès de Monsieur le Premier Ministre, qui a été le concepteur de cette rencontre au plan scientifique, ainsi que Monsieur le Ministre Rachid Talbi Alami, qui dès le départ en a soutenu l'organisation, en sa qualité de maire de Tétouan.

Monsieur le Ministre,

Mesdames, Messieurs,

L'intelligence économique nous intéresse évidemment dans son apport conceptuel aux stratégies de développement régional, fondées sur la compétitivité des territoires qui est en fait la vraie mesure de la compétitivité de demain.

L'IE, on le sait, est un système de veille économique dans lequel l'information, son traitement et sa diffusion adaptée et maîtrisée, c'est-à-dire rationnellement traitée, ainsi que sa protection contre les accès non souhaités, sont des données fondamentales. Ceci n'est évidemment pas nouveau. Par contre ce qui l'est, c'est l'augmentation vertigineuse du volume d'informations à traiter, le fait de leur spécificité géographique et l'obligation de le faire en temps réel. Ce qui est enfin encore plus nouveau, dans cette course à la vitesse, pardonnez l'expression, c'est de pouvoir traduire le tout en un système opérationnel de prise de décisions hiérarchisées, capable déjà en soi, de procurer des avantages relatifs. L'information dont nous parlons est à mon sens ce croisement des conceptions anglo-saxonnes et latines, c'est-à-dire ce mélange d'anglicisme et de néologisme, qui fait de recherche d'informations et des systèmes de prévision, un cercle vertueux d'informations créateur de progrès et d'invention. C'est pourquoi l'IE est au cœur d'une problématique nouvelle, d'une actualité brûlante, à caractère hautement stratégique, et qui touche horizontalement tous les secteurs économiques et le champ social, les institutions civiles et militaires, et le monde de l'entreprise.

C'est sans doute pour cela que le ministère de l'intérieur Français a décidé, après une expérience pilote sur l'élaboration d'un « programme régionalisé d'intelligence territoriale et de sécurité économique » de généraliser un « guide pratique », une espèce de « boite à outils » destinée à piloter l'action des préfets, l'équivalent de nos Gouverneurs et walis auprès des entreprises, majoritairement des PME. Ce qui est dit dans la préface de ce guide, en terme d'orientation de principe en matière de gestion publique, pourrait être appliqué à toutes les organisations soucieuses de performance :

> «Garant de l'intérêt général, l'état doit développer une véritable politique publique d'intelligence économique. Il y va de nos emplois et de l'avenir de notre pays. Il y va aussi de nos intérêts stratégiques, de notre sécurité et de notre souveraineté dans un monde en constante révolution technologique »... et d'ajouter : « l'interdépendance des économies, le durcissement de la concurrence, ainsi que la pression sur la croissance et l'emploi, nourrissent une inquiétude réelle. Ce contexte confère à la stratégie publique d'intelligence économique et territoriale une place déterminante : celle d'appuyer le développement des entreprises et de favoriser une redistribution équitable des richesses produites collectivement. » D. de Villepin quelques années auparavant, dans une lettre de mission destinée à une équipe de recherche auprès du ministre de l'intérieur et animée par un député, (Mr Carayon, député du Tarn), définissant l'approche de cette manière :

"Dans un premier temps, vous dresserez un état des lieux de la façon dont notre pays intègre la fonction d'intelligence économique dans son système éducatif et de formation, dans son action publique et au sein du monde des entreprises. Vous veillerez à mettre particulièrement en exergue les éventuelles carences en ce domaine.

A la lumière de ce constat et dans un second temps, j'attends de vous les recommandations nécessaires à la valorisation de la fonction d'intelligence économique. A ce titre, vous me ferez les recommandations utiles au développement de la sensibilisation à ces sujets, dans tous les secteurs qui vous paraîtraient pertinents, en mettant cependant l'accent sur le troisième cycle universitaires, les grandes écoles, les entreprises des filières stratégiques, sans oublier les services publics concernés.

Vous étudierez également, les moyens de promouvoir les métiers de l'intelligence économique au sein des sphères publiques ou privée."

Monsieur le Ministre,
Mesdames, Messieurs,

Si je me suis attardé sur cet exemple, c'est qu'il décrit une méthode plus qu'une situation. Elle est proche de nous, et les résultats des différentes recherches font le point sur la situation des pays les plus avancés.

Nous sommes dans la Région de Tanger-Tétouan, et en son sein dans la Wilaya de Tétouan, dans un processus de développement rapide, qui se présente à certains égards, comme un cas d'école dans la mise en place d'un système de gestion basé sur l'IE. Nous avons besoin de développer les fondements d'une IE comme une des grandes actions nationales avec une articulation territoriale. Cette stratégie serait basée sur le couple compétitivité attractivité des régions, développement des systèmes d'influences, notamment par les collectivités territoriales, et mise en place d'un système adéquat de formation, et d'une sécurité renforcée.

Nous avons besoin de cette mobilisation de tous les acteurs, dans le cadre d'un renforcement de l'organisation des institutions régionales, et de leur fonctionnement transparent, c'est-à-dire respectueux des lois et des règlements, de ce que nous appelons communément l'état de droit.

Ainsi, l'IE pourrait être l'indicateur d'un véritable patriotisme économique.

I

L'INTELLIGENCE ÉCONOMIQUE

UN CONCEPT ET UNE DÉMARCHE PERTINENTS POUR LES ÉCONOMIES ÉMERGENTES

L'INTELLIGENCE ECONOMIQUE

UNE NOUVELLE FRONTIERE ?

Alain REDSLOB

Seuls les faits louent, alléguait Goethe. Ils sont là, édifiants : la déstructuration sociale progresse dans le monde ; à maints échelons - planétaire, national, professionnel... - les inégalités s'accusent ; les exclus croissent en nombre, cependant que la démographie des pays pauvres galope ; l'endettement explose ; le pouvoir s'étiole ; la démocratie reste le modèle minoritaire, et de loin ; les fondements culturels et sociétaux se fissurent. On agit dans l'urgence en ignorant le temps ; on délimite l'action en niant la distance ; on précipite les solutions en se gaussant des contingences. La consommation est préférée à l'investissement, la routine à la création, aujourd'hui à demain. En sorte que l'alarmisme se repaît du défaut de croyances[1].

La société matérielle reflue au fur et à mesure que l'espace virtuel s'affirme. Jadis, la productivité rythmait le tempo ; naguère, la compétitivité donnait le la ; à présent, c'est l'information qui orchestre notre vie.

Qu'il tienne à l'impuissance à contraindre l'immédiateté, à l'affadissement de l'esprit critique ou aux deux, le défaut de vision de l'avenir est atterrant. Il est pressant d'y remédier, d'autant qu'aucun domaine n'échappe à l'accélération des processus de déstructuration et de restructuration.

Espionnage industriel, puis veille technologique, l'intelligence économique est devenue une notion primordiale. Elle sert à protéger les savoir-faire, à décoder les procédés et à concevoir des ripostes, militaires ou non, appropriées à des situations données. Au plein sens du terme, elle est devenue un outil stratégique d'un enjeu culturel inouï au point que le développement en dépend étroitement.

---

1 : Cette contribution, revue et augmentée, reprend certains arguments défendus lors d'une conférence, «Les promesses de l'intelligence économique », prononcée à la Banque Mondiale lors d'un colloque international intitulé «Vers la phase opérationnelle du NEPAD », organisée par SOPEL International en partenariat avec l'UNESCO, le CIAN et l'Institut CEDIMES, à Paris, les 27 et 28 novembre 2003.

En effet, le glanage de l'information s'étend de la recherche pure aux modes de distribution en passant par les licences, les techniques de production, les transferts de savoirs, les sources de financement et les réactions de la concurrence. Nul stade ne s'en trouve exclu. La notion d'intelligence économique remplace celle de veille stratégique en ce sens qu'elle n'est pas que passive, mais aussi offensive, et qu'elle créé des emplois transversaux compatibles avec la nouvelle configuration des firmes et des Etats. Ses aspects à la fois micro- et macroéconomiques ne sont pas niables ; aussi est-il judicieux d'en mieux cerner le périmètre.

LES ENJEUX DE L'INTELLIGENCE ÉCONOMIQUE

L'innovation, si prégnante dans la théorie et la pratique des organisations, est à son origine. Dès l'aube de l'ère industrielle, certes à des degrés variables, la surveillance de l'environnement de l'entreprise n'était pas chose rare : en effet, comment imaginer de faire fi des méthodes employées par les concurrents ou comment se désintéresser des avancées scientifiques du moment ? L'innocence n'est pas le propre des affaires... De ces nécessités a mûri au fil du temps une réflexion féconde qui a dévoilé le caractère stratégique de l'information professionnelle en sorte qu'en 1994 le rapport Martre en précisera les contours: « L'intelligence économique peut être définie comme l'ensemble des actions coordonnées de recherche de traitement et de distribution, en vue de son exploitation, de l'information utile aux acteurs économiques. Ces diverses actions sont menées légalement avec toutes les garanties de protection nécessaire à la préservation du patrimoine de l'entreprise, dans les meilleures conditions de qualité, de délais et de coûts ».

L'étendue des risques qui reposent plus sur des menaces économiques et financières que sur des bravades militaires fait de l'intelligence économique un des mots-clés de la mondialisation[2]. Elle engendre des relations ici coopératives, là conflictuelles. Dans ce climat réel et larvé de guerre économique, les décideurs publics et privés doivent investir massivement dans la collecte de l'information et dans son traitement parce que d'après des sources dignes de foi les retards restent patents. Les pays qui, à l'instar des Etats-Unis, de l'Allemagne et du Japon, pratiquent le patriotisme économique en ont claire conscience de longue date.

La dissémination des lieux d'activité, la prolifération des techniques, la libre circulation des capitaux, la mobilité des hommes, tout s'agence pour

2 : A. *Redslob : La France face à la mondialisation : de la peur à l'espoir, L'Harmattan, 1999, entre autres p.148 et ss.*

conférer aux firmes une physionomie rénovée tant dans l'organisation que dans la gestion.

Au plan macroéconomique, trois lignes de force sous-tendent la métamorphose de l'économie mondiale : la reconfiguration de l'espace, le chambardement des techniques et l'émergence de la nouvelle économie. D'où la reconsidération des fonctions étatiques, la promotion de nouvelles logiques et la consolidation des ententes intergouvernementales.

Brassage mondial des flux d'hommes, de capitaux, de biens et de services, inventions déferlantes, bouquets d'innovations, couplés à un bouleversement des modes de transport et de communication ont levé des lames de fond. La compression de l'espace et la contraction du temps modifient les relations entre les hommes. Des marchés qui cristallisent le travail qualifié au Nord et campent la main-d'œuvre à bon marché au Sud éclosent et règnent en maîtres. La mobilité géographique et professionnelle s'érige en loi. En proie à des ajustements brutaux, le tissu social est mis à mal. Les délocalisations issues du remodelage des modes productifs font florès et, partant, sonnent l'hallali de l'emploi dans les économies développées. Parce qu'elle brouille l'avenir, l'incertitude justifie la minceur des ambitions et grippe les choix. Bref, la mondialisation n'épargne personne, ni aucun secteur : sociétale, elle est une réalité qu'on ne peut plus taire. Parce qu'elle imprime un nouvel élan à l'instant de l'histoire que nous vivons, hommes, productions et financements doivent s'y adapter avec sagacité et adresse : tel est le prix de l'audace, telle est la chance de vaincre[3].

L'INTELLIGENCE ÉCONOMIQUE, FACTEUR DE PRODUCTION

Cette nouvelle donne dont on ne semble pas encore avoir pris la juste mesure soulève bien des inquiétudes dans les économies émergentes, celles en transition et, à plus forte raison, celles en retard. Sans être exhaustives pas plus qu'exclusives les unes des autres, elles sont cependant de nature à freiner leur essor.

La première provient du danger de l'immixtion des nouvelles technologies dans le secteur primaire. Les excès de l'industrialisation ont engendré un besoin de retour au naturel dans les pays riches tant et si bien qu'une inadéquation qualitative entre

3 : A bien des égards, le lecteur est renvoyé au volumineux ouvrage que j'ai eu l'honneur de coordonner, Monde, régions, nations : intrications et perspectives à l'aube du troisième millénaire, paru aux éditions de l'Université Panthéon-Assas en avril 2001. Il tirera aussi profit de la lecture du livre de J. Ténier : Intégrations régionales et mondialisation : complémentarité ou contradiction, La Documentation Française, août 2003.

l'offre et la demande alimentaires s'annonce. Il s'ensuivra un recul des cultures vivrières traditionnelles, précisément celles qui trament la structure productive des pays pauvres. Ce repli impliquera un ralentissement de l'activité, des licenciements massifs et un tassement inévitable du niveau de vie. En un mot, l'inverse de la tendance souhaitable...

Une autre perplexité dérive de la cherté des coûts. L'accès à la modernité est onéreuse : le prix élevé des matériels de commande (super ordinateurs) et d'exécution (robots) n'est-il pas de nature à élargir le fossé entre pays nantis et pays démunis ? Aux fractures économique et sociale, alarmantes, s'ajoute la fracture numérique.

En appréhendant le travail dans son apparence, celle d'un volume horaire, et non dans sa réalité profonde, celle d'un capital humain, l'avenir s'obscurcit de fait. Car il n'est guère pire balourdise devant les hommes et aussi grave erreur face à l'histoire. En cela réside un troisième défi dont la taille est proportionnée au degré d'éducation ; autrement dit, si l'écriture, la lecture et l'arithmétique restent basiques, l'enseignement supérieur acquiert une dimension vitale, dorénavant incontournable. Il divulgue les savoirs de pointe, diffuse le progrès, stimule la recherche, véhicule les compétences et, finalement, favorise le décollage, estompe la pauvreté et promeut l'équité. Or, dans maints territoires, les structures, lorsqu'elles existent, restent fragiles, les institutions trop souvent déficientes, la gouvernance entravée ou embryonnaire, les coûts de transaction élevés bien qu'orientés à la baisse. Vu la vélocité de l'avancée des techniques, il faut à tout prix empêcher que l'enlisement du monde impécunieux ne s'accentue.

Une quatrième appréhension se détecte en prenant un peu de hauteur. La maîtrise de la science de la communication et des vecteurs qui la propagent requiert des financements à la mesure des enjeux : l'efficience, à l'instar de l'intranet et de l'extranet dans la firme, d'internet et de l'interactivité des réseaux dans le monde ; le lucre avec la publicité, le marketing, l'e-commerce et autres inforoutes ; finalement, plus pernicieuse, l'influence avec l'apparition de la cyberdémocratie, de l'espionnage, de la désinformation, de la propagande, de la pression des lobbies et de l'oppression des pouvoirs. Et, au regard de ces critères, le monde en développement fait plus figure de proie que de prédateur.

La conclusion fuse : dans le maillage des infostructures qui connecte terminaux et serveurs au moyen de réseaux opérationnels usant du langage binaire, entreprises privées et organismes publics doivent collaborer à l'édification d'infosphères que Loup Francart[4] définit comme des « enveloppes informationnelles englobant

4- L. Francart : *Infosphère et intelligence stratégique : les nouveaux défis*, Economica, 2002.

toutes les activités humaines et permettant leur évolution par l'entretien des flux d'information ». Charnières entre le physique, réel et actuel, et le psychique, imaginaire en puissance, elles renferment tous les aspects de la connaissance et de l'action, même si leurs degrés de réticulation et de sécurité sont variables.

Rien ne sert de se leurrer : la guerre de l'information via le choc des réseaux a bel et bien commencé. Les heurts proprement militaires, les conflits d'opinions et les échauffourées identitaires le cèdent à des affrontements économiques plus ou moins violents, annonciateurs d'une belligérance fondamentalement culturelle.

L'intelligence économique, outil de connaissance et détecteur de capacités, est au cœur de cette conflagration sans précédent. Elle est devenue l'épicentre du choc des cultures[5].

L'INTELLIGENCE ÉCONOMIQUE EN PERSPECTIVE

Dorénavant, l'impératif est de gérer la matière première qu'est devenue la connaissance. Qu'on la retienne pour se protéger ou qu'on la quête pour se renforcer, elle cause l'enrichissement des entreprises et la prospérité des nations, sans compter les gisements d'emploi qu'elle octroie. Forgeant une culture du renseignement avec ses aspects défensifs et offensifs au sein des firmes, quelle que soit leur taille, elle constitue une approche d'aide à la décision et suscite un bouleversement culturel qui fait surgir un monde virtuel dans lequel les technologies agissent en synergie. Le disque multimédia qui stocke n'importe quelle information, écrite, sonore ou dessinée, en fait foi.

Notre monde, assurément, accède à la réalité virtuelle.

Les impacts sont gigantesques : la production d'idées et d'informations ne connaît plus de limite, les modes d'achat changent, marchandises et services d'un nouveau type inondent les marchés. La culture que cadraient des pensées et des usages coutumiers chavire, et puisque l'espace et le temps n'ont plus le même contenu, l'information accouche d'une société virtuelle aux actions originales.

5- Deux autres de nos communications récentes se sont appesanties sur ce thème : Sur la mondialisation, prononcée en juin 2002 lors du Colloque International de l'université Kainar (Kazakhstan) traduite en russe dans la Revue d'Economie Européenne la même année. Aspects sociopolitiques de la mondialisation fut le titre de celle présentée au Colloque International de l'université Valahia, à Targoviste (Roumanie), en octobre 2002..

Le bouleversement des enjeux cause une rupture à la fois politique et économique qui se traduit par une mutation profonde des formes d'organisation et des modes de gestion. Si, en effet, l'objectif se mesure toujours en termes de puissance, son contenu a évolué : de militaire, il est devenu économique. La maîtrise des techniques prime désormais les revendications territoriales ; autrement dit, la volonté de domination déserte l'espace réel pour investir l'espace virtuel. Plus que des chocs armés, ce sont les heurts économiques qui donnent matières à conflits[6]. La diplomatie, hier asservie aux techniques d'envahissement, est dorénavant chevillée à l'économie. La nature des enjeux, imprégnée d'idéologies il y a peu, est maintenant d'essence culturelle. En découle un système de valeurs qui renvoient à des canons jadis décriés : l'esprit pionnier est célébré, la réussite sociale admirée et récompensée, l'appât du gain avoué, l'argent désacralisé. Une individualisation accrue refonde l'organisation du travail.

Dans ce contexte inédit, le savoir occupe une place centrale. Ce n'est plus niable. Aussi convient-il d'en apprécier la portée afin d'ébaucher des solutions modulables.

L'INTELLIGENCE ÉCONOMIQUE EN ACTION

Parmi les tâches à venir, la gestion de l'information domine[7]. L'intelligence économique qui la sous-tend est l'outil le plus apte à anticiper les évolutions, non seulement parce qu'elle en englobe les différentes consistances - collecte, traitement, stockage, distribution, exploitation -, mais aussi parce qu'elle couvre un spectre allant de la recherche pure aux canaux de diffusion, en passant par les licences, les labels, les transferts de savoirs, les sources de financement et les réactions de la concurrence. Sans doute, l'information est devenue un gisement de première importance ; c'est pourquoi il importe que les Etats érigent la connaissance au rang de priorité des priorités. En sus, l'information a fissuré le pouvoir central: un temps, on a pu s'en passer au prétexte des idéologies qui, congénitalement, réduisent l'incertitude et compriment les coûts ; depuis leur mise au rebut, l'information se déverse en quantité impressionnante, mais sa qualité reste des plus discutables, car le pouvoir avance souvent masqué et les médias sont parfois équivoques dans leurs présentations comme dans leurs interprétations.

6- A.Redslob : Géopolitique versus géoéconomie, XIIIème Congrès International du Cedimes, Antananarivo, (Madagascar), novembre 2000.

7- Cf. nos communications, l'une prononcée à Marrakech (Maroc) en juin 1999 sur le thème France, Europe, Monde : la lancinante question de la gouvernance, l'autre intitulée Vers l'éco-monde, lors du XIIème Congrès International du Cedimes, à Paris, en mai 2000.

Si les actions à mener au Nord et au Sud peuvent fort bien être sécantes, elles ne sont pas obligatoirement similaires. Le poids des structures et celui des habitudes justifient les différenciations. A propos, sait-on qu'il n'y a guère plus de dix ans moins d'un milliard et demi d'hommes vivait dans une économie de marché contre plus de cinq milliards à l'heure actuelle?

Dans une étude fondée sur une enquête envoyée à plus de cinq mille entreprises françaises de plus de deux cents salariés avec un taux de réponse de plus du quart, Frank Bournois et Pierre Jacquelin Romani[8] énoncent au regard de plusieurs dimensions -écologique, téléologique, psychologique, technologique et rétilogique - des propositions très positives : professionnaliser la fonction de responsable en charge de l'intelligence économique, sensibiliser les salariés à cette notion et clarifier sa place dans l'entreprise, mettre au point des indicateurs et des instruments de gestion, renforcer la coopération Etats-entreprises, identifier l'importance, le contenu et l'origine des attaques offensives...

A l'échelle des Etats, la première orientation géostratégique doit rendre la politique économique plus incitative qu'injonctive : subsides en capital, aides à la recherche, programmes d'éducation, campagnes de santé publique, implantations d'infrastructures, toilettages réglementaires et cycles de formation oeuvreront en ce sens[9]. Un deuxième axe vise à substituer aux politiques sectorielles à ce jour encore prévalentes des logiques de l'espace plus adaptées aux mutations en cours. Enfin, la mondialisation des marchés et la globalisation financière mènent à une reconsidération en profondeur des fonctions étatiques[10]. Comment, en effet, ignorer le décalage qui existe entre une logique économique et financière de portée planétaire et une logique politique le plus souvent circonscrite à la nation ? Il y a là matière à réflexion, notamment pour les pays en développement.

Hisser la connaissance au rang de priorité est une exigence. En posant des capteurs humains et scientifiques dans toutes les branches, y compris militaires, l'intelligence économique exerce une influence redoutable. Dans ce contexte, le placement d'hommes compétents aux postes névralgiques et

8- *F.Bournois et P-J. Romani : L'intelligence économique et stratégique dans les entreprises françaises, Economica, 2000.*

9- *A.Redslob : Politique économique : de l'injonction à l'attractivité, conférence prononcée devant l'Association Internationale des Economistes de Langue Française, à Montréal en mai 2001, et reproduite in extenso dans le numéro de septembre 2001 des Cahiers du Cedimes.*

10- *A.Redslob : On globalization, Conférence prononcée devant l'Assemblée doctorale de l'université de Wroclaw, Pologne, janvier 2001*

l'acquisition des techniques de pointe deviennent une obligation sans laquelle les décisions capitales échapperont. Or, les économies vagissantes en ont-elles réellement les moyens ?

Rien que ce fait d'évidence capital a induit une reconsidération stratégique qui s'est traduite par l'abandon de la politique de développement par substitution des importations au profit d'une politique basée sur les exportations, l'affectation d'investissements massifs dans l'éducation et l'industrie, un recentrage des missions de l'Etat de même que des efforts de cohésion sociale...C'est alors que sonna le glas de la thèse du développement autocentré.

Il est un point qu'il serait irréfléchi de négliger : la démarche que suggère l'intelligence économique est avant tout une action concrète qui se fixe la réduction de la pauvreté pour objectif premier. Dans cette optique, outre la fuite des cerveaux qu'il convient de contrer par des mesures idoines, il est impératif de conduire des investigations sur le terrain, entre autres au moyen d'enquêtes, pour identifier les intervenants et vérifier les effets d'annonce. La collecte de données constitue un préalable à toute exploitation d'informations qui, par suite, conditionnera la croissance et accélèrera l'insertion des économies dans le jeu planétaire. A cet égard, la diffusion des technologies de la communication, l'assignation de missions à des professionnels, la mise au point de diagnostics, la conception de mesures d'assistance opérationnelles aussi bien que le montage de plans de financement forment autant d'éléments indispensables. Bref, la pertinence des actions d'intelligence économique s'évalue à l'aune de leur réalisme ; à défaut, elle serait de peu d'intérêt.

Au terme de cette analyse, il est délicat de conclure tant le sujet est vaste et les lendemains prometteurs. Mais si on reste fidèle à l'esprit qui a présidé à sa rédaction, certaines pistes se dessinent.

L'accès plus équitable à la connaissance est une exigence : aux pays riches d'aider les autres dans l'assimilation des savoirs en augmentant les fonds alloués à l'éducation et à l'acquisition de matériels de pointe. En calquant son action humanitaire et sous réserve de s'interdire tout transfert technologique sensible, la communauté internationale ne pourrait-elle décréter un droit d'ingérence informationnelle ? A défaut, il est clair qu'eu égard à l'état actuel des techniques et à leur vitesse d'évolution les pays en développement n'auront pas d'autre voie que celle de la régression. L'intelligence économique a une dimension mondiale irréfutable.

L'incorporation du risque, la consubstantialité de l'information et de la décision, la restructuration des économies et la mise en place d'une infostratégie pour atteindre un but ou pour se préserver d'atteintes soulèvent un problème de fond, celui de la gouvernance de l'infosphère.

A cette suggestion s'ajoute une ultime réflexion. Pour rendre l'exploration de l'information toujours plus efficiente et son partage plus équitable, il importe de tisser la trame du futur sur les relations entre les peuples, car l'homogénéisation de l'espace que suscite la mondialisation ne justifie ni l'abdication du pouvoir politique, ni la mise à mort des cultures nationales ou ethniques.

Alors, et alors seulement, l'intelligence économique livrera ses promesses, en faisant éclater au grand jour les impérities de tant de responsables et en reléguant aux oubliettes de l'histoire les discours savamment tronqués sur la mondialisation.

L'ÉCONOMIE DU SAVOIR AU MAROC

ÉTAT DES LIEUX ET PERSPECTIVES

Said BELCADI

INTRODUCTION

Si on se réfère aux rapports de l'OCDE, les économies fondées sur le savoir sont des économies qui reposent directement sur :

« la production, la diffusion et l'utilisation du savoir et de l'information »

Aussi notre exposé comprendra quatre volets :

I. La production du savoir

II. La diffusion du savoir

III. La valorisation du savoir et rapprochement entre l'université et l'entreprise

IV. Perspectives

I. LA PRODUCTION DU SAVOIR

1. Les producteurs du savoir : le personnel scientifique et technique

I.1.1. Effectif du PST

Selon les statistiques de 2000-2001 l'effectif du personnel scientifique et technique est de 16.928. Il comprend :

- Le personnel fonctionnant dans le système de l'enseignement supérieur (universités et établissements de formation des cadres) : 12.136.
- Le personnel fonctionnant à l'extérieur du système de l'enseignement supérieur (organismes publics et privés) : 4.792.

I.1.2. Répartition du PST par discipline :

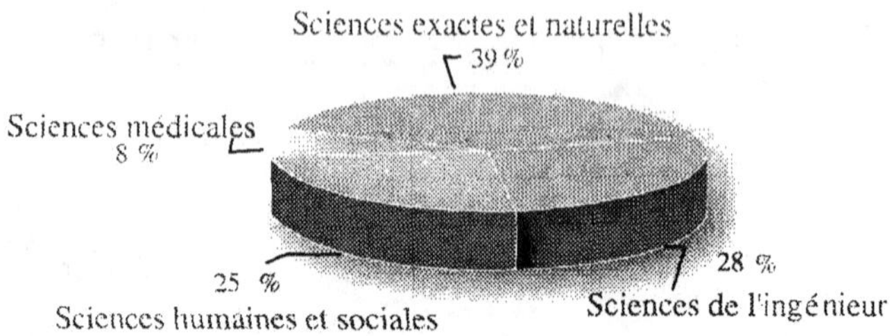

I.1.3. Un personnel scientifique et technique hautement qualifié

Les scientifiques marocains actifs sont hautement diplômés, dont une grande partie est titulaire d'un doctorat.

I.2. Les structures de production du savoir

I.2.1. Universités (facultés, instituts et écoles)

La loi n° 01-00 du 15 Safar 1421 (19 mai 2000) portant sur l'organisation de l'enseignement supérieur donne aux universités marocaines une large autonomie sur les plans administratif, financier, pédagogique, scientifique et culturel, leur permettant ainsi de mieux s'intégrer au développement régional et national. A cet effet les 14 universités existantes sont appelées à :

- Former un potentiel humain mieux adapté au marché de l'emploi
- Promouvoir et valoriser la recherche et ce en :

1. Exploitant les brevets
2. Assurant des prestations de service
3. Créant des incubateurs d'entreprises innovantes

I.2.2. Établissements de formation des cadres

On compte une cinquantaine d'écoles et instituts relevant de deux tutelles : le département de l'enseignement supérieur et un département technique. Ils forment des cadres et mènent des recherches appliquées pour le secteur qui les concerne.

I.2.3. Etablissements de recherche

Etablissements publics :

- INRA : Institut National de la Recherche Agronomique
- IPM : Institut Pasteur du Maroc
- CDER: Centre de Développement des Energies Renouvelables
- LPEE : Laboratoire Public d'Essais et d'Etudes
- CNRF : Centre National de Recherche Forestière
- INRH : Institut National de Recherche Halieutique
- CRTS : Centre Royal de Télédétection Spatiale

Établissements privés:

- CERPHOS (filiale de l'OCP)
- La société REMINEX (filiale de MANAGEM-ONA)

1.2.4. Les UATRS : Unités d'Appui Technique à la Recherche Scientifique

Les UATRS ont pour but de rassembler les moyens dans le but d'optimiser les ressources humaines et moyens matériels pour répondre aux exigences des chercheurs qui font souvent appel à un couplage de plusieurs techniques lourdes.

- unité d'appui à la chimie
- unité d'appui aux matériaux
- unité d'appui aux sciences de la mer
- unité d'appui à la biologie
- unité de calcul

1.2.5. Les pôles de compétences

Structures de recherche en réseau fédérant les universités, les centres de recherche et les entreprises autour d'une thématique de recherche déterminée.

Actuellement, on compte 17 pôles de compétences : sciences de la mer, NTIC, biotechnologie, matériaux, chimie, etc.

3. La production scientifique marocaine

L'étude bibliométrique des bases de données généralistes Pascal (Francophone) et SCI, Science citation Index (Anglophone) a révélé que le Maroc est désormais 3ème producteur scientifique en Afrique.

A noter que 80% de cette production se trouvent dans les universités et les établissements de formation des cadres.

Pays	1991	1997	2001	rang en 1991	rang en 2001
Afrique du Sud	2149	1462	-	1	1
Egypte	1434	1190	-	2	2
Maroc	242	475	1010	5	3

4. Le financement de la recherche

I.4.1. Depuis 1997, en plus des moyens octroyés aux établissements publics de recherche et aux universités, le Département de la Recherche a accordé à la recherche les moyens suivants :

- Dans le cadre du plan quinquennal 2000-2004, un investissement global de 567.70 millions de dirhams sur les cinq ans est dédié à la recherche.
- Au cours des 5 dernières années 536 projets PARS et PROTARS menés dans les universités ont été financés par le CNRST à hauteur de 130 millions de Dirhams.
- Bourses : chaque année le département de la recherche scientifique et technique et le CNRST attribuent environ 200 bourses de recherche au profit des doctorants les plus méritants.
- Depuis 2004 le département de la recherche scientifique et technique et le CNRST contribuent au financement de projets d'établissements dans le domaine de la recherche au sein des universités (plus de 60 millions de Dirhams alloués dans ce cadre en 2004).
- L'augmentation relative de l'effort financier consenti par le secteur privé pour la R&D .

Aujourd'hui la part du PIB consacrée à la recherche est de 0,7%.

I.4.2. Les financements dans le cadre de la coopération internationale

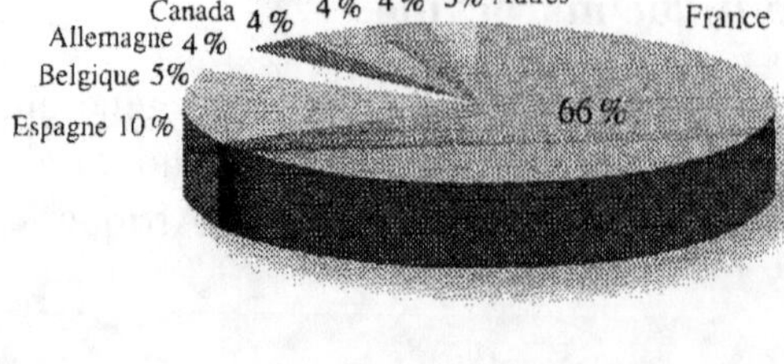

II. LA DIFFUSION DU SAVOIR

1- Marwan 2 :

Réseau dédié à l'Enseignement, la Formation et la Recherche :

- *Offre des connexions à haut débit : 2 Mbps & 34 Mbps*
- *Connecté au réseau Européen de Recherche GEANT*
- *Coûts de connexions réduits*
- *Réseau maillé et sécurisé*
- *2 protocoles transportés IPv4 & IPv6*
- *Disponibilité du service Multicast*

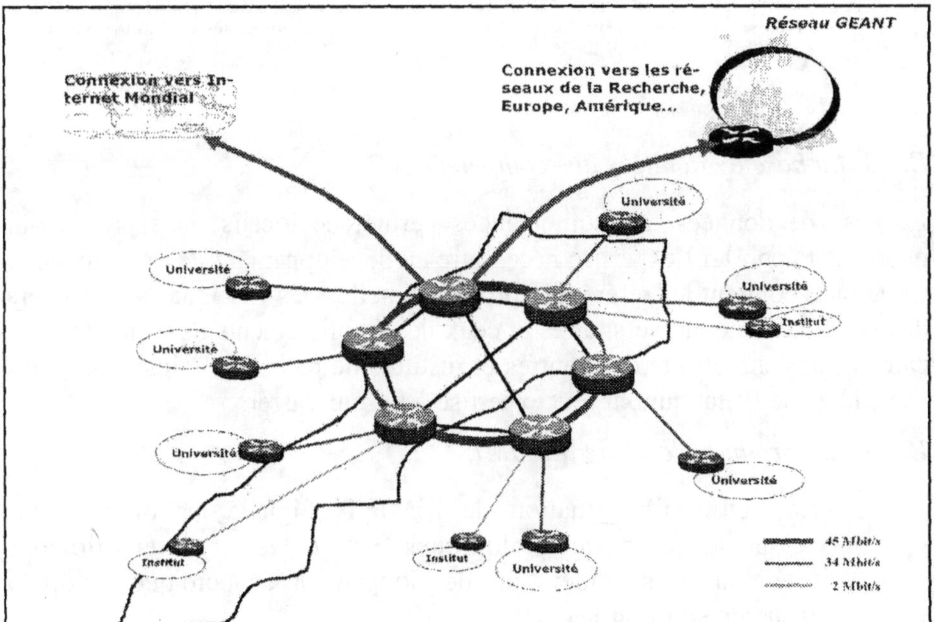

2. Institut Marocain de l'Information Scientifique et Technique (IMIST)

II.2.1. Vocation

Mettre à la disposition des milieux scientifiques et industriels l'information et la documentation scientifique et technique dont ils ont besoin pour être à la pointe de leurs activités et faciliter l'accès aux travaux et aux compétences scientifiques nationaux.

II.2.2. IMIST et son Environnement

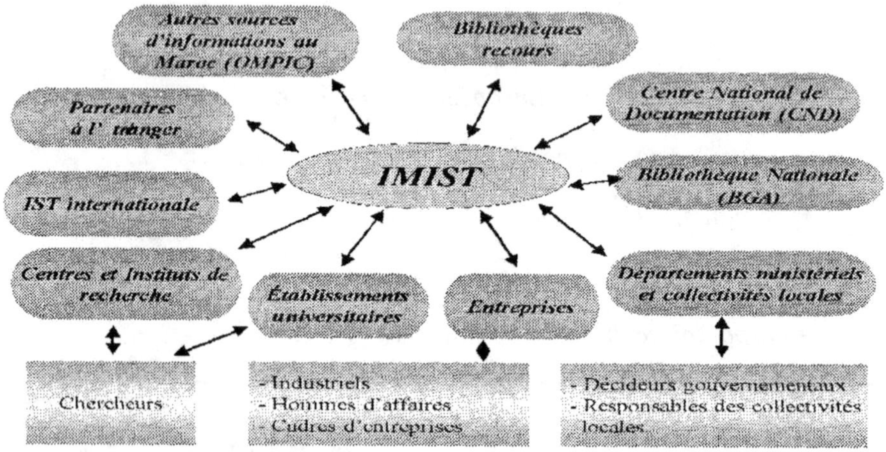

II.2.3. La base de données des compétences

La base de données des compétences permet de localiser les profils qui pourraient apporter l'expertise nécessaire au développement de l'entreprise... Cette base contient les références professionnelles des enseignant-chercheurs des établissements universitaires et ceux des établissements de formation des cadres ; des chercheurs des centres et instituts de recherche, ainsi que celles des cadres de l'État qui ont une expertise à faire partager.

II.2.4. Les produits de veille de l'IMIST

- La Lettre d'information de l'IMIST: Signale les opportunités scientifiques et technologiques nationales et internationales intéressant les acteurs du développement économique et de la recherche du Maroc.
- Le Bulletin de l'Information Technologique (BIT) (veille collective): permet à des groupes d'acteurs, ayant des préoccupations communes, de suivre les évolutions technologiques et économiques internationales dans leur domaine d'activité.
- La Veille personnalisée : est une prestation menée sur demande d'une entreprise privée ou d'un organisme public.

Il s'agit d' « Étude IMIST » réalisée en vue de résoudre des problèmes réels et ponctuels de l'entreprise.

III. LA VALORISATION DU SAVOIR ET LE RAPPROCHEMENT UNIVERSITE -ENTREPRISE

1. Les interfaces universités-entreprises

Ce sont des structures internes des universités chargées de :

- Faciliter l'établissement de relations réciproques entre partenaires universitaires et industriels dans le domaines de la recherche, de l'expertise, des consultations, de la formation, de la démarche qualité, etc.
- Permettre aux établissements universitaires de promouvoir le transfert technologique et de répondre efficacement aux besoins exprimés par les entreprises.

2. Les réseaux de transfert du savoir

* *RDT: Les Réseaux de Diffusion Technologique*

- Fédère compétences pour aider l'entreprise à faire émerger ses besoins en innovation et maîtrise de technologie.
- Offre une aide financière, une assistance technique et une expertise.

* *RGI: le Réseau de Génie Industriel*

- Mobilise un nombre important d'experts spécialisés ;
- Propose un diagnostic du système de production et un plan d'amélioration de la productivité ;
- Organise des formations au profit des responsables du Génie industriel.

* *RMIE: Le Réseau Marocain d'Incubation et d'Essaimage*

- Comprend des opérateurs publics et privés pour assister les créateurs d'entreprises.
- Propose une aide financière durant la phase d'incubation du projet.
- Offre une assistance en matière de propriété intellectuelle.

* *FINCOME: Forum International des Compétences Marocaines à l'Etranger .*

Stratégie nationale de mobilisation des compétences marocaines résidant à l'étranger visant la mise à contribution de ces compétences pour :

- Le soutien à la recherche, au développement et à la formation induisant une amélioration du système de la recherche.
- Le transfert de technologie et du savoir-faire .
- L'aide à l'expertise, à l'élaboration de stratégies sectorielles de développement et à l'évaluation des projets et programmes de recherche.
- L'attraction de l'investissement et du partenariat d'affaires.
- La synergie entre compétences locales et celles des MRE notamment à travers les réseaux de recherche.

IV. PERSPECTIVES

1 . Production du savoir

- Porter à 1% la part du PIB consacrée à la recherche scientifique et au développement technologique d'ici 2010.
- Former des profils de plus en plus adaptés aux exigences du marché de l'emploi.
- Développer des compétences et relever le niveau d'encadrement dans les entreprises.
- Favoriser une plus grande mobilisation des enseignants-chercheurs et chercheurs pour le développement socioéconomique .

2. Diffusion du savoir

- Optimiser l'architecture du réseau MARWAN (Capacité, Bande Passante et mode d'accès).
- Créer un réseau de l'information scientifique et technique autour de l'IMIST en impliquant l'ensemble des bibliothèques scientifiques et techniques des universités et des établissements de formation des cadres et des établissements de recherche.
- Développer les services offerts par l'IMIST auprès de la communauté scientifique et des entreprises.

3. Valorisation du savoir

- Promouvoir l'investissement dans des entreprises innovantes et des nouvelles technologies.
- Promouvoir la Création de parcs technologiques à proximité des centres de production du savoir (universités, écoles...)
- Créer une instance de valorisation du savoir et du transfert de technologies

GOUVERNANCE DES GROUPES

INTELLIGENCE STRATEGIQUE ET TERRITOIRE

Alain-Charles MARTINET

INTRODUCTION

La mondialisation, la « financiarisation » et l'interconnexion informationnelle bouleversent, et en même temps sont le produit des stratégies, de l'organisation et du management des groupes transnationaux. Leurs comportements stratégiques ne peuvent plus être compris et, a fortiori, prévus sans prendre aussi en considération leurs critères de gouvernance qui ont un impact fort sur les unités qui les composent.

La conséquence en est que le classique phénomène de délocalisation, se traduisant par des transferts pérennes d'activités plutôt orientées nord-sud ou ouest-est, tend à se transformer en nomadisme des grands acteurs économiques, qui va de paire avec la fluidification de leurs périmètres, de leurs métiers et des secteurs auxquels on les rattache statistiquement.

Les opportunités pour les territoires d'accueil, quant à la création d'emplois notamment, véhiculent également des risques inhérents à la nature et au mode d'exercice des activités – captation ou destruction de ressources naturelles, déstabilisation de systèmes socio-économiques locaux…– mais aussi, et tel une épée de Damoclès, à des décisions de retrait éventuel de ces activités qui commencent à frapper les pays émergents ou à peine entrés dans l'économie de marché (Slovaquie, Hongrie…).

Dès lors, la dialectique nomadisme/ancrage territorial des entités économiques ne correspond plus à des catégories usuelles et à des principes simples (Zimmerman, 1998). On doit accepter une complexification des schémas de raisonnement et d'action sauf à se priver de l'intelligibilité de ces mouvements.

La gouvernance des territoires, rendue ainsi plus difficile encore, est condamnée à intégrer ces mutations pour rester active dans ce jeu et ne pas assister, impuissante, au flux et au reflux d'activités faisant suite à des investissements peu reconnaissants des efforts éventuellement consentis pour les attirer. Un système d'intelligence économique peut gagner à identifier, comprendre et surveiller les évolutions stratégiques des groupes afin que la gouvernance territoriale puisse tout à la fois différencier, moduler et parfois refuser, les avantages consentis et, en même temps, affiner ses propres stratégies selon la nature de la politique de développement choisie.

La présente communication s'appuie sur plusieurs recherches menées ces 8 dernières années dans le cadre de l'unité de recherche EURISTIK (CNRS-Lyon3), en collaboration avec la Mission Prospective et Stratégie du Grand Lyon, le cabinet M et P Etudes et Projets, du point de vue territorial, la direction de la stratégie de Gaz de France du point de vue de la grande entreprise. Une vingtaine de groupes internationaux et une quarantaine de groupes implantées en Rhône-Alpes ont par ailleurs fait l'objet d'enquêtes approfondies. (Renvoi 1)

L'ensemble de ces travaux converge pour dépasser la seule considération de l'implantation des sièges sociaux, la référence exclusive au secteur d'appartenance et la croyance en un style de management unique que serait, par exemple, la firme en réseau après le fordisme et le toyotisme. Les sièges sociaux qui excitent beaucoup les édiles des grandes villes occidentales, tendent en effet à se concentrer dans les mégapoles mondiales et, au moins pour les grands groupes, ne migrent à l'occasion de fusions, absorptions, OPA... que dans la sphère limitée des grandes capitales financières ou économiques mondiales.

Mais, parallèlement, les localisations de fonctions, ou mieux, de compétences stratégiques se font et se défont selon des considérations plus complexes sur des pôles d'attraction, des réseaux, des spécialisations territoriales et des dynamiques cumulatives de compétences au-delà des facteurs économiques usuellement pris en compte en économie internationale.

La référence sectorielle, quant à elle, n'a évidemment pas perdu toute signification. D'abord parce qu'elle reste pertinente pour les industries lourdes et/ou traditionnelles. Ensuite, parce qu'elle est malgré tout construite par les appareils statistiques, les arrangements conventionnels et institutionnels ainsi que par les analystes financiers. Toutefois, dans un nombre croissant de cas, ces découpages s'effacent sous les innovations et les croisements technologiques, les stratégies de préemption de valeur et les activités transversales.

S'ensuivent des comportements de groupes beaucoup plus versatiles et plus difficilement prévisibles que par le passé, qui ne se laissent enfermer ni dans un style dominant – référé à un mythique modèle historique – ni dans une conduite univoque centre-périphérie chère à une économie du développement datée. Du point de vue de la veille, c'est donc à la double dialectique global/local et institutionnel techno-économique qu'il convient de s'intéresser.

Les travaux de recherche que nous avons conduits proposent une clé d'entrée par les styles de management dont la variété empirique peut néanmoins être rendue intelligible par un usage heuristique d'un nombre limité de configurations idéal-typiques. Ces stylisations peuvent servir de grille de lecture et de matrice de traitement de l'information susceptible de nourrir, progressivement, une intelligence stratégique bénéfique au territoire.

I. LES STYLES DE MANAGEMENT DES GROUPES ET L'INTÉGRATION AU TERRITOIRE DES UNITÉS.

Longtemps inféodée à la firme chandlérienne et à ses variantes fonctionnelle ou divisionnelle, affinée mais confirmée par les configurations structurelles de Mintzberg, la recherche en gestion s'est intéressée finalement assez peu aux relations siège/unités, à la notable exception des travaux menés dans la veine de Bartlett et Ghoshal (1989) et surtout de Goold et Campbell (1987) et Goold et Young (1998).

Si, au niveau macroéconomique, la recherche sur les modes de régulation du système capitaliste peut, à juste titre, repérer des logiques successivement dominantes fordistes, toyotistes, réticulaire, voire fondistes (Boyer, 2004), ces distinctions sont peu opérantes au niveau micro-économique et, en tous les cas, autorisent peu de prédictibilité quant aux stratégies individuelles des groupes.

Entre modèle unique et infinité de situations concrètes, nous avons construit cinq formes idéal-typiques ou configurations hypercohérentes qui, pour être nourries d'empirie comme de théorie, ne correspondent pas, telles quelles, à une « réalité » mais constituent des logiques fortes, des référentiels par rapport auxquels on peut positionner un groupe ou, plus intéressant, apprécier son évolution. Ce parti pris épistémologique se trouve d'ailleurs conforté, bien paradoxalement, par les conventions, les normes, les notations, les analystes financiers qui incitent les dirigeants à des comportements stratégiques très (trop) stéréotypés, en affirmant sans cesse leur goût pour les groupes monométiers, sectorialisés, simples à lire et à évaluer (« pure plays »)[1] .

1- Les textes suivants fournissent les développements méthodologiques et empiriques :

- *Denis J.P., Martinet A.C., Tannery F., (2002), « Les configurations comme outil d'aide à la canception d'un schéma directeur de groupe », in Sciences de Gestion et Pratiques Managériales, Réseau des IAE, Paris, Economica, pp. 67-78.*
- *Martinet A.C., Tannery F., (2000), « Gouvernance du territoire et management stratégique des groupes. Modèle de raisonnement et principes d'action », Rapport de recherche EURISTIK (CNRS-Lyon3) pour la Mission Prospective du Grand Lyon, juillet 2000, 120 pages.*
- *Grimaud A., Laurent P., Martinet A.C, Tannery F., Wissler M., (1999), « Les relations entreprises/services de conseil : apprentissage et dynamiques territoriales », Rapport de recherche EURISTIK (CNRS-Lyon3) pour la DAEI du Grand Lyon, janvier 1999, 53 pages.*

1. La configuration « développeur »

Elle sert de référence à des groupes qui, à l'instar de Lagardère ou de Merck AG, opèrent dans plusieurs métiers et, le cas échéant, sur un grand nombre de segments, sans tomber dans le conglomérat financier. Toutefois, la diversité des unités leur confère l'essentiel des prérogatives stratégiques que la tête de groupe n'est pas en mesure, cognitivement, d'assurer.

Ce style est potentiellement favorable aux territoires d'implantation des filiales qui peuvent se montrer de véritables unités actives (Perroux, 82), motrices, en appelant et favorisant le développement de ressources locales (ressources humaines, technologiques, sous-traitances...). Ces unités peuvent avoir une propension à l'encastrement (Granovetter, 1985) et à un ancrage spatial qui, s'il réussit, peut conduire le groupe à confirmer leur pérennité dans le territoire.

L'essentiel des fonctions de décisions appartenant aux filiales leur confère une large autonomie pour mobiliser les compétences et les ressources là où elles se trouvent en quantité et en qualité, ce qui offre au territoire une chance, mais aussi une responsabilité, dans la mise en œuvre de dynamiques d'apprentissage et de co-construction de développement, à charge pour les instances locales de nouer des relations privilégiées avec ce type d'unités.

2. La configuration « opérateur centralisé »

Elle attire des groupes dont la logique de développement repose sur une spécialisation autour d'un métier homogène et uniforme et de produits/services standardisés déployés géographiquement, la clé de succès étant l'excellence opérationnelle en tout lieu et tout temps (Federal Express, Ikea...).

L'essentiel des compétences se trouve au siège qui conçoit, dans le détail, les offres et les systèmes de gestion et gère par les règles et procédures. Les unités sont purement opérationnelles pour délivrer les produits-services et n'ont pas de latitude stratégique.

Si la présence du siège est motrice pour le développement du territoire correspondant et peut contribuer fortement à son image (Auchan, La Redoute... et la VPC à Lille, MAIF, MACIF... à Niort), l'impact des unités sur leurs territoires respectifs se réduit à l'emploi d'une main d'œuvre de qualifications limitées et peut même s'avérer négatif dans le cas d'une pure préemption de ressources.

3. La configuration « investisseur »

Elle prédomine dans les industries fortement capitalistiques et à temps de retour long où les investissements sont lourds et peu réversibles (Ciment, hôtellerie...) et où, dans tous les cas, la stratégie est pluri-domestique, l'adaptation locale (ou l'acquisition des firmes possédant des ressources spécifiques) s'avèrant nécessaire.

La prise de décision d'investissement et le contrôle de sa rentabilité dans la durée sont nécessairement effectués au niveau central, mais les unités peuvent disposer d'une latitude relativement forte pour assurer la valorisation du capital investi au plan local. Elles sont fréquemment force de propositions s'agissant de leur propre développement.

Dès lors, ces unités possèdent une large palette de compétences et sont de toute façon nécessairement ancrées et solidaires du territoire de façon relativement durable. Celui-ci a donc la possibilité de contribuer à des effets d'agglomération et au développement de ressources nécessaires à celui de l'unité qui la concerne.

Ces unités s'avèrent souvent très structurantes comme on en a l'illustration dans les zones touristiques ou les périphéries des villes avec les chaînes hôtelières.

4. La configuration « contrôleur »

Elle peut attirer des groupes qui ont un ou quelques métiers forts correspondant à un besoin générique (la santé, l'alimentation, la beauté...) auquel ils répondent par une multiplication de produits nouveaux de plus en plus souvent regroupés sous un nombre limité de marques (Evian, Lu, Danone... pour le groupe éponyme par exemple).

La tête de groupe – à laquelle il faut associer les directions de branches – regroupe une bonne partie des compétences nécessaires à la conception et au contrôle des stratégies, les unités ayant beaucoup moins de latitude en la matière que dans la configuration « développeur ». le contrôle de gestion est évidemment une fonction-clé.

Le territoire peut tirer bénéfice à fournir les ressources dont ont besoin les unités pour leur gestion opérationnelle et la mise en œuvre des marges de liberté stratégiques dont elles disposent. Au-delà, certaines unités peuvent aussi devenir centre de ressources sur des compétences spécifiques pour tout ou partie régionale du groupe (achats, ligne de produits...). On rejoint là, les analyses sur l'émergence d'une géographie différenciée pour les grandes fonctions des firmes (Veltz, 2000), selon nous, spécifique à ce style de management.

Toutefois, les unités ont généralement peu de capacité pour peser sur leur propre maintien dans le territoire qui est donc vulnérable à de brutales décisions de déplacement (Grenoble et Montpellier en ont été des exemples forts avec HP et IBM).

5. La configuration « financier »

Le développement suit une logique rendement/bénéfice couplée souvent à la recherche de taille/croissance, par le truchement de prises de participation dans des activités liées, ou souvent non liées, et gérées selon des critères exclusivement financiers (CGIP, Bolloré...).

Dès lors, les unités ont une réelle capacité stratégique et regroupent la totalité des fonctions et des compétences stratégiques et opérationnelles.

Le territoire peut bénéficier de la présence de ce type d'unités bien qu'elles ne soient pas assurées loin s'en faut, de la pérennité au sein du groupe. Menant une activité d'entreprise de plein exercice elles peuvent avoir des effets induits très positifs dans de nombreux domaines.

Mais le risque de changements de mains est omniprésent et s'il se concrétise, le maintien de l'unité dans le territoire dépendra largement du style de l'acquéreur qui peut, a priori, être l'un ou l'autre des cinq que nous avons construits et retenus.

II. LES DYNAMIQUES D'UNITÉS ET LA GESTION TERRITORIALE DU RISQUE DE NOMADISME.

La variété, l'ampleur et le caractère plus ou moins durable des dynamiques portées par les unités sont donc très variables et, en conséquence, plus ou moins favorables au territoire.

Elles dépendent, on vient de le voir, de la configuration dont se rapproche le groupe d'appartenance.

Mais, au-delà de ce repérage, elles vont aussi être affectées par trois séries de facteurs :

i) La contribution de l'unité à l'évolution de la stratégie du groupe peut être remise en cause de façon importante à l'occasion de recentrages, de cessions, de fusions-absorptions, voire de changement de la configuration de référence. L'unité, et donc le territoire d'accueil, peuvent perdre des fonctions ou des compétences importantes. La stratégie éventuelle du territoire ne peut être ici qu'indirecte en incitant et facilitant le maillage et les interrelations des actifs spécifiques et des compétences relationnelles de l'unité et du groupe. Dit autrement, tout encastrement réussi et spécifique de l'unité porteur d'atouts pour le groupe accroît la probabilité de pérennité spatiale de l'unité.

ii) Le degré de contribution du territoire à la stratégie du groupe. Ici, le principe de raisonnement est de différencier les avantages et les attraits susceptibles d'être mis en valeur puisque leur intérêt dépend fortement du style de management de référence. Ainsi, une incitation fiscale pourra être jugée déterminante pour un opérateur centralisé mais insuffisante pour un développeur dont les unités ont besoin de ressources et de compétences suffisantes en nombre et en qualité. Faute d'une réflexion à froid approfondie, les politiques locales restent souvent trop uniformes face à la variété des comportements des groupes.

iii) Le degré de contribution du territoire au développement de l'unité est évidemment plus direct. A condition de dépasser, malgré leur importance, les facteurs économiques usuels – main d'œuvre, ressources naturelles, marchés local ou régional… – pour raisonner aussi en termes de dynamiques d'acteurs, de réseaux d'affaires, et de processus d'apprentissage mixte public/privé. A cet égard, l'image du territoire, la capacité des développeurs locaux à penser en termes de processus plutôt que de catégories administratives jouent un rôle déterminant. Pour prendre le cas de la France, des agglomérations comme Grenoble ou Toulouse sont plus lisibles que Lyon ou Nantes dont les spécialisations sont moins nettes ou souvent mises en avant par les politiques de façon trop agrégée (La chimie, les biotechnologies…), alors que les dynamiques interviennent à un niveau souvent plus fin (domaines d'activités stratégiques, maillons de filière…).

L'on perçoit, en conséquence, que les stratégies de développement local vont construire des spécialisations centrées, des multispécialisations ou donner au territoire un caractère plutôt généraliste en même temps qu'elles seront amplifiées ou défaites par les décisions stratégiques des groupes.

De ce fait, les territoires doivent se préparer à des scénarios plus ou moins probables.

i) Dans le cas d'une spécialisation sectorielle étroite et s'il y a une relative homogénéité des styles de management des groupes desquels dépendent les unités locales, des risques de crises périodiques et à fort impact local sont à craindre. Et ce d'autant plus que l'on aura affaire par exemple à des contrôleurs dont les unités ont peu de compétences stratégiques.

ii) Les territoires multispécialistes doivent, quant à eux, se garder de l'illusion créée par des découpages sectoriels trop larges qui surestiment la couverture d'activités et peuvent cacher des entreprises de fait plus étroitement focalisées. Par exemple, les SSII présentes à Lyon opèrent sur des segments différents des SSII de Grenoble ou Toulouse. Il s'agit de se situer aux plans de l'analyse, de la stratégie et de la communication à la maille appropriée.

Bien évidemment la diversité ainsi apportée au territoire s'accroît d'autant plus que les groupes d'appartenance ont eux-mêmes des styles de management différents. Cette pluralité crée tout à la fois une complémentarité et des synergies potentielles par fertilisation croisées à l'égard desquelles les pouvoirs publics locaux ou régionaux, voire nationaux peuvent jouer un rôle de catalyseur à charge pour eux d'adopter des politiques sélectives.

iii) Lorsque l'on a affaire à un territoire généraliste, la capacité de résistance est naturellement accrue puisque sa dépendance à l'égard des conjonctures sectorielles comme des styles de management est plus réduite. La stratégie de développement local peut prendre une coloration indirecte : agir sur le contexte socio-économique, institutionnel, universitaire et scolaire, technique... afin d'amplifier le caractère généraliste en veillant à ce qu'il ne dérive pas vers des activités insuffisamment compétitives et, dès lors, obsolescentes ou passéistes.

Ce cadre conceptuel formalisant les configurations des groupes, leurs attitudes face aux territoires et les grandes orientations que ces derniers peuvent concevoir en retour, nous semble à même de dessiner l'architecture d'un observatoire et d'un système d'intelligence économique géré par les collectivités territoriales pour nourrir leurs politiques et, chemin faisant, contribuer aux dynamiques d'apprentissage multi-acteurs en activant les informations susceptibles de densifier et de pérenniser les réseaux d'affaires locaux.

III. INTELLIGENCE ÉCONOMIQUE ET STRATÉGIQUE ET TERRITOIRE

Traditionnellement, l'intelligence économique et stratégique (IES) est vue du point de vue de l'entreprise. Ainsi, une enquête réalisée en 1999 sous l'égide de l'Institut des Hautes Etudes de Défense Nationale auprès de grandes entreprises françaises propose, en synthèse de 1200 questionnaires dépouillés la définition suivante :

« Une démarche organisée, au service du management stratégique de l'entreprise, visant à améliorer sa compétitivité par la collecte, le traitement d'informations et la diffusion des connaissances utiles à la maîtrise de son environnement (menaces et opportunités) ; ce processus d'aide à la décision utilise des outils spécifiques, mobilise les salariés, et s'appuie sur l'animation de réseaux internes et externes » (Bournois et Romani, 2000).

Cette définition nous agrée puisqu'elle englobe et dépasse les acceptions antérieures, du moins en France, de veille technologique, d'intelligence économique et de renseignement. Elle converge aujourd'hui avec le management de la connaissance qui suscite aujourd'hui une grande effervescence.

En adoptant le point de vue des pouvoirs publics locaux, territoriaux ou nationaux, elle peut servir de point de départ à la conception d'un système de l'IES plaçant au cœur de ses préoccupations l'observation et l'anticipation des stratégies des groupes et de leurs unités.

1. La conception d'un système d'IES

Avec H.Lesca notamment qui capitalise plus de 20 ans de recherche sur la veille stratégique (Lesca, 2003), nous posons comme principes :

- Le périmètre et la cible du système concernent au premier chef les groupes auxquels appartiennent les unités implantées sur le territoire de référence. Naturellement ce périmètre et cette cible sont variables et doivent être élargis à chaque nouvelle implantation ou tentative d'implantation ;
- La création collective de connaissances est le but premier du système. Il ne s'agit pas de stocker des données mais de transformer tout signal en une information accueillie dans la matrice conceptuelle présentée auparavant pour engendrer une connaissance dynamique sur le comportement stratégique des groupes ;
- La quête d'informations doit être proactive et aller au-delà d'un recueil de données. Il s'agit d'une véritable « traque » et, en conséquence, le choix et l'affectation des traqueurs (« gatekeepers »), leur formation, leur animation sont déterminants ;

- La sélection des données et la mémorisation opèrent sur les registres individuel et collectif d'une part, formel/informel d'autre part. il s'agit bien d'évoluer vers une véritable gestion de la connaissance au-delà de la seule constitution d'une base de données ;
- L'animation est donc essentielle puisque le système ne peut pas être totalement automatisé et repose en large partie sur les acteurs et l'intensification de leurs relations.

On l'aura compris, un tel dispositif est orienté vers l'anticipation ou la détection de signaux précoces susceptibles de s'agréger les uns aux autres. Les informations ne peuvent être réduites à des données officielles, publiques... mais la traque doit se faire aussi sur le terrain. Au-delà de l'information, il s'agit de constituer une connaissance aussi fine que possible sur les groupes sous examen en s'appuyant sur des traqueurs auxquels on attribue un portefeuille d'acteurs à l'instar des analystes financiers.

2. IES, statut de la connaissance et cultures

Un tel dispositif doit être inscrit résolument dans une optique pragmatique et une attitude d'apprentissage. Pour modeste qu'il puisse être à ses débuts, il reste néanmoins sur une philosophie et une épistémologie ambitieuses qui dépassent les conceptions technicistes du « knowledge management ».

L'amplification des compétences des stratèges territoriaux et, en amont, des traqueurs du système d'IES, passe aujourd'hui par l'acceptation d'un haut degré de complexité. De la même façon que les stratèges d'entreprises doivent être entraînés à raisonner simultanément et à combiner compétition et coopération, global et local, durée et réactivité, informations chaudes et froides... les stratèges territoriaux doivent s'inscrire dans des spirales d'apprentissage où se combinent et s'enrichissent progressivement les connaissances « objective » (logos) et « narrative » (mythos), les connaissances explicites et tacites, ainsi que des connaissances individuelles et collectives comme l'initient les travaux de Nonaka notamment (Nonaka, 2000).

Il s'agit bien, dès lors, de combiner le pragmatisme technicien que porte la culture nord-américaine, la pensée raisonnable plutôt caractéristique des organisations durables du Nord (Scandinavie, Allemagne, Suisse, Autriche...), la culture holiste, reliée et fluide asiatique et la complexité humaniste et qualitative du Sud.

Face à des groupes transnationaux plutôt producteurs d'homogénéisation culturelle au cours des quinze dernières années, les territoires se doivent de déployer des stratégies plus subtiles.

BIBLIOGRAPHIE

Bartlett et Ghoshal, (1991), Le Management sans Frontières, Paris, Ed. d'Organisation.

Bournois F., Romani P.J., (2000), L'intelligence Economique et Stratégique dans les Entreprises Françaises, Paris, Economica.

Boyer R., (2004), Une Théorie du Capitalisme est-elle Possible ? Paris, Odile Jacob.

Goold M. & Campbell A., (1987), Strategies and Styles : the Role of the Centre in Managing Diversified Corporations, Blackwell.

Goold M. & Young D., (1998), Effective Head Quarters Staff, Ashridge Ed.

Granovetter M., (1985), « Economic Action and Social Structures : the Problem of Embeddedness », American Journal of Sociology, 91, pp. 481-510.

Lesca H., (2003), Veille Stratégique. La Méthode L.E. SCAnning, Colombelles, Ed.EMS.

Nonaka I. et alii, (2000), « SECI Ba and leadership : a unified model of dynamic knowledge creation », Long Range Planning, vol.33, pp.5-34.

Perroux F., (1982), Dialogue des Monopoles et des Nations, Grenoble, PUG.

Veltz P., (2000), « Les nouveaux facteurs de performance : les entreprises, la mondialisation et le local », in Tout n'est pas Economique–Des Entreprises qui Construisent leur Performance, Kraisergouber D., Laudrien J. (dir.), Ed de l'Aube.

Zimmerman J.B., (1998), « Nomadisme et ancrage territorial : propositions méthodologiques, pour l'analyse des relations firmes-territoires », Revue d'Economie Régionale et Urbaine, n°2.

STRATÉGIES MILITAIRES ET INTELLIGENCE ÉCONOMIQUE

Jacques FONTANEL
et Liliane BENSAHEL

La globalisation économique renforce la concurrence entre les entreprises et la compétition entre les nations, Elle ouvre le marché à un plus grand nombre de concurrents, elle diffuse des méthodologies et des outils sophistiqués, impliquant l'utilisation active des technologies de l'information. L'information est une source de la compétitivité des entreprises dans une économie fondée sur le savoir. La globalisation est une organisation mondiale du commerce mais aussi une concentration de matières grises, un foisonnement d'initiatives, d'innovations, de réseaux de savoir et de pratiques, d'opportunités d'apprentissage collectif. Ces activités sont les bases de l'intelligence économique. Les coûts de transmission de l'information n'ont cessé de diminuer et les capacités techniques d'augmenter. L'information est un élément clé de la compétitivité, mais aussi un facteur ; important de déstabilisation des concurrents. On parle même de « guerre d'information » pour signifier l'importance de cette matière première qu'est la connaissance et le renseignement dans les stratégies des acteurs internationaux ou nationaux. L'économie de l'information est un enjeu important, car elle permet « de rentabiliser, grâce à un coût marginal très faible d'usage et de diffusion, les investissements informationnels importants réalisés ex ante pour numériser les systèmes de transaction et de commercialisation »[1].

Dans ce contexte, la mise en place de l'intelligence économique par une nation ou une collectivité territoriale suppose la conception d'un système

1- Baumard P., 2002 « Les limites d'une économie de la guerre cognitive », in La manipulation de l'information, Harbulot C., Lucas D., Paris, Editions Lavauzelle.

cohérent de production de savoir, de circulation et de protection de l'information et de la communication. L'intelligence économique est alors présentée comme l'un des outils de connaissance susceptible de fournir des informations sur les stratégies des concurrents et de préparer des décisions dans une situation de réduction de l'incertitude. Elle permet notamment de créer de nouvelles informations susceptibles de renforcer le pouvoir compétitif ou d'attraction de son utilisateur. Comme la compétitivité technologique des nations participe de puissance des nations, l'intelligence économique devient un instrument essentiel des stratégies des acteurs économiques. La globalisation se présente comme la mise en place d'un organisation mondiale de l'économie basée sur une concentration de matières grises, un foisonnement d'initiatives, l'essor des innovations, des réseaux de savoir et de pratiques et le développement d'opportunités d'apprentissage collectif. Ces activités sont les bases de l'intelligence économique.

La SCIP Society of Compétitive Intelligence Professionals ou la Société des professionnels de l'Intelligence compétitive américaine) définit l'intelligence, économique comme un processus de gestion d'un environnement compétitif, mis en place par les directeurs des entreprises, de façon à construire leurs stratégies en matière de commercialisation, de R&D ou de technologies. Il s'agit d'un processus continu qui suppose la collection d'informations selon des procédés légaux et éthiques[2]. L'intelligence économique n'est pas synonyme d'espionnage "industriel". Dans son sens le plus étroit, il s'agit d'un système de recueil légitime de l'information, soutenu par un traitement spécifique et orienté en vue de produire des renseignements. Pour passer du renseignement à l'intelligence économique, un besoin d'éthique apparaît. Il s'agit alors renforcer la situation compétitive (Compétitive intelligence) ou technologique (Compétitive Technical Intelligence) d'une entreprise.

L'intelligence économique à plusieurs caractéristiques ;

- Elle est organisée autour du développement et de la compétitivité des entreprises,
- Elle fait intervenir l'idée d'entreprises nationales en relations étroites avec les impératifs de sécurité et de défense de la nation. L'Etat est partie prenante dans les stratégies et le pilotage du développement de l'entreprise et du maintien de sa compétitivité. Il intervient notamment pour favoriser les relations avec les autres espaces politiques, économiques et scientifiques.

2- *Wang Qi, 2003, What is Intelligence Work, Conférences "Intelligence économique: recherches et applications, avril.*

- Les collectivités territoriales elles-mêmes développent l'idée d'une "intelligence,territoriale" comme outil de stratégie communication et pilotage.

Dans ce contexte, l'intelligence économique intéresse à la fois le développement des entreprises et la sécurité et la défense de la nation. En effet, une puissance militaire doit s'appuyer sur une économie forte, une technologie de pointe et un système d'information efficace en vue de comprendre les stratégies des autres acteurs. Si l'intelligence économique concerne les entreprises dans un premier temps, la faiblesse des unités de production nationales constitue aussi un facteur de réduction de l'indépendance et de la force d'une nation. Le gouvernement des Etats-Unis a souvent utilisé le critère de la défense nationale pour conduire une politique industrielle. Les grands entreprise américaines ont bénéficié de contrats de R&D très importants, lesquels ont souvent permis à celles-ci d'acquérir de nouvelles compétences applicables aussi au domaine civil, au moins dans le long terme.

L'information est d'abord une production de richesse, celle du savoir dans un milieu concurrentiel.

I- L'INFORMATION COMME PRODUCTION DE RICHESSES

La guerre de l'information est souvent revendiquée. Elle met en évidence l'émergence de la civilisation de "L'ère de l'information" et le développement parallèle de modes d'affrontements politiques et sociaux qui convergent vers l'affaiblissement des Etats-nations et de leur monopole de la violence organisée. Dans ce contexte, le possesseur de l'information peut mieux "informer" sa décision et la rendre plus rigoureuse et plus cohérente. Dans ce contexte, l'économie a un double rôle sur l'intelligence économique. D'une part, l'information. Le gouvernement américain insiste pour que le secteur privé soit responsable du développement de l'information électronique, même si, dans certaines occasions, l'action du gouvernement peut être requise. Il faut mettre en place des règles, voire des lois internationales, sur la protection du consommateur,pour éviter les détournements de la propriété intellectuelle et la piraterie informatique, qui font peser des risques énormes à la nouvelle économie, et coûtent 250 milliards de dollars par an.

Pour le gouvernement américain, les résultats économiques jouent un rôle vital dans la sécurité internationale et il est impossible de distinguer les intérêts stratégique des intérêts économiques. Il existe une corrélation inévitable entre les crises financières, les désordres politiques et les guerres. Un nouveau concept de sécurité, fondé sur un réseau de politiques et d'accords internationaux, doit se mettre en place pour sécuriser et renforcer les avancées de la démocratie et des marchés libres. C'est l'organisation militaire (OTAN) et économique (CEE, GATT et FMI) du monde occidental qui a permis de réduire les conflits séculaires. Pour le gouvernement américain, le système international a besoin d'un leadership fort. D'abord, les forces du marché ne garantissent pas la prospérité (les économies en transition en portent témoignage). Ensuite, la prospérité sans intégration internationale né produit pas une stabilité garantie, car les conflits peuvent être latents. Enfin, le processus d'intégration (qui rend les conflits si onéreux qu'ils apparaissent impossibles) doit lui-même être renforcé par un leadership politique puissant. Sans un pays dominant, sans une organisation internationale respectée, les conflits subsistent, comme l'ont démontré les deux dernières guerres mondiales. Les coûts économiques n'ont pas empêché les guerres. Dans ce contexte, les ambassades américaines fournissent une aide appropriée aux entreprises nationales.

Le gouvernement américain est le seul à faire du concept de géoéconomie une réalité stratégique quotidienne. Du fait de sa puissance, le gouvernement des Etats-Unis constitue une protection contre les dangers qui menacent ses intérêts nationaux, mais aussi ceux de ses alliés, pour éviter la déstabilisation des relations internationales. Le Sénat a demandé la "criminalisation" de l'espionnage économique sur le sol américain. Aujourd'hui, les considérations commerciales joue un rôle fondamental dans la politique étrangère américaine. Les administrations et les milieux d'affaire travaillent ensemble, établissent une coopération régulière et construisent les bases suffisantes pour la mise en place de marchés globaux ouverts. Les Etats-Unis établissent des règles de conduite commerciales fondées notamment sur les droits de l'homme. De même, une concertation constante existe entre les milieux d'affaire et Washington concernant la diplomatie commerciale et la question des contrôles unilatéraux à l'exportation pour des raisons de politique étrangère. Ainsi, lorsque l'économie américaine n'a pas le monopole de la production, le gouvernement doit négocier des sanctions multilatérales (notamment pour les pays "voyous"), les sanctions unilatérales ne s'exerçant que si les intérêts nationaux sont directement en jeu. À défaut d'un ordre, les Etats-Unis imposes règles. La loi américaine est devenue universelle, les normes techniques s'en inspirant sous l'influence de leurs négociateurs.

L'administration américaine s'est donnée pour objectif de mettre, de manière offensive, ses capacités de renseignement au service des entreprises et d'organiser l'environnement informationnel. Les services de "contre-intelligence" (*counterintelligence*) sont dorénavant directement impliqués dans les activités commerciales et industrielles. Autrement dit, une information secrète sur Renault ou Toyota peut être fournie aux Big Three (General Motors, Ford, Chrysler). Comme le gouvernement défend l'idée d'une compétition loyale comme fondement de toute pratique commerciale, la CIA ne souhaite pas officiellement s'engager dans ce processus. On a donc développé, à côté de plusieurs organismes d'information au sein de la National Industry Security Information, de la Defence Technical Information Center (DTIC) et du CIRD (Central Information Reference, Collection) de la CIA et des officines d'espionnage industriel privées.

Internet a encore accéléré le phénomène avec les nouvelles formes de criminalité économique (notamment le "hacking", le chantage auprès des institutions bancaires, la désinformation). En 1991, la CIA a élargi ses mandats de la lutte contre la drogue et le crime organisé aux pratiques déloyales et aux méthodes frauduleuses des firmes commerciales, voire de pays amis, à la recherche du renouveau économique américain. C'est le domaine de l'intelligence économique. L'idée était que les Etats-Unis avaient perdu le leadership dans de nombreux domaines industriels, le directeur de la CIA affirmant même que dans le domaine des ordinateurs à usage militaire, des semi-conducteurs pour armes intelligentes et des télécommunications, la domination américaine était révolue. Cela était dû à l'aide des Etats en faveur de leurs entreprises nationales et à la contribution des services secrets pour s'approprier les secrets industriels américains. Ainsi, une campagne de presse dénoncé, sans preuve, l'espionnage systématique des pays européens, notamment la France, dans les domaines de l'aéronautique, de la défense et de l'espace. Les Etats-Unis se sont alors préparés à cette lutte souterraine Aujourd'hui, la CIA se propose d'entreprendre une action d'espionnage industriel. Elle s'engage déjà dans une mission d'étude et d'analyse des grands courants économiques et des avancées technologiques et elle a une mission de lutte contre " l'intelligence ennemie ".

Dans cette stratégie, la prospérité économique est supposée dépendre de la capacité de l'économie américaine à être compétitive sur les marchés globaux, les exportations assumant plus de 11,5 millions d'emplois et le tiers de la croissance économique. Les missions de commerce à l'étranger constituent la pierre angulaire de la National Export Strategy, en vue d'ouvrir les marchés, d'identifier et de sécuriser les opportunité d'exportation et d'investissement et de présenter les produits, les technologies et les expertises des entreprises américaines dans le monde. Ces actions tendent à contrecarrer les pratiques promotionnelles des concurrents, par la mise en place d'un partenariat entre le secteur privé et le secteur public des Etats-Unis en vue d'améliorer la compétitivité des acteurs économiques américains.

Le système américain de chasse aux contrats internationaux (Advocacy, Policy) repose sur l'Advocacy Center (ou "War room") créé au Département of Commerce en 1993. Son rôle n'est pas de diriger la manœuvre de vente, mais de faciliter l'avènement de l'opération en aplanissant des problèmes administratifs aux Etats-Unis et en apportant des soutiens d'information et d'opérations. Il coordonne les moyens d'appui du gouvernement (financement, expertises géopolitiques, coordination des ministères, par exemple). Il se sert de "l'Advocacy Network" qui réunit des compétences des acteurs politicoadministratifs, lesquels se proposent de faire remonter toute l'information utile pour les agents économiques américains. Le système est interactif. Les ambassades et les consulats épluchent les appels d'offre et sont à l'écoute des desiderata des demandeurs Ce système a permis notamment le choix du marché Sivam de couverture radar de l'Amazonie par Raytheon (10 milliards de francs) au détriment de Thomson.

Cette diplomatie recherche l'effet immédiat. Pourtant, l'efficacité du système n'est pas incontestable[3]. L'Advocacy Center ressemblé parfois à une machine de propagande pour le commerce américain plutôt qu'un centre d'observation stratégique du commerce international. S'il reçoit beaucoup d'informations classifiées, le renseignement américain n'est pas à même de contribuer efficacement à la stratégie géoéconomique. Le gouvernement américain a besoin d'un consensus national sur le caractère central des intérêts commerciaux dans la politique étrangère. La principale responsabilité accordée à l'Etat est de vérifier que les intérêts des compagnies et travailleurs américains reçoivent un traitement loyal dans la compétition mondiale.

Les anglo-saxons emploient le concept de dominance d'information pour mettre en évidence le principe du contrôle instantané des sources électroniques et humaines sous-jacentes aux systèmes de décision (économiques, politiques ou militaires). Cette doctrine, controversée par les faits, suppose que la dominance par la connaissance implique aussi l'interprétation des signes donnés par les informations. Cependant les nations à forte intensité technologiques de l'information sont vulnérables car les

3 - Steele, R. (1997), Intelligence stratégique aux Etats-Unis. Mythe ou réalité, Revue Française de géoéconomie, Les ressorts de la puissance économique américaine, L'Amérique conquérante. Stratégies pour le XXIème siècle, n°2, Eté

transactions d'un certain nombre de secteurs (santé, paye, commerce électronique) sont basées sur une architecture ouverte et distribuée. Dans ce contexte, le renseignement est l'ami indispensable de l'intelligence économique.

L'intelligence territoriale peut être définie comme l'utilisation de l'organisation et des outils de l'intelligence économique au développement des territoires, voire à leur attractivité. Si la compétition économique l'emporte dans les choix économiques, il existe une divergence croissante entre les finalités strictement économiques des entreprises et le devenir socio-économique des régions politiques, ce qui posera à ces dernières des problèmes sociaux et sociétaux d'envergure. Les pratiques économiques ne peuvent plus apporter de solutions valables au niveau du développement. Des paramètres nouveaux seront à prendre en compte, entre autres l'appropriation des savoirs. La création d'une métaintelligence est,susceptible de constituer un facteur moteur du développement régional, autour du concept d'attractivité. Les territoires intègrent progressivement les Technologies de l'information et la communication (TIC) et ils s'en nourrissent La construction de l'infrastructure nécessaire aux TIC est la base de nouvelle opportunités pour l'ensemble des secteurs de la société (éducation, économie, social, santé). Dans ce contexte, l'intelligence territoriale est un processus informationnel continu développé par des acteurs locaux qui s'approprient les ressources d'un espace en mobilisant puis en transformant l'énergie du système territorial en capacité de projet.

II. L'IMPORTANCE DE L'INFORMATION POUR LA SÉCURITÉ MILITAIRE ET ÉCONOMIQUE D'UN PAYS OU, SELON HOBBES "KNOWLEDGE IS POWER"

L'information économique a toujours été un enjeu stratégique pour les nations. Du fait des conflits et de l'avènement d'une économie de marché, il existe aujourd'hui une fracture entre les services secrets et la société civile. Ce blocage culturel sur le renseignement explique partiellement le retard pris par la France concernant l'Intelligence économique, alors que celle-ci est très développée chez les anglo-saxons. En France, le renseignement est très lié à l'idée de surveillance policière. De ce fait, c'est seulement lors de la guerre d'Algérie que l'action des services de renseignement a été intégrée à l'action, par la mise en place d'une organisation cohérente du renseignement, surtout fondée sur les moyens industriels de guerre. Il en résulte aujourd'hui une méfiance toujours importante dans les processus administratifs face à l'utilité de l'information sur l'autre. Autrement dit,la société française est plus encline à sauvegarder ses informations hors du regard des autres (parfois même du citoyen) que de la chercher à l'extérieur, sauf dans le secteur militaire.

Il y a quatre instruments de réflexion de l'information.

- La connectivité fournit l'accès à l'information externe et interne nécessaire aux acteurs économiques.
- Avec la concentration des efforts de production sur le renseignement économique synthétique, l'analyse des contenus se propose de synthétiser l'information hétéroclite et hétérogène pour la rendre utile.
- La coordination des efforts de synthèse permet de mettre en place l'infrastructure nationale d'information et d'organiser la " puissance cognitive".
- Enfin, la sécurité se propose de réduire les dangers d'effondrement des réseaux financiers, énergétiques, de communication et de transport.

Si le besoin d'informations n'est donc pas né avec l'intelligence économique, la mise en place d'un système la structurant au niveau d'une nation ou d'une collectivité territoriale, permet la disponibilité d'un système cohérent de production de savoir, de circulation et de protection de l'information et de la communication. Pour passer du renseignement à l'intelligence économique, un besoin d'éthique apparaît. L'intelligence économique a aussi créé un langage, un vocabulaire adapté au monde industriel et commercial. Il faut également noter que contrairement aux autres biens, l'information gagne de la valeur lorsqu'elle est consommée c'est-à-dire lorsqu'elle circule. L'information est à ce titre un élément de la chaîne de valeur lorsqu'elle est construite par des réseaux et partagée (c'est en cela qu'internet est un outil important de l'intelligence), alors que le renseignement relève plus d'un partagé entre initiés.

L'intelligence économique repose sur l'information. On distingue quatre types d'information pour l'entreprise qui constitue l'information "ouverte", la mémoire (environ 90 % des informations), les informations des médias, celles des firmes(visites actives, réunions), l'expertise (savoir interne de l'entreprise) et les foires et expositions. L'information fermée se trouve auprès des partenaires de l'entreprise. Le lien entre la mémoire de l'entreprise et le réseau constitue l'une des étapes de l'intelligence économique. Cette information travaillée, triée constitue l'information dynamique, c'est-à-dire efficace.

Les freins repérés au développement de l'intelligence économique sont :

- Le manque de communication, d'interaction et de coordination de l'ensemble des sous-systèmes constituant les tissus nationaux d'intelligence,
- Le cloisonnement entre collecte, transformation, analyse et utilisation de l'intelligence au sein des nations.
- Le recrutement limité des sources, un manque de formation et de sensibilisation des nationaux,
- La non-participation des médias,
- La mauvaise gestion du secret,
- La gestion désordonnée des connaissances et des patrimoines culturels des nations,
- La faible aptitude faible à utiliser .et à valoriser l'information immédiatement disponible dans la courte durée.

La France se caractérise par une méfiance vis-à-vis de l'intelligence économique que l'on associe souvent à l'espionnage. Les activités publiques de renseignement relève de deux tutelles : le ministère de l'Intérieur (avec les RG, Renseignements généraux, et la DST, Direction de la surveillance du territoire) et celui de la Défense (DGSE, Direction générale de la sécurité extérieure, DGSE). La CNIL intervient aussi par l'intermédiaire du droit en surveillant la création de fichiers informatiques pour garantir la liberté individuelle. L'Etat met parfois ses services d'information à la disposition des entreprises.

Les grands groupes industriels français développent également de plus en plus leurs propres dispositifs d'intelligence économique. En outre, avec le développement des activités d'innovation et de propriété industrielle, les PME-PMI, soutenues par les Chambres de Commerce, utilisent de plus en plus les outils de la veille stratégique. Il existe aujourd'hui des associations professionnelles spécialisées, comme la SCIP (Society of Compétitive Intelligence Professional) et des formations universitaires. Pour le rapport Martre[4], la mise en oeuvre d'un véritable système d'intelligence économique en France doit s'accompagner de réformes portant d'une part sur la capacité

4- Martre, H. (1994), Intelligence économique et stratégie des entreprises, Commissariat au Plan, La Documentation française, Paris

des administrations à organiser une diffusion coordonnée d'informations stratégiques et d'autre part sur la capacité des entreprises à coordonner leur savoir-faire et collecter et diffuser l'information.

Une Délégation générale de l'intelligence économique a été créée au sein du Ministère de l'Economie et des Finances en octobre 2004, en réponse au rapport Carayon. Cette délégation a pour mission, dans le cadre compétitif de la mondialisation, de fournir au gouvernement et aux entreprises des analyses et des réflexions prospectives en matière économique, financière, industrielle et commerciale. Cinq objectifs lui ont été attribués :

- Aider le gouvernement à affiner ses choix stratégiques dans le domaine de l'économie mondiale,
- Mettre en place une veille concurrentielle sur la base d'une approche pluridisciplinaire,
- Développer les outils utiles à la mise à, disposition de ces informations aux entreprises,
- Anticiper, autant que faire se peut, les événements, les évolutions ou les décisions des organismes internationaux, des gouvernements et des entreprises étrangères qui pourraient nuire aux intérêts de la nation et de ses entreprises,
- Proposer des contre-mesures efficaces, discrètes, susceptibles de ne pas faire l'objet de contentieux internationaux.

Le Japon est considéré comme une référence en matière d'intelligence économique, car il est le premier à avoir compris l'importance de l'information et à l'avoir organisée comme élément premier de leur compétitivité. Ils sont les leaders de la veille technologique. La constitution japonaise de 1868 mentionnait que le Japon se devait de chercher la connaissance dans le monde entier afin de renforcer les fondements du pouvoir impérial. Aujourd'hui, la part attribuée à l'information scientifique et technique est d'environ 10 à 15 % de l'ensemble des budgets de recherche et développement. Pour les Japonais, la veille technologique est la première phase de la création et commercialisation de tout produit. L'organisation la veille stratégique au Japon repose sur le triptyque "Etat-entreprise- citoyen". L'inscription de la veille technologique dans la constitution japonaise fait que tout citoyen japonais est concerné. Les entreprises japonaises se sont dotées de moyens importants en implantant des bureaux à l'étranger, de nombreux employés ont pour mission de voyager à travers le monde pour détecter les innovations qui intéresseraient l'entreprise. Cette intelligence économique ne s'applique pas directement au secteur militaire. Compte tenu du développement dual des technologies, les applications militaires sont toujours présentes sur les marchés. Ainsi, les Etats-Unis ont pu créer des barrières douanières pour certains composants de leurs matériels militaires, en arguant la nécessité d'une certaine autarcie pour la production des armes. Comme l'OMC admet le principe d'une protection nationale des industries nationales d'armement, la procédure a pu être mise en marche, même si la compétition qui en a résulté, lorsque la procédure a été achevée, s'est aussi inscrite dans le domaine de l'économie civile.

Les Etats-Unis ont développé un système d'intelligence économique très important, qui a comme caractéristique d'être très dispersé et de ne fonctionner que très rarement au niveau national. Chaque entreprise a son propre système, elle ne s'intéresse qu'au segment qui la concerne et la recherche de l'information est orientée sur le court terme Le " Business Intelligence " consiste surtout dans la consultation des banques de données faites par les "informations brockers" qui affectuent les recherches sur mesure, l'analyse des brevets ou le lobbying[5]. Le système d'intelligence économique aux Etats-Unis repose sue les sources d'informations du Congrès (Sénat et Chambre des représentants), du gouvernement, des agences fédérales indépendantes, des associations professionnelles, de la presse, du marché privés de l'information, des " thinkthanks " (organismes de réflexion sur des sujets donnés qui réunissent des chercheurs, des représentants des administrations et des entreprises privées), les universités, les organismes internationaux aux USA, les radios et télévisions.

Depuis la présidence de Bill Clinton, l'intelligence économique est devenue la politique technologique fédérale, par référence à la sécurité nationale, pour renforcer la compétitivité des entreprises et les aider à faire face à la concurrence japonaise. C'est une condition de la puissance des Etats-Unis et du potentiel de défense des Etats-Unis face aux agressions extérieures éventuelles.

5- *Il s'agit d'un fondement de la démocratie américaine et donc d'une profession reconnue (30 000 lobbyistes sont enregistrés à Washington*

III- LA PROTECTION ÉCONOMIQUE DES " VALEURS SÉCURITAIRES "

L'intelligence économique est un élément de l'élargissement du concept de Défense. Elle est de plus en plus concernée par les aspects sécuritaires, du fait du déplacement des conflits sur le plan économique. Dans cette approche, la nation et l'entreprise ont les mêmes préoccupations. La guerre de l'information indique qu'aujourd'hui le contrôle de l'information est aussi important que la supériorité aérienne lors des guerres précédentes. Pour le Department of Defense des Etats-Unis, La guerre de l'information désigne les actions visant à la supériorité informationnelle. Dans ce dessein, les actions visant à altérer l'information de l'adversaire et à accroître les possibilités d'action reposant sur l'information, les systèmes d'information et les réseaux d'ordinateurs appartiennent au domaine de l'intelligence économique, matinée d'une opération de renseignement, d'espionnage ou de brouillage, à des fins de relation de puissance, des informations sensibles. Dans ce contexte, l'application militaire des ordinateurs et autres technologies de l'information et les changements organisationnels et doctrinaux sur la puissance des Etats fournissent des exemples ou situations qui réduisent la marge entre le renseignement militaire et l'intelligence économique."

A) Le rapprochement entre renseignement et intelligence économique

Il existe une distinction entre information et renseignement. L'information est ! un élément de connaissance susceptible d'être codé, pour être conservé, traité ou communiqué. Dans ce contexte, le renseignement est un ensemble de connaissances sur un adversaire potentiel, utiles aux pouvoirs publics et au commandement militaire. Il s'agit donc d'une information traitée, analysée et diffusée à qui de droit. Généralement, le renseignement a pour objet de fournir au gouvernement des informations très nombreuses concernant principalement la surveillance des régions à risques, la criminalité organisée, les migrations illégales, les zones de conflit, les technologies sensibles d'aujourd'hui et de demain, les technologies militaires ou l'évolution du terrorisme international.

L'OTAN distingue le contre-espionnage et la contre-ingérence. Elle définit le contre-espionnage comme l'action ayant pour but de détecter l'espionnage et de s'y opposer et la contre-ingérence comme l'opération visant à déceler et à neutraliser toute menace contre la sécurité résultant des activités de service de renseignement, d'organisations ou d'agents se livrant à l'espionnage, à la subversion ou au terrorisme. Le renseignement de sécurité propose des informations sur la nature, les possibilités ou les intentions d'organisations ou d'individus hostiles, qui sont ou pourraient être engagés dans des activités d'espionnage, de sabotage, de subversion ou de terrorisme.

Le renseignement de défense est un peu particulier, il a des spécificités propres, il a pour mission de participer à la prévention des crises internationales et de procéder à des évaluations de situation pouvant conduire à des actions militaires.

Dans ce cadre on distingue trois sortes de renseignements:

- Le renseignement stratégique donne des informations nécessaires à la prise de décision au plan national ou international. Les renseignements collectés portent généralement sur les domaines de la biographie, économie, sociologie, transports et télécommunications, géographie militaire, forces armées, politique, science et technologie.
- Le renseignement opérationnel est nécessaire pour la planification et la conduite d'opérations visant des objectifs stratégiques. Il s'intéresse aux moyens militaires, à la structure des forces, à la doctrine, à l'armement et aux équipements et infrastructures.
- Le renseignement tactique porte sur la connaissance de l'ennemi ou des forces en présence, il fournit des informations sur les circonstances géographiques et atmosphériques, l'attitude de la population civile ou le terrain de l'opération. Il favorise l'information nécessaire à l'action concrète.

Quatre actions principales concernent l'intelligence économique:

- La maîtrise du patrimoine scientifique et technologique et des savoirs faire (identification, connaissance du droit, des règles et normes de la propriété industrielle et immatérielle, application des règles de sûreté et de sécurité industrielle, maîtrise des technologies de l'information, conscience des coûts de l'information),
- La détection des opportunités et des menaces (anticipation du risque, maîtrise des technique de veille, application du cycle du renseignement, perception de la réalité des rapports de force, recensement des complémentarités, capacité de détection des réseaux, capacité de déploiement offensif),
- La coordination des activités (sens du dialogue, culture collective de l'information, combinaison opérationnelle de l'information fermée,capacité de mobilisation des réseaux),

- Les pratiques d'influence (maîtrise des technologies de guerre de l'information, valorisation de l'information, investissement dans l'information, appropriation des réseaux d'information).

Dans ce contexte de rapports étroits entre puissance économique et puissance militaire, la distinction entre renseignement et intelligence économique perd une partie de sa pertinence. Si le renseignement est souvent engagé par les organismes publics, l'intelligence économique est plutôt du ressort de l'ensemble des acteurs économiques. Le rôle de l'Etat dans le domaine de l'intelligence économique n'est pas de se substituer à l'entreprise. Il permet:

- d'intégrer le renseignement à caractère diplomatique, politique, économique ou technologique dans le processus de décision au niveau du gouvernement. L'Etat doit accomplir ces missions régaliennes,
- de maintenir son rôle de gardien du patrimoine économique et de développement technologique,
- de renforcer son rôle de stratège, avec la mise d'une véritable doctrine de sécurité économique,
- de développer les relations entre l'administration et le monde de l'entreprise pour élaborer des stratégies globales,
- de garantir la sécurité des citoyens (notamment dans la lutte contre le terrorisme ou l'économie criminelle).

Les Etats développent l'intelligence économique en fonction de leur culture nationale, véritable point d'ancrage des pratiques du renseignement économique. À ce titre, les Etats-Unis et le Japon disposent de réels avantages par rapport à l'Europe. Or, les conflits géopolitiques se sont déplacés vers des stratégies de dominance fondées sur un contrôle des infrastructures et de la production de l'information. Les années 1990 ont vu des rapprochements entre les agences de renseignement et les dispositifs du commerce extérieur, notamment aux Etats-Unis.

Le but est la réalisation de formes concentrées de dominance stratégique ou de résistance " stratégique ". Le concept de dominance stratégique " repose sur la capacité d'un Etat d'interdire ou de dissuader un Etat rival de remettre en cause ses propres règles de conduite et sa perception du monde. Le gouvernement des Etats-Unis se propose de dégager une stratégie de " dominance cognitive", ce qui suppose l'existence d'un contre-pouvoir, c'est-à-dire des potentiel sur son propre terrain C'est ce que recherchent aujourd'hui les entreprises.

B) Le concept de veille technologique

En France, on a d'abord utilisé le terme de veille. La différence entre les notions de veille et d'intelligence économique est difficile à saisir. La veille n'est qu'une des trois composantes de l'intelligence économique avec les mesures de sécurisation de l'information et les actions d'influence. Il semble que l'on parle plus d'intelligence économique au niveau de l'Etat et de veille stratégique dans les entreprises. La veille stratégique est le processus de recueil d'information qui décèle les faibles signaux de l'environnement en vue de mettre en évidence des opportunités ou de réduire l'incertitude. Aujourd'hui, on préfère parler d'intelligence économique. Il s'agit d'activer l'information disponible en vue d'améliorer la compétitivité des firmes nationales. Ce n'est donc pas une accumulation d'informations, mais la construction logique d'un savoir à des fins économiques, mais aussi géopolitiques.

La " veille " implique l'acquisition d'information (détection et l'accès aux sources), la transmission et le stockage et l'intelligence économique (synthèse des informations utiles). Elle correspond à une approche passive de recueil des informations. Il existe quatre types de veille[6], qui correspondent à des domaines d'observation différents:

- La veille technologique concerne la recherche fondamentale, les acquis scientifiques et technologiques issus de la recherche, les produits ou services, les designs, les procédés de fabrication, les matériaux et filières, les brevets et normes, les systèmes d'information, les prestations de service qui servent l'image de l'organisation Elle représente l'ensemble des techniques qui organisent de manière systématique la collecte, l'analyse, la diffusion de l'exploitation des informations techniques utiles à la sauvegarde et à la croissance des entreprises. Elle met en évidence les innovations concrètes ou potentielles sur un secteur industriel particulier, notamment dans le domaine militaire.

- La veille marketing s'occupe des clients, des fournisseurs et sous-traitants, des acheteurs et distributeurs' à la détection des nouveaux marchés. Elle prend en compte l'évolution des besoins des clients et à la qualité des services.

6- *Bensahel, L. (2004), Risque-pays et intelligence économique, Fragments de cours. UPMF, Grenoble.*

- La veille concurrentielle traite des concurrents, leurs gammes des produits et substituts, les circuits de distribution, des analyses de coût, des organisation et culture de l'entreprise, de l'évaluation de la direction générale des portefeuilles d'activité de l'entreprise. Elle permet de connaître les savoir-faire des concurrents leur technique de vente et politique de communication. Une de ses modalités est le "benchmarking" qui consiste à prendre un concurrent comme référence, de s'aligner sur son mode de fonctionnement.

- La veille stratégique et sociétale ou veille environnementale s'intéresse aux aspects réglementaires, financiers et fiscaux, à l'environnement économique, politique, social et aux ressources humaines. Elle correspond Se pose alors la problématique légalité-légitimité dans sa pratique de l'intelligence stratégique. Ceci s'est traduit par une classification des différentes actions entre actions normale, les actions de violence légales rejetées par la population), les actions informelles (illégales mais tolérées), les actions criminelles. Le rapport Martre[7] a mis en évidence le pouvoir des nouvelles avenues de l'information, notamment dans la fusion des méthodologies militaires et civiles, l'efficacité du croisement des sources ouvertes et du renseignement et les enjeux de la guerre d'information. Le rapport Carayon[8], commandé par le Premier ministre, a fait le point sur l'état de la question en France aujourd'hui et les enjeux de l'intelligence économique. L'intelligence économique pose le problème de la formation de la recherche et développement, de la production de savoir à haute valeur ajoutée et de la protection juridique. Il met également en lumière la nécessité d'une organisation auprès du gouvernement afin de construire, comme les américains, une institution spécifique au service des entreprises et du gouvernement, rapprochant ainsi les aspects militaires et civiles.

7- *Martre, H.(1994), Intelligence économique et stratégie des entreprises, Commissariat au Plan, La Documentation française, Paris.*

8- *Carayon B., 2003, Intelligence économique, compétitivité et cohésion sociale, Rapport au Premier ministre.*

EN CONCLUSION

Les conflits se sont déplacés des conflits armés entre nations aux conflits économiques et l'information est un élément important de la compétitivité mais aussi comme un facteur essentiel de déstabilisation des concurrents. Les Américains ont mis en place des structures dédiées à la surveillance des forums de discussion pour aider les firmes multinationales à connaître et combattre ce type d'action indirecte. La guerre de l'information devient importante et nécessite une mobilisation de plusieurs ressources aussi bien au niveau de l'Etat qu'à celui de l'entreprise. On parle de "guerre de l'information" comme nouvelles modalités de conflit.

La problématique de l'intelligence économique ne se résume pas au partage de l'information en vue d'innover ou de penser le développement avec plus de cohérence. Cette vision politiquement correcte ne couvre qu'une partie du problème. L'analyse des rapports de force entre les blocs, puissances, régions et entreprises est indispensable pour lire à moyen et à long terme le dessous des cartes de la compétition économique mondiale, faire face aux velléités hégémoniques de certains pays industrialisés[9] La quête de l'information peut conduire à un conflit électronique dans lequel l'information constitue une ressource stratégique, valant la peine d'être volée ou détruite. Les maladies de l'intelligence économique sont l'espionnage industriel (illégalité dans la recherche de l'information, atteinte à la vie privée), les virus, le piratage informatique, les écoutes téléphoniques. Les ordinateurs et autres systèmes d'information et de communication forment alors les premières cibles. L'infoguerre devient alors la lutte pour le contrôle de l'information, élément clé de pouvoir et de richesse dans le monde contemporain. L'intelligence économique est une arme redoutable qui révolutionne les conditions de la compétition mondialisée des échanges.

La Révolution des Affaires Militaires (RMA) a mis en évidence l'utilisation de l'information à des fins militaires, autour de trois axes:

- Le chef ne peut pas tout connaître, il faut mettre en place des cellules de gestion de l'information.
- Il faut systématiser le recours à la méthodologie et le management de la perception, regrouper l'ensemble des techniques de gestion obtenir un

9- Harbulot C., le Général Pichot-Duclos J., 1996, La place du renseignement dans la société française, revue de Défense Nationale

avantage pérenne sur les concurrents, le " knowledge management " devient le tronc commun des connaissances.

- Il convient d'améliorer le management de la perception (comment faire céder un concurrent en utilisant la connaissance ou l'information de manière offensive?).

Les Etats-Unis utilise beaucoup société de l'information pour développer des stratégies d'influence sur le plan économique ou culturel et notamment dans des domaines où les manipulations de la connaissance sont nombreuses comme la lutte anti-corruption, la défense de l'environnement, la santé alimentaire, la protection sociale, la protection de la démocratie. Dans le secteur militaire, la désinformation est la règle, mais dans ce cas, les pays ont une habitude du secret. Cependant l'écart entre le militaire et le civil diminue, mais. Les méthodes et routines militaires ne s'appliquent pas avec suffisamment de précaution. Il en résulte un rapprochement net entre l'intelligence économique et le renseignement militaire.

INTELLIGENCE ÉCONOMIQUE ET RACCOURCIS TECHNOLOGIQUES

ENJEUX ET ENSEIGNEMENTS POUR LES ÉCONOMIES ÉMERGENTES

Driss GUERRAOUI

La présente contribution vise à répondre à deux questions essentielles :

1- Dans une économie de plus en plus ouverte et mondialisée, quelles sont les raisons qui font que le recours aux outils de l'intelligence économique constitue un facteur décisif pour promouvoir une veille stratégique à la mesure des défis qui sont lancés aux entreprises, à l'Etat et aux collectivités locales, notamment en termes de compétitivité et de création de richesses ?

2- Quelles sont les conditions préalables indispensables à la mise en place de politiques publiques et privées de promotion et de diffusion des pratiques de l'intelligence économique et de la veille stratégique compatibles avec les nouveaux enjeux de la compétition entre les entreprises, les Nations et les grands groupements régionaux ?

Sur la base des réponses apportées à ces deux questions nous tirerons un certain nombre d'enseignements que nous estimons d'une grande utilité pour les économies émergentes dans leurs tentatives de réaliser des raccourcis dans ce domaine.

I- POURQUOI L'INTELLIGENCE ECONOMIQUE ET LA VEILLE STRATEGIQUE SONT IMPORTANTES POUR LES ECONOMIES EMERGENTES ?

L'intelligence économique et la veille stratégique sont aujourd'hui importantes pour les économies émergentes pour au moins cinq raisons essentielles :

1- l'avènement de l'ère de la rareté :

Bien qu'à des degrés divers, les économies émergentes sont aujourd'hui confrontées à trois formes de rareté :

- la rareté des ressources naturelles : En effet, du fait de la pression des besoins sociaux essentiels consécutivement à la croissance démographique, de l'industrialisation rapide, de l'accélération de l'urbanisation, du développement des activités touristiques , de l'intensification de la mise en valeur agricole, nous assistons à phénomène de surexploitation des ressources naturelles.

La conséquence de cette surexploitation est une tendance à la raréfaction progressive de l'eau, l'énergie, les terres agricoles utiles, les terres de parcours et des ressources forestières et halieutiques.

- la rareté des ressources financières pour soutenir les efforts de croissance et de développement :

L'environnement économique et financier dans beaucoup de pays émergents se caractérise par une faiblesse de l'épargne intérieure, la persistance du poids de la dette, l'amenuisement des recettes douanières suite à la libéralisation des échanges et à la déprotection qui en découle, la nature de plus en plus sélective et de moins en mois volontaire du financement international du développement, l'exacerbation de la concurrence entre ces économies pour capter une épargne internationale de plus en plus soumise à une logique spatiale de localisation. Celle-ci est dictée par les besoins de financement des grands réseaux transnationaux dans le cadre de leur stratégie d'investissement et d'implantation à l'échelle internationale.

Cet environnement met les pays émergents devant une réelle situation de rareté relative des ressources à un moment où elles ont à faire face et à réussir de façon concomitante la mise à niveau de leurs économies, la reforme sociale (lutter contre la pauvreté, la maladie, l'analphabétisme et le chômage) et les transformations institutionnelles (promouvoir la Démocratie, les libertés et l'Etat de Droit).

- la rareté des ressources humaines d'une niveau de compétence et d'excellence à la mesure des nouveaux défis économiques et technologiques qu'affrontent les économies émergentes en matière de gouvernance à la fois publique et privée. La spécificité de cette donne est qu'elle s'opère dans une phase de restructuration de leurs systèmes d'éducation, de formation et de recherche et d'ouverture non maîtrisée sur la marché mondial, un marché mondial de plus en plus dominé par quelques grands réseaux transnationaux dont les alliances stratégiques renforcent davantage leurs avancées technologiques, leurs capacités managériales et leurs facultés à capter les meilleures compétences qu'offre le marché mondial.

Au regard de l'impact certain de ces trois phénomènes sur leur sécurité économique et humaine, les économies émergentes sont appelées à mettre en place de véritables politiques d'intelligence économique et de veille stratégique leur permettant de réunir les conditions d'une lutte efficace contre toutes les formes de la rareté.

2- La complexification croissante de la donne économique et l'exacerbation de la compétition :

La compétition économique que se livrent les entreprises en vue de l'élévation permanente de leurs performances a entraîné une complexification de la donne économique en raison, d'un côté, du développement d'un processus d'obsolescence rapide des savoir-faire, des qualifications et des technologies, de l'autre, de la profusion de l'information économique, financière et technologique, notamment par le truchement des nouvelles technologies de l'information et de la communication.

La conséquence de cet état de fait est la fin des droits acquis et l'émergence de nouveaux déterminants de la compétitivité entre les entreprises, les Nations et entre les grands groupements régionaux, déterminants basés de moins en moins sur la dotation en facteurs naturels et sur l'existence d'une main d'œuvre abondante et à bon marché. Elle repose de plus en plus sur l'économie du savoir, la valorisation de la ressource humaine et la capacité des entreprises et des Nations à promouvoir des formes nouvelles d'intelligence en mesure de répondre à la complexification de la gouvernance de la donne économique mondial et à la véritable guerre technologique et commerciale que se livrent les composantes majeures du système mondial.

3- La croissance des interdépendances entre les toutes les composantes du système de l'économie mondiale :

En effet, nous constatons une croissance continue des interdépendances entre toutes les composantes du système de l'économie mondiale dont la conséquence est le développement de la production en réseaux dans une économie mondiale de plus ouverte et de plus en plus globale. Cette mutation met la veille stratégique au centre des nouvelles préoccupations des entreprises et des Etats Nations.

4- la montée des aléas, des risques et des incertitudes :

La caractéristique majeure de l'environnement dans lequel évolue l'action des entreprises et des Etats Nations est de plus en plus marquée par la diversité des aléas et des risques et la montée des incertitudes. Cette situation est principalement due aux fluctuations imprévisibles des marchés, à la fréquence des catastrophes à la fois naturelles, industrielles et poste industrielles, à la crise de gouvernance du système mondial et à leurs conséquences sur la sécurité économique en particulier et la sécurité humaine en général.

5- L'ère des territoires :

Aussi paradoxale que cela puisse paraître, la mondialisation s'accompagne à l'heure actuelle d'un regain d'intérêt pour les territoires et pour la gestion de proximité. Aussi, les délocalisations auxquelles procèdent les grands réseaux transnationaux comme la création d'activités économiques nouvelles s'opèrent sur la base de la capacité des territoires à réunir les conditions d'une attractivité optimale pour les investisseurs potentiels.

Ces raisons majeures montrent que les économies émergentes sont devant de réels défis qui les incitent à transformer leurs avantages comparatifs et compétitifs actuels en avantages stratégiques et ce par le développement d'une politique de l'intelligence économique et sa mise à contribution au service d'une veille stratégique durable.

II- LES CONDITIONS PREALABLES D'UNE STRATEGIE DE PROMOTION DE L'INTELLIGENCE ECONOMIQUE :

L'élaboration d'une stratégie d'intelligence économique et de veille stratégique nécessite la prise en compte de trois dimensions :

- une dimension connaissance ;
- une dimension institutionnelle ;
- et une dimension stratégique.

1- la dimension connaissance :

Cette dimension est cruciale en matière de promotion de l'intelligence économique et de la veille stratégique. Elle en est la clé d'entrée incontournable. Elle consiste en la réunion des conditions de recueil, de traitement et de diffusion de l'information scientifique et technologique stratégique ainsi qu'à la mise en place de structures permanentes d'étude, de conseil, d'expertise et recherche développement , liées aux aspects essentiels de la gestion de l'Administration générale de l'Etat, des Collectivités locales, des entreprises, des Universités, des centres de recherches et des organisations de la société civile, susceptibles de leur permettre d'accroître leur capacité à comprendre l'environnement dans lequel ils évoluent, de renforcer leur pouvoir d'analyse, d'anticipation des changements, d'innovation et d'expérimentation de solutions originales, adaptées et appropriées à leurs problèmes.

Exprimées ainsi, ces conditions consistent pour ces acteurs, en définitive, à élaborer une prospective au service d'une gouvernance stratégique favorable à l'élévation des performances globales de leurs organisations. Car cette prospective est seule à même de leur permettre de réaliser quatre objectifs : mieux gérer les risques, développer leur maîtrise des aléas et des incertitudes, accroître leur pouvoir en matière de régulation des différentes formes de rareté dont ils peuvent faire l'objet et, enfin, susciter en leur sein une dynamique de création de richesses nouvelles.

2- la dimension institutionnelle :

Cette dimension est aussi importante que la dimension connaissance, car elle en constitue le support institutionnel. L'expérience de pays en avance dans ce domaine montre qu'une politique de promotion de l'intelligence économique et de la veille stratégique présuppose la création d'institutions spécialisées en cette matière. Certains pays on en fait, une structure permanente rattachée auprès du Gouvernement. Le Gouvernement Français a nommé en janvier 2004 un Haut Responsable en charge de l'intelligence économique et a crée en octobre 2004 une Délégation Générale de l'intelligence économique rattachée au Ministère de l'Economie et des Finances.

Mais au-delà de cet aspect « macro institutionnel » , d'autres expériences ont consisté en la création de cités scientifiques, de pôles compétences , de centres d'excellence, de structures de veille technologique et promus la recherche développement, ont généralisé les nouvelles technologies de l'information et de la communication, renforcé la coordination de la recherche entre les secteurs public et privé , développé la traduction et la maîtrise des langues étrangères et ont promu la partenariat national et international et la coopération interentreprises en matière de recherches scientifiques et technologique et de renseignement économique.

3- la dimension stratégique :

Dans le contexte actuel de mondialisation des économies, de globalisation des échanges, de la croissance des interdépendances et de « la montée des périls » de toute nature, cette dimension procède d'une prise de conscience des Etats de l'importance de réaliser la sécurité économique de leur Nations.

De ce fait, cette dimension implique la prise en comte de trois niveaux : l'existence d'une vision stratégique nationale en matière d'intelligence économique, des politiques sectorielles en conformité avec les objectifs publics assignés à la veille stratégique dans ce domaine et un financement approprié.

Cependant, au regard des écarts technologiques structurels en particulier et de développement en général, une stratégie de promotion de l'intelligence économique basée sur la recherche de raccourcis technologiques s'avère nécessaire.

A ce niveau deux pistes paraissent possibles :

- valoriser les avantages du développement technologique tardif par un meilleur usage des opportunités qu'offre le processus actuel d'ouverture des économies et de libéralisation des échanges ;
- et transformer les inégalités technologiques actuelles en inégalités productives par la création d'un environnement favorable à l'innovation et à la promotion de la ressource humaine dans les entreprises et dans la société.

Ce sont ces conditions qui permettront réellement aux économies émergentes de promouvoir leur génie scientifique et technologique et à développer une culture de l'intelligence économique à l'échelle de toutes leurs composantes.

RERERENCES BIBLIOGRAPHIQUES

Audigier M. , Coulon G. et Rassat P. , 2003, l'_intelligence économique, un nouvel outil de gestion, Ed Maxima

Bournois F. et Romani P-J , 2000, l'intelligence économique et stratégique dans les entreprises françaises, Editions Economica

Colletis G. , 2001, intelligence économique et développement territorial, les premières rencontres des Suds, 28 -29 septembre, Toulouse

Drucker P., 1999, l'avenir du management, Edition Village Mondia

Foret D., 2000, l'économie de la connaissance, la Découverte, Collection Repères

Frion P., 2003, accompagnement au traitement de l'information pertinente, , Arn. Editions, Collection Intelligence économique pas à pas, Saint-Aignon-le-Grand Lieu

Guilhon B. et Levat J-L, 2003, de l'intelligence économique à l'économie de la connaisance,Editions Economica, collection « l'intelligence économique »,

Martre H. , 1994 , intelligence économique et stratégie des entreprises, la Documentation Française

Pateyron E., 1998, la veille stratégique, Editions Economica

Problèmes Economiques, 2004, l'arme de l'intelligence économique, n° 2864 du 8 décembre , la Documentation Française

Salmon R. et De Linares Y., 1997, l'intelligence compétitive, Editions Economica

II

L'INTÉLLIGENCE TÉRRITORIALE

EXPÉRIENCES COMPARÉES

INTELLIGENCE ÉCONOMIQUE ET DÉVELOPPEMENT TERRITORIAL

Philippe CLERC

INTRODUCTION

Nous introduirons notre réflexion par un propos préalable sur l'évolution des concepts de territoire et de stratégie pour tenter de penser le développement « autrement ». Fort de ces rappels et la grille de lecture qui devrait en surgir, nous relaterons de façon critique les expériences françaises et canadiennes concernant des stratégies de développement territorial basées sur l'intelligence économique ou la naissance de politiques d'intelligence territoriale.

Nous regarderons également, dans ce cadre, comment des universités Indonésienne et Française, ont coopéré pour former des étudiants et des experts à la pratique des méthodologies de l'intelligence économique et organiser leur intervention dans le cadre de programmes de développement de territoires émergents.

En toute humilité, cette présentation constitue ma perception personnelle d'expériences d'intelligence économique appliquées au développement territorial en France et à l'étranger.

Elle doit être lue comme un retour d'expérience et comme le résultat d'échanges développés avec des chefs d'entreprises, mes collègues des Chambres de commerce et d'industrie, des animateurs régionaux et des experts français et étrangers.

Je parle de perception personnelle, parce que nous ne disposons pas, à ce jour d'évaluation globale des expériences conduites en matière d'intelligence territoriale depuis les années 90[1] .

1 : Une première « évaluation » a été produite par Pierrette Bergeron, professeure à l'université de Montréal, en 2000 dans son ouvrage « Veille stratégique et PME. Comparaison des politiques gouvernementales de soutien », Presse de l'Université du Québec, Québec, 2000, 433 p.

D'où le formidable intérêt du colloque de Tétouan, qui convoque le regard des experts de l'université sur ces expériences novatrices récentes ou en cours.

I - LE TERRITOIRE ET LA STRATÉGIE

L'intelligence économique est une démarche qui accompagne, structure, guide et irrigue la pensée et l'action stratégique. Il nous semble alors important de préciser notre approche. Avec d'autres, nous considérons que le territoire est un acteur collectif, porteur de projets et de stratégie de développement. L'intelligence économique apparaît bien comme une activité structurante et efficace de ce type de stratégie entre compétitivité et développement durable.

La compétitivité se compose de la compétitivité coût et hors coût. La première composante intègre les ressources, le capital et la main d'œuvre. La seconde mobilise le capital immatériel, tel que les compétences, les savoir-faire technologique, industriels et de services des entreprises, mais aussi organisationnels et plus largement les réseaux de ressources immatérielles – expertises, information, réseaux de diffusion technologique, centre de R&D, centres techniques, CCI (Chambre du Commerce et d'Industrie), écoles, formation et universités. Concernant les territoires, il convient d'aller plus loin dans ce répertoire et inclure la culture du territoire et son histoire. Celle-ci devient un actif fédérant les diasporas des habitants de tel ou tel territoire, résidants à l'étranger.

Cet environnement « d'excellence » et ce capital social deviennent des leviers dans la concurrence à l'attractivité que se livrent les territoires, mais aussi dans l'ajustement des coopérations. Ils constituent par la qualité de leurs composants des avantages comparatifs, essentiels à l'appréciation de la compétitivité de tel ou tel territoire.

Dès lors, la compétitivité des acteurs publics et privée s'évalue dans les stratégies de type collectif, par le chiffre d'affaires, mais surtout dans la capacité d'influence et donc la puissance de marché. Comment, pour le territoire, obtenir et maintenir son avantage concurrentiel, sa puissance concurrentielle ? L'avantage est à rechercher dans « l'intimité » du tissu productif local.

Un constat paradoxal et trois facteurs au moins nous apparaissent essentiels pour l'appréhender.

1 - Nouveau paradigme concurrentiel

Selon le paradoxe, l'accès efficace aux marchés du monde, pour une entreprise, s'effectue grâce à un ancrage territorial fort dans des réseaux de ressources et d'excellence.

En effet, le mouvement contemporain de mondialisation fait redécouvrir aux analystes le paradoxe de l'importance de la localisation et de la territorialisation des activités dans une économie globalisée[2] .

Les trois facteurs. Le premier correspond à de nouvelles formes d'organisations spatiales de production : les grappes industrielles, les systèmes productifs locaux français, les clusters anglo-saxons ou japonais, les districts industriels italiens. Ces organisations se développent, imbriqués et dynamisés dans des réseaux d'excellences et d'appui (Business Links anglais, Réseaux de diffusion technologiques et réseau consulaire en France[3])

Le second facteur correspond à de nouvelles formes d'affrontement concurrentiel qui résultent des formes d'organisation précédentes et se développent entre entreprises, entre systèmes d'intelligence économique régionaux ou nationaux. Ils sont basés sur :

- les réseaux d'innovation publics privés, les réseaux d'entreprises fondés sur la gestion de la connaissance, l'alerte et l'anticipation[4] (alliances à caractère stratégique);
- les réseaux d'influence, qui manoeuvrent pour influencer les marchés en faveur des entreprises, des territoires et des intérêts nationaux ou de blocs économiques (diplomatie économique, déstabilisation, désinformation).

Le troisième facteur consiste dans la valorisation du capital social, dans l'entreprise et dans son environnement (réseaux, détenteurs d'influence...), c'est à dire à l'échelle du territoire. Les experts de l'OCDE[5] donnent du capital social la définition suivante : « les réseaux, les normes, valeurs et convictions communes qui facilitent la coopération au sein de groupes entre eux ». Ils insistent sur les aspects relationnels : « le capital social, qui couvre les différents aspects de la vie sociale – réseaux, normes et relations -, est ce qui permet aux gens d'agir ensemble, de créer des synergies et de forger des partenariats (...) Le capital social est le ciment qui lie les communautés, les organisations, les entreprises et les différents groupes sociaux ». Ici, nous positionnons les

---

2 : *Dans le rapport de l'OCDE de 1996 sur les réseaux d'entreprises et le développement local, Sergio Arzeni montre que l'accès compétitif aux marchés du monde passe par l'extrême localisation des activités et des dynamiques d'entreprises, en particulier dans les districts industriels que l'économiste Marshall avait identifiés dès le 19e siècle.*

3 : *Philippe Clerc, « Les dispositifs territoriaux d'intelligence économique, Analyse comparée du Japon, du Royaume Uni, du Canada et de la France » Revue Regard sur l'IE, n°1, 2004.*

4 : *Les Chambres de commerce et d'industrie, en Franche-Comté ou à Lyon (WTC) développent des plateformes collaboratives d'intelligence économique qui permettent aux entreprises de mutualiser leurs moyens de surveillance des marches et d 'action.*

5 : *OCDE, Le capital humain et social dans un processus de croissance et de développement durable » 2001.*

réseaux d'information, de relations, les réseaux d'experts, les réseaux d'appui à la recherche, au développement, les savoir-faire individuels et collectifs, comme efficacité sociale au service de la performance globale du territoire. L'approche du développement territorial par le capital social permet de mieux lire les disparités de développement et la diversité des cultures. Il enrichit cette lecture, corrige par un autre regard, l'analyse exclusivement économique et atténue donc le risque d'«hémiplégie cognitive[6]»

2 - Vers le pilotage de la stratégie par l'intelligence économique

Avec d'autres, nous partageons la conception du territoire représentée comme « territoire projet », doté d'une capacité stratégique, partagée par les acteurs locaux et portée par les décideurs.

Les économistes de la dynamique des territoires écrivent qu'il est aujourd'hui pertinent de considérer les territoires ou les pays comme le résultat de processus interactifs de création et non comme un point de départ[7].

Un territoire donc se forme et se déforme. L'important n'est pas ce qu'il est, mais ce qu'il devient. L'intérêt doit donc se porter sur le comportement et les stratégies des acteurs qui le produisent. Cette approche rejoint alors la préoccupation de toute organisation ou collectivité (villes, communautés de communes, régions, départements), engagés dans le développement local : comment donc créer de l'attractivité, de la localisation et du développement ?

C'est en répondant par l'action à ces interrogations que les territoires entrent en concurrence ou en coopération, cherchant à valoriser leurs actifs spécifiques (ressources, savoir faire, compétences économiques, technologiques, culturels des entreprises et des organisations, écoles, universités, laboratoires, réseaux d'appui, Chambres de commerce et d'industrie régionales et locales.

Pour atteindre de tels objectifs, la mise en place de systèmes d'intelligence économique territoriaux s'impose, pilotés dans le cadre de politiques d'intelligence territoriale.

---

6 : *Pierre Bourdieu dans son ouvrage « Les structures sociales de l'économie » Seuil, 2001, veut « contribuer à l'intégration ou à « l'hybridation » des disciplines de la sociologique et de l'économique, dramatiquement séparées ».*

7: *G. Colletis, « D'une perspective d'allocation à une perspective de création de ressources », 1994.*

3 - Qu'appelle-t-on "politique d'intelligence territoriale » ?

Une politique d'intelligence territoriale est une politique dont l'objectif est le développement de la compétitivité du territoire à travers l'appui aux entreprises et à l'ensemble des acteurs qui le composent, y compris du champ culturel et social, par l'utilisation des outils et méthodes de l'intelligence économique.

Cette politique se décline à travers les finalités suivantes :

- produire la connaissance nécessaire à la stratégie des acteurs économiques et sociaux du territoire confrontés à la globalisation des échanges et de la concurrence ;
- développer des enseignements d'intelligence économique, afin d'accroître la capacité collective d'interprétation des dynamiques de l'environnement, d'interprétation de la complexité ;
- organiser la sécurité du patrimoine des entreprises et des systèmes d'information (sécurité économique) ;
- développer des stratégies d'influence basées sur l'avantage culturel et compétitif du territoire pour mieux négocier, coopérer ou se battre.

II - TROIS DIFFÉRENTES EXPÉRIENCES

Nous illustrerons notre propos à travers un regard critique sur trois expériences dans ce domaine : celle de la France, que nous avons intitulé 10 années d'expériences et d'action ; celle du Québec, intitulée « l'erreur à éviter » ; celle de l'Indonésie, enfin ou « l'intelligence économique, levier du développement territorial grâce à la coopération universitaire »

1 - La France ou 10 années d'expériences et d'action

En matière de politique publique d'intelligence et de veille stratégique, la France a suivi un long chemin avant de rencontrer l'efficacité interministérielle. Cela s'est traduit par une dynamique en creux après une tentative très intéressante entre 1994 et 1998 et une organisation nouvelle en 2004.

En 1995, M. Balladur, Premier ministre, met en place une politique de compétitivité et de sécurité économique[8] s'appuyant en particuliers sur un réseau interministériel. Il s'agissait d'un dispositif d'animation et de coordination de la politique nationale d'intelligence économique autour du Comité pour la compétitivité et la sécurité économique , regroupant des chefs d'entreprises, des banquiers et un scientifique de renom. Ce Comité était chargé de conseiller le Premier ministre. Une cellule de coordination interministérielle, chargé de la mise en œuvre des orientations stratégiques, est placée au sein de l'administration du Premier ministre. Les premiers schémas régionaux d'intelligence économique se mettrent en place.

a) 2003 : un constat et une prise de conscience

Deux facteurs sont à l'origine de la décision du gouvernement de mettre en place une politique publique d'intelligence économique, déclinée à l'échelle du territoire : le facteur politique et la pression du marché.

En 2003, le Premier ministre confie au député Bernard Carayon, une mission d'évaluation des capacités françaises d'intelligence économique. Le rapport « Intelligence économique, compétitivité et cohésion sociale » est publié en 2003[9]. Il atteste du retard que prend la France en matière d'intelligence économique.

Dans le même temps, les élites commencent à prendre conscience du déficit de pilotage stratégique des politiques technologiques et faiblesse de l'économie, voire l'absence de système de veille stratégique (intelligence économique) au sein du dispositif de l'Etat. Il s'agit bien du constat d'un recul de la puissance économique et industrielle et le risque de dépendance stratégique dans certains domaines technologiques. Cela signifie clairement qu'il n'existe pas de réelle connaissance des forces et faiblesses par secteur, ni d'état des lieux des actifs technologiques clés (entreprises, savoir-faire, compétences stratégiques), ni même de stratégie partagée, donc pas de système d'alerte. Les enjeux et les menaces sont illisibles. Qu'en est-ils des opportunités ?

Un signal d'alerte: des fonds d'investissements américains rachètent des entreprises françaises de haute technologie (cartes à puce et cryptologie,

8 : Remy Pautrat, « L'intelligence économique, un outil stratégique dans la guerre de l'information », in, Europe, quelle Europe ? Revue Version originale n°6. Ph.Clerc, « La compétitivité et la sécurité économique : un enjeu stratégique pour la France », Défense n° 70, IHEDN, décembre 1995. Ph. Clerc, « Economic intelligence: the French Model », Proceedings of the Annual International Conference on « Global Security & Global Competitiveness : Open sources Solution », Washington, 1996. Rapport au Président de la République relatif au décret portant création du comité pour la compétitivité et la sécurité économique, Journal Officiel, 4 avril 1995.

9 : Publié à la documentation française, 2003.

Gemplus, piles pour les missiles, Saft...), sans que la menace pourtant bien réelle n'ait été anticipée.

La riposte : le Premier ministre décide de lancer une politique nationale de veille stratégique et d'intelligence économique en s'appuyant dans un premier temps, sur le ministère de l'intérieur. En janvier 2004, il nomme un Haut responsable à l'intelligence économique en charge de la coordination interministérielle de la politique (Finances, économie, industrie, recherche, intérieur, affaires étrangère éducation...) Nous croyons savoir que le ministère de la culture en est absent, qui par ailleurs a créé une mission « industries culturelles ».

L'organisation :

Le Haut responsable anime des groupes de travail interministériels sur des thématiques liés aux enjeux stratégiques, mais aussi à la réglementation de la profession de l'intelligence économique ou au contenu des enseignements.

Le réseau des ambassades est mobilisé et dans les régions, les Préfets mettent en place depuis peu des opérations pilotes d'intelligence économique, auxquels sont associées les Chambres de commerce et d'industrie.

b) La politique d'intelligence territoriale

La politique d'intelligence territoriale s'est construite par phases, pilotées à la fois au national, à la fois sur le terrain.

Trois types de programmes et d'actions territorialisés (1995 - 2003)

- Les programmes de socialisation de la démarche d'intelligence économique

Il s'agit de programmes de sensibilisation et formation des dirigeants et salariés des PME, mais aussi des fonctionnaires et des développeurs. Ils sont essentiels pour diffuser l'apprentissage des méthodes de veille, mais insuffisant au regard de la diffusion de la culture stratégique et de la gouvernance des politiques de développement.

- Les programmes à vocation expérimentale.

Comment l'intelligence économique s'organise-t-elle dans la PME, avec quels moyens et quels outils ? Quels résultats sont obtenus?

Pour être efficaces, ce type de programmes sont à intégrer dans des projets de développement territoriaux plus stratégiques.

- Les programmes à vocation stratégique.

Ils sont devenu le modèle pour les CCI. Comment développer des clusters industriels en organisant le partage de connaissance entre les entreprises sur leurs métiers, sur leurs marchés et sur l'environnement global ? Comment co-produire l'intelligence collective nécessaire à chaque entreprise, notamment en associant l'organisation professionnelle de telle ou telle filière ?

Par exemple, la décision collective de l'agglomération du Grand-Lyon, des acteurs du développement économique, dont les CCI et de la profession du textile d'organiser une démarche partagée d'intelligence économique pour le développement des PME de la filière, autour de la création d'une plateforme collaborative d'intelligence économique via internet.

L'intelligence économique permet de bâtir un système collectif de détection d'opportunités de marchés et d'alertes. La démarche permet aussi de partager un système de veille sur les tendances de consommation, les brevets et les appels d'offre, une méthode de cartographies d'acteurs, grâce à des outils simples et accessibles.

Ainsi ces programmes ont-ils pour objectifs,

- de se doter des capacités suffisantes de surveillance de l'environnement concurrentiel de la filière par échange d'informations et de connaissances;
- d'effectuer de meilleurs choix commerciaux (appels d'offre) ;
- d'organiser des actions collectives destinées à influencer le marché en faveur des entreprises du cluster (normes, marchés, aides...)
- de partager les risques liés à l'innovation, pour s'engager ensemble dans des stratégies gagnantes, en connaissance de cause. La politique d'intelligence territoriale

La volonté de la France « d'entrer en stratégie » et donc de se doter de capacités et d'organisations lui permettant, en connaissance de cause, de répondre aux concurrences et de préparer les coopérations nécessaires à son développement, s'exprime particulièrement dans la récente déclinaison territoriale de la politique d'intelligence économique nationale.

Cette nouvelle politique est pilotée par le ministère de l'Intérieur s'appuyant sur les préfets de région. Elle est mise en place au moment où, à la fois l'Etat et les Régions, vivent la transformation de leur mode de gouvernance locale à travers la nouvelle décentralisation et font l'apprentissage de nouveaux pouvoirs. En effet, depuis 2004, l'Etat décline sa stratégie en région à travers des PASER (Plan stratégique de l'Etat en région). Par ailleurs, la loi d'août

2004 relative aux libertés et responsabilités locales confirme que les Régions, qui devront élaborer un Schéma régional de développement économique (SRDE), coordonnent les actions de développement et développent l'attractivité de son territoire. Les politiques et les actions d'intelligence économique sont en train d'être inscrites au cœur de ces dynamiques.

Précisons que l'approche française de l'intelligence territoriale s'entend à la fois comme une politique publique d'intelligence économique - déclinée à l'échelle des territoires- un cadre de cohérence en quelque sorte, et comme la démarche mise en œuvre par les décideurs territoriaux pour piloter les stratégies. Elle met en œuvre, au service des stratégies, des outils et des méthodes de recueil, d'interprétation, de distribution et de sécurité de l'information. Elle est structurée, selon les objectifs suivants :

- définir une stratégie concertée de développement économique et technologique du territoire, en s'appuyant sur des diagnostics permanents de forces et faiblesses et des actifs spécifiques.
- Créer une dynamique régionale de coopération, en favorisant le regroupement des services de l'État et des collectivités institutions territoriales autour de projets stratégiques communs.
- Mettre en œuvre des moyens d'anticipation et de prospective pour les acteurs du développement territorial.
- Élaborer des stratégies d'influence au profit du rayonnement international de la région. Ce dernier objectif caractérise l'intelligence territoriale et la distingue ainsi clairement de ces autres grandes politiques publiques que sont l'aménagement du territoire et d'information économique.

Un dispositif de gouvernance est mis en place pour piloter le schéma stratégique d'intelligence territorial qui, dans chaque région comprend,

- un volet « compétitivité » : une étude du contexte économique et technologique, un diagnostic du dispositif territorial d'appui au développement économique et technologique des PME, un plan d'action.
- Un volet sécurité économique : identification et protection des PME stratégiques, appui aux entreprise en matière de protection de leurs savoir faire et de sécurité de leur systèmes d'information, engager des actions entre secteur public et privé sur ce sujet.

2- Les centres de veille concurrentiels du Québec ou "les erreurs à éviter" en matière d'intelligence territoriale

En 1994, le gouvernement du Québec décide de lancer, pour cinq années, un programme destiné à « favoriser la diffusion et l'acceptation du concept de veille, ainsi que sa reconnaissance comme apport stratégique » dans les PME[10]. 14 centres de veille concurrentielle sont ainsi créés. Le cahier des charges comporte une obligation de « veille générique » et d'autofinancement à trois ans. Ces réseaux d'appui et d'excellence avaient pour vocation d'apporter aux PME, secteur par secteur (chimie, environnement, mécanique, etc.) les services suivants : expertise, transferts de technologies, informations, apprentissage de l'utilisation de l'information stratégique et mise en place de démarche de Business Intelligence (BI).

a) Résultats en 1999

Les forces de ce programme ont été nombreuses : de l'approche pragmatique en passant par l'acculturation à la veille stratégique comme innovation, à l'introduction d'un outil logiciel de veille piloté aujourd'hui par le Centre de Recherche Industriel du Québec (CRIQ). Etrangement, il est noté un bon apprentissage, une bonne diffusion de la démarche dans la sphère publique (gouvernement et autorités locales), alors que l'impact dans les PME est limité.

Les experts remarquent au final, que cette politique à permis de développer une meilleure pratique de l'intelligence économique au Québec[11] par rapport à l'ensemble des Provinces du Canada.. Dès lors le ministère de l'Industrie accentue sa politique d'appui et par exemple, diffuse sur le site « ebiz. facile » toute une série de mémos relatifs à la veille concurrentielle, ses méthodes et ses outils ainsi que des grilles d'analyse opérationnelles d'intelligence concurrentielle[12] .

b) Les erreurs

Malgré tout, la faible performance du dispositif a été rapidement actée, les concepteurs n'ayant pas ancré l'organisation sur la réalité des réseaux locaux (manque de coordination entre les acteurs clés travaillant avec les PME et les experts en veille concurrentielle) et des besoins des tissus industriels localisés.

10 : Fond de partenariat sectoriel – Volet IV.

11 : http://www.criq.qc.ca/fr/0302_iit/p030207_cvc.html et http://www.vigipro.com

12 : « ebiz.facile » sur www.strategis.ic.gc.ca

Il n'a pas non plus tenu été compte du fait que l'intelligence économique (ou concurrentielle) est une démarche de management de l'innovation. Le programme a été conçu comme si l'intelligence concurrentielle était un fait acquis. L'approche sectorielle a été déclinée sans cohérence régionale. Enfin, l'absence de lien entre le niveau national de la politique gouvernementale et la déclinaison des politiques industrielles a nui à l'efficacité du système. Il s'agit bien d'un déficit de pilotage stratégique.

3 - Indonésie ou l'intelligence économique, levier du développement grâce à la coopération universitaire

Les mots clés de cette expérience sont les suivants: une coopération universitaire entre la France et l'Indonésie permet de former une diaspora d'étudiants indonésiens formés en France à la veille stratégique et l'intelligence économique. Ils deviennent les relais d'une politique de coopération et de développement, s'appuyant sur des experts de l'université Nord Sulawesi.

La problématique de développement est la suivante: comment valoriser par l'innovation, notamment technologique, des productions locales et créer de la valeur ajoutée sur offre, pour aboutir à la génération d'une boucle vertueuse de développement et d'investissement?

Le mal indonésien est bien là, dans la faible capacité à créer de la valeur à partir des richesses naturelles produites.

Nous présenterons ici des exemples d'intelligence territoriale, croisant dynamique de développement local, prise en compte des réalités culturelles, capacité d'innovation et levier de l'intelligence économique et veille.

Il s'agit de deux expériences conduites à la fois dans un district industriel de Manado, capitale du Nord Sulawesi et dans une zone rurale de l'île de Sumatra Nord.

a) District industriel de Manado (Nord Sulawesi)

Sur le premier territoire, l'action « d'intelligence territoriale » consiste dans une stratégie d'intensification des compétences liées à la maîtrise de l'information et à l'intelligence économique. Deux institutions ont été mobilisées sur la base du savoir faire transféré par le CRRM et les experts français et indonésiens formés aux outils et méthodes français : l'Université

UNIMA qui porte l'enseignement de type DEA « veille et intelligence compétitive » et la KAPET, organisme de management du développement territorial.

L'objectif est de former un nombre important de cadres pour l'industrie locale, capables d'identifier les problèmes, de poser les bonnes questions, de mobiliser savoir et compétences pour développer des projets et les piloter.

Le DEA répond à l'exigence de contenu et la KAPET place et accompagne les étudiants dans les entreprises du district. Bien sûr, il faudra évaluer l'impact à terme de ces transferts, mais déjà la chaîne de valeur formation, entreprise, innovation se profile.

b) Intelligence territoriale en zone rurale (Sumatra)

La seconde expérience s'avère tout à fait intéressante. Il s'agit de diffuser la pratique de l'intelligence économique et de la veille pour développer des activités situées en zones rurales (Toba Samosir, Tapanuli Utara (Sumatra Nord). Sur place, aucun interlocuteur institutionnel apparaît susceptible de porter la dynamique. Ils se lancent alors dans l'identification des productions agricoles et du potentiel artisanal. Ils identifient ainsi les fameuses « productions maisons » (cottage industries) et décident de développer des clusters, reprenant ainsi la politiques lancée dans les années 1980 et abandonnée depuis.

En effet, une analyse du département « Développement des PME » de la Banque Asiatique de Développement[13] met en avant les raisons des échecs des clusters : faible lien « marché » rendant inopérante les améliorations techniques par absence de retour financier, articulation déficiente entre le modèle d'affaire et l'amélioration de la performance technique dans les secteurs industriels, faible potentiel d'organisation des entreprises. J'ajouterai – ce qui n'apparaît pas dans l'analyse - la quasi-absence de culture du management de l'information technologique et économique.

Sur ce terrain, peu propice à la mise en place de politique sophistiquée de développement l'équipe du CRRM et leurs collègues indonésiens font le pari d'identifier les potentiels technologiques de niches à valoriser par l'innovation (potentiels de certains marchés, analyse de la valeur nutritive de fruits et légumes produits localement et valorisation des productions artisanales tel que

13 : Asian Development Bank SME Development TA, Policy Discussion Papers 2001/2002, Best Practice in Developing Industry Clusters and Business Networks.

l'emballage). L'objectif consiste dans l'apport de valeur ajoutée à l'offre de produits, tout en se basant sur les connaissances tacites des producteurs. Passant progressivement de logiques individuelles à des logiques plus collectives, l'équipe des développeurs souhaite introduire les notions partagées de gestion, d'innovation « produit » et de recherche de marchés grâce aux techniques de gestion de l'information.

CONCLUSION

De ces regards, nous retenons les axes suivants pour une stratégie revisitée d'intelligence territoriale.

Renforcer « l'influence » et l'attractivité du territoire sur différents échiquiers (interrégional, européen, international)

Il convient de définir une stratégie « d'influence » territoriale en réhabilitant la prospective (voir loin et avant) à travers,

- des comparatifs de performance de territoires référents (concurrents, partenaires...),
- l'identification sur le territoire, des réseaux clés pour la stratégie,
- la mise en place de démarches de diagnostic permanent,
- la mise en place de plateformes collaboratives d'intelligence économique pour animer les communautés de pratique (entreprises, filières, universités, centres techniques, experts...)

Accompagner les PME dans leur développement et sécuriser leurs activités

Il convient ici de,

- protéger les actifs clés, les savoir faire, les entreprises sensibles et favoriser la croissance,
- démultiplier les capacités de surveillance des environnements,
- partager la prise de risques dans les projets,
- exploiter les retours d'expérience pour mieux guider les choix La nouvelle stratégie des CCI françaises

C'est en comparant ces approches et la nécessité d'entrer dans une connaissance plus intime des dynamiques productives et de concurrence, que le réseau des Chambres de commerce et d'industrie française ont décidé de créer des Observatoires régionaux d'intelligence stratégiques, véritables réseaux de surveillance des marchés, d'alerte, d'analyse et de synthèse, organisés autour de l'animations de communautés d'experts et le développement de systèmes d'information au service de filières.

Elle sont ainsi décidé d'opérer une rupture culturelle importante : passer de la culture de l'information économique à une culture d'intelligence économique à travers le pilotage de systèmes territoriaux d'intelligence économique.

Illustration pour conclure. La crise de la filière bois est vécue et analysée aujourd'hui dans au moins cinq régions, donc par cinq Chambres régionales (Aquitaine, Champagne-Ardenne, Lorraine, Bourgogne, Franche-Comté). Des CRCI et des CCI investissent dans des études, des diagnostics, des veilles : dans une région comme la Lorraine, la Région a financé un portail d'intelligence économique – Décilor - qui produit de l'expertise sur le sujet. Après examen, nous avons constaté ni échange, ni mutualisation d'information, d'analyse entre les réseaux consulaires de ces régions.

Les Observatoires régionaux d'intelligence stratégiques, avec une organisation nationale de traitement d'alerte, vont avoir la capacité à mettre en synergie et déclencher des expertises partagées, produisent l'intelligence des situations ...et font baisser d'autant les coûts. Cela vaut pour combien de filières en mutation sur combien de territoires ?

LA CONTRIBUTION DES ENTREPRISES DE RÉSEAU A LA DYNAMIQUE DES TERRITOIRES PAR LE TRUCHEMENT DE RÉSEAUX MULTI ACTEURS

Marielle PAYAUD

Les entreprises de réseau ont une contribution potentielle spécifique et importante à la dynamique des territoires. Elles se déploient en effet d'une façon homogène et intégrée sur un territoire global, mais elles fondent leur performance sur celles des centres de résultats dont la dispersion géographique nécessite souvent un ajustement au marché local. Les marchés/besoins locaux peuvent avoir des spécificités, les intégrer implique la prise en compte de stratégies émergentes et montre l'aptitude de l'entreprise à développer des capacités dynamiques. Lorsque les produits X services sont suffisamment complexes et évolutifs, les capacités dynamiques nécessitent la coopération d'acteurs internes, mais aussi externes.

L'entreprise de réseau est intéressante car son organisation aplatie, étendue ou encore éclatée ne s'oppose pas à un fort ancrage territorial, dès lors elle suggère une reconfiguration des rôles des acteurs/parties prenantes dans l'évolution de la co-construction de l'offre, et donc de l'évolution de la stratégie.

En s'appuyant sur deux études de cas de grandes entreprises de services de réseau, la communication mettra en évidence les processus d'apprentissage susceptibles d'amplifier simultanément la constitution des capacités de l'entreprise et l'ancrage sur les territoires d'activités et de savoir-faire enrichis et portés par des acteurs extérieurs à l'entreprise focale.

INTRODUCTION

La dialectique entreprises de services de réseau/territoire n'est certes pas nouvelle (Dupuy, 1985 ; Pailliart, 1992), mais la nécessité de son étude perdure. Citons par exemple, les situations qu'ont connues EdF avec les chutes de neige, tempêtes ou inondations ; GdF et le patrimoine immobilier parisien ; Adecco et des bassins d'emplois sinistrés ou des catégories de personnel défavorisées ; les compagnies aériennes et les aéroports régionaux ; l'hôtellerie et les zones industrielles en périphérie des villes, etc. Le maintien et l'organisation de cette dialectique permettent la consolidation d'intérêts communs, c'est-à-dire celle d'intérêts individuels, organisationnels et institutionnels. Intérêts qui se manifestent très clairement lorsque la durée, la confiance et la qualité des relations se traduisent par une appropriation des spécificités des territoires. Offner (1992, p.132) écrit que les réseaux ne sauraient ignorer les territoires. Qu'ils doivent compter avec le politique, avec le consommateur et avec le salarié, dont les ancrages locaux constituent pour chacun des caractéristiques substantielles. Il affirme dès lors que les entreprises doivent donc manager le territoire : le reconnaître et le connaître, l'informer et l'écouter ; mais aussi ménager le territoire : composer avec la diversité, intégrer la multiplicité des échelles géographiques, adapter la norme à la règle locale.

L'entreprise de services de réseau se caractérise par une infrastructure, sorte de siège administratif où les directions fonctionnelles sévissent, chargée de gérer, de fournir ressources et valeurs aux multiples sites dispersés sur le territoire qui distribuent les services de l'entreprise. Cette forme d'organisation étendue ou encore éclatée suggère une reconfiguration des fonctions des managers et des nouvelles formes d'apprentissage capables d'encourager et d'absorber les émergences, et de fait, une nouvelle stratégisation. Bournois et Romani (2000) notent que l'intelligence économique est un ensemble de techniques et de comportements qui produit des connaissances transversales à l'entreprise en vue de préparer les décisions stratégiques et qu'elle n'a de sens que si elle permet de choisir le moment de la mise en œuvre des décisions. Ainsi, nous nous attachons à identifier les acteurs potentiellement détenteurs des informations et les processus qui les mettent en œuvre afin qu'elles deviennent, peut-être, une connaissance pour l'entreprise de par sa pratique.

Dès lors, en s'appuyant sur deux études de cas de grandes entreprises de services de réseau, la communication montre d'une part que la dichotomie formulation/mise en œuvre est inadaptée parce que la stratégie se forme nécessairement par des dialectiques délibéré/émergent pour conjuguer les ressources et contraintes du réseau intégré et la spécificité des multiples sites : les entreprises de services de réseau doivent d'une part présenter une structure et un discours homogénéisant les pratiques sur l'ensemble du territoire et d'autre part absorber les spécificités locales émanant des sites ; elles doivent privilégier les dialectiques délibéré/émergent afin de faire coexister des décisions macro-stratégiques et des décisions micro-stratégiques qui sont le reflet de logiques propres aux structures qui composent le territoire. L'idée sous-jacente à la dialectique délibéré/émergent est de s'intéresser aux processus d'apprentissages qui incluent les caractéristiques du territoire. D'autre part, la communication met en exergue le rôle prépondérant des middle managers dans les processus d'apprentissage susceptibles d'amplifier simultanément la constitution des capacités de l'entreprise et l'ancrage sur les territoires d'activités et de savoir-faire enrichis et portés par des acteurs extérieurs à l'entreprise focale.

I. LE CONTEXTE DES ENTREPRISES DE SERVICES DE RESEAU : UNE STRATEGISATION, DES APPRENTISSAGES ET DES MIDDLE MANAGERS

1. Stratégie intégrée/Stratégie différenciée : délibération/émergence

La relation complexe des éléments constitutifs de la stratégie présuppose une réflexion a priori, anticipée, afin que l'entreprise soit capable d'une action dans la durée et non pas d'une soumission aux événements. L'intensité d'investissement justifie par exemple une stratégie délibérée planifiée. Il faut admettre qu'il existe une taille minimale représentant une sérieuse barrière à l'entrée. Pour s'implanter, une entreprise doit disposer d'un assez grand nombre d'unités qui se traduit par des coûts fixes élevés (Pollin & Ullmo, 1992), le retour sur investissement ne peut pas se parier sur l'absorption des événements et le groupe ne peut pas laisser une unité périphérique assumer seule une stratégie lorsque la rentabilité de son choix réduit celle du groupe. Autre exemple, le consommateur ou le client souhaite être assuré et rassuré de trouver le service d'une enseigne identique quel que soit l'endroit où il se manifeste. Dès lors, l'entreprise de réseau homogénéise l'offre, et plus particulièrement le système d'offre afin qu'une qualité de service soit irréprochable sur l'ensemble du ou des territoires. Cette homogénéisation s'appelle la « servuction » ainsi définie : « L'organisation systématique et cohérente de tous les éléments techniques et humains de l'interface client-entreprise, nécessaires à la réalisation d'une prestation de service dont les caractéristiques commerciales et les niveaux de qualité ont été déterminés au préalable » (Eiglier et Langeard, 1987, p.15). Cette homogénéisation ou « organisation systématique et cohérente » est le fruit d'une délibération de la direction de l'entreprise qui cadre les paramètres.

L'entreprise de services de réseau de par sa dispersion géographique est confrontée à des marchés multiples et mouvants. La diversité, la variété et la dynamique de la demande requièrent de la part de l'entreprise de l'ambition, une capacité de perception, d'adaptation, de cohésion, de cohérence, autrement dit que la stratégie de la firme « intègre un positionnement de marché et l'exécution de capacités » (Fuchs et al., 2000, p.118). Les grandes entreprises de services sont alors doublement intégrées : une première intégration liée aux contraintes technico-économiques de leur infrastructure en réseau et une seconde intégration qui relève d'un principe de management stratégique, au sens de Fuchs et al. (2000).

La valeur et l'intérêt de la coproduction du service croissent dans les entreprises de services de réseau. Ces entreprises fondent leur performance sur celles des centres de résultats dont la dispersion géographique nécessite un ajustement au marché local. La littérature récente sur les entreprises de services de réseau est unanime sur les conséquences d'une distribution des sites sur le territoire supervisé par une infrastructure : elles ont la spécificité de « gérer des réseaux physiques territorialement très étendus et de développer des services marchands sur cette base » (Bizac et Mahieu, 1999, p.427). En ce sens, Veltz (2000) précise que l'orientation vers le marché aval favorise la création de mini-entreprises complexes plutôt qu'à des démembrements opérés sur la base des divisions fonctionnelles. Autrement dit, la décomposition de grandes entreprises organisées sur un modèle hiérarchique classiquement fonctionnel et sub-divisionnel s'est effacée au profit d'une organisation en un réseau de centres de profit autonomes, le tout étant supervisé par un centre stratégique compact. Il s'agit alors de concilier les économies d'échelle qui justifient l'existence des groupes avec la proximité et la rapidité qu'exige l'évolution des marchés (Veltz, 2000). Satisfaire la proximité et la rapidité de l'évolution des marchés nécessite de différencier les marchés sur lesquels les centres de profit sont implantés : l'offre de service ne peut être centralisée dans sa totalité ; et de développer des micro-stratégies afin que l'offre soit co-produite localement : les marchés/besoins locaux peuvent avoir des spécificités qui nécessitent des rétroactions sur la production de l'offre. Intégrer les spécificités implique la prise en compte de stratégies émergentes, ce qui signifie pour l'entreprise de développer une aptitude à capturer des idées nées localement et à les insérer dans le plan stratégique, c'est-à-dire un processus par lequel elle construit des nouvelles compétences pour créer ou soutenir son avantage concurrentiel ou selon les termes de Teece et al. (1997a, b) de développer des capacités dynamiques.

Toutes les offres de services ne nécessitent pas une solution construite, elles peuvent être plus ou moins standardisées et même automatisées selon la récurrence, le volume et la complexité de la demande. Les offres d'une entreprise de services de réseau sont le plus souvent homogénéisées de manière à ce que le client-usager trouve à tout moment et en tout lieux une garantie de service. La stratégie délibérée devient une nécessité pour une intégration de la stratégie, pour prévoir une rentabilité face à l'intensité d'investissement, et pour obtenir une qualité homogène sur l'ensemble du réseau. Les entreprises de services de réseau doivent d'une part établir des processus de planification stratégique délibérée afin de développer des règles de prises de décisions qui guident les actions organisationnelles (Ansoff, 1965) des unités dispersées sur le territoire et de coordonner les actions organisationnelles (Ansoff, 1988) entre les unités, et d'autre part développer des stratégies émergentes qui permettent à l'entreprise d'identifier, de se procurer, de nouvelles opportunités pour adapter les activités des unités aux marchés locaux. Les processus de planification stratégique ainsi que les stratégies émergentes sont des éléments complémentaires de la formation de la stratégie qui facilitent l'apprentissage et l'adaptation (Andersen, 2000) et forment les capacités dynamiques. Il convient donc de s'intéresser à l'implication organisationnelle d'une telle coexistence délibéré/émergence.

2. Des apprentissages individuels, collectifs, complets et structurants

La dispersion des unités de prestation de services augmente le risque de déperdition et d'apprentissage fragmentaire où une unité développe des savoirs sans les partager avec d'autres. De fait, doivent être instaurés des lieux, espaces et temps de partage de connaissances pour favoriser l'apprentissage. Parfois outils formalisés (benchmarking), parfois communications informelles entre homologues, ou encore rencontres formelles (comme les communautés de pratique, (voir Snyder et Wenger, 2000, p.7), ou la « nouveauté organisationnelle » de Burgelman, (1987, p.99) entre personnes partageant les mêmes interrogations, les supports d'apprentissage diffèrent, mais une préoccupation commune est qu'ils s'exercent afin de renouveler les compétences de l'entreprise, et lui permettre une meilleure congruence avec son environnement.

L'identification, la construction et l'appropriation de compétences passent alors par l'apprentissage organisationnel (Dodgson, 1993). L'apprentissage organisationnel est une réponse à la nécessité d'ajustement sur une période d'incertitude. Le concept d'apprentissage est un concept dynamique qui explique le changement dans les organisations, mais également un concept intégrateur qui réunit plusieurs niveaux d'analyse : l'individu, le groupe et l'entreprise (Crossan, Lane et White, 1999). De ce fait, il permet de revoir la nature de la coopération des organisations. Une approche interdisciplinaire de l'apprentissage permet également d'éviter des perspectives trop introspectives. Si l'apprentissage est généralement considéré comme étant une compétence de l'entreprise, nous pensons que l'intérêt réside plus particulièrement dans le mécanisme de transfert qui permet à l'apprentissage individuel de devenir apprentissage organisationnel, et réciproquement (Kim, 1993).

Ainsi, dans le contexte d'une entreprise de services de réseau, la capacité dynamique naît de la manifestation structurante de trois catégories de compétences : les compétences individuelles, les compétences locales et les compétences globales. Cela confirme que la connaissance à la base des compétences est détenue à différents niveaux. Sans la présence de cette dynamique, la formation de la stratégie ne peut avoir lieu. Les entreprises de services de réseau doivent développer des « réseaux de compétences » selon Gadrey et Zarifian (2002, p.50), c'est à dire des : « Communautés d'actions au sein desquelles s'active un agir collectif, un assemblage souple de sujets, pris (...) dans le filet de leurs initiatives croisées ».

Expliquer les liens étroits entre les trois types et les processus permettant les passages entre les compétences signifie comprendre comment une idée émergente devient une pratique explicite et reconnue de l'entreprise, comprendre la contribution individuelle aux actions collectives ou encore comprendre comment se développent les capacités dynamiques.

Le passage d'une compétence à l'autre intègre à la fois la simple boucle (« single-loop learning ») : apprentissage adaptatif par lequel on réagit aux changements en adaptant son action ; la double boucle (« double-loop learning ») : l'atteinte des objectifs nécessite une remise en cause des schémas d'action de l'organisation ; et le deutero-apprentissage : apprendre à apprendre (Argyris et Schön, 1978). La dynamique entre ces trois types de compétences est à la base de la formation de la stratégie dans la mesure où elle permet la ratification d'idées émergentes, l'institutionnalisation d'informations et de connaissances, et dont elle trouve son origine dans des structures facilitant l'apprentissage organisationnel. Cette explication est proche du modèle de Nonaka & Takeushi (1995) qui affirme que le processus de connaissance organisationnelle se résume dans l'élargissement d'une connaissance individuelle par des expériences nouvelles, suivi par le partage d'expériences vécues au sein d'un groupe, puis par la conceptualisation et la cristallisation de ces expériences : création d'un nouveau concept et sa concrétisation. L'apprentissage est complet dès lors qu'il est structurant, c'est-à-dire qu'il vient compléter, ajouter des connaissances et des pratiques à l'ensemble de l'organisation, devenant ainsi une nouvelle base de compétences améliorable.

Selon Kim (1993), ce sont soit les modèles mentaux individuels, soit les modèles mentaux partagés qui affectent l'interaction de l'apprentissage individuel et l'apprentissage organisationnel. Ce même apport est confirmé par Hay et Williamson (1997) qui s'intéressent à ce que les échelons inférieurs jugent être une bonne stratégie. Premièrement, la stratégie délibérée doit fournir une « inspiration », une vision, autrement dit un but à atteindre. Deuxièmement, elle doit aider « à voir les liens » entre les initiatives de chacun, c'est-à-dire que la stratégie délibérée doit annoncer clairement le système en place. Troisièmement, elle doit servir de « critère » pour les décisions courantes : un cadre annonçant des règles du jeu. Quatrièmement, elle doit créer de la « marge de manœuvre », autrement dit : autoriser, laisser libre cours à des initiatives. Enfin, elle doit instaurer un « langage commun », afin d'homogénéiser les concepts et faciliter la communication. Finalement, les cinq qualités énoncées par les échelons inférieurs correspondent à un besoin de modèles mentaux individuels et partagés dont la clarté et la communication dépendent des échelons supérieurs et dont leur absence devient préjudiciable au renouvellement des compétences.

Nous sommes bel et bien dans une perspective à la fois structurationniste et évolutionniste proposée par Lovas et Ghoshal (2000) qui voient l'entreprise comme une entité écologique guidée intentionnellement par le noyau stratégique et enrichi par le reste de l'organisation. Autrement dit, le développement des initiatives stratégiques est issu d'une présence indispensable de règles, de cultures, d'objectifs qui cadrent et sont affectés en retour par les sources de variation, les agents de sélection et de rétention. Considérer isolément les rôles joués par les agents de variation, de sélection et de rétention, serait la manifestation d'une grande naïveté et signifierait croire au simplisme des processus, néanmoins cela permet d'imaginer, d'anticiper le contenu des étapes, des échanges entre les interlocuteurs. La compétence individuelle de l'acteur de variation réside dans sa capacité de déceler l'anomalie ou la possible amélioration ; celle de l'acteur de sélection dans sa capacité d'engager son savoir, son expérience afin de résoudre cette anomalie en tranchant quelle pratique est estimée être la plus appropriée dans un contexte temporel, organisationnel, et compte tenu des acteurs en présence ; et enfin celle de l'acteur de rétention qui va décider de sa pratique officielle dans l'organisation qui va l'accueillir, la faire vivre, et la transformer : elles sont bien la manifestation d'une connaissance conceptuelle et/ou opérationnelle à la fois de leur organisation et du territoire. Le tout permettant à une idée d'émerger, et in fine que la capacité dynamique se développe. Ainsi, les acteurs de l'entreprise incarnant ces agents de variation, de sélection et de rétention doivent détenir des connaissances inter et intra-organisationnelles.

Ainsi, pour que des processus d'apprentissage puissent avoir lieu entre les organisations et le territoire, les modèles mentaux des organisations et du territoire doivent être connus par les acteurs de terrain afin que l'unité locale puisse agir avec, sur, pour le territoire, sans le négliger et en développant des intérêts communs.

Figure 1 : Problématisation de la communication

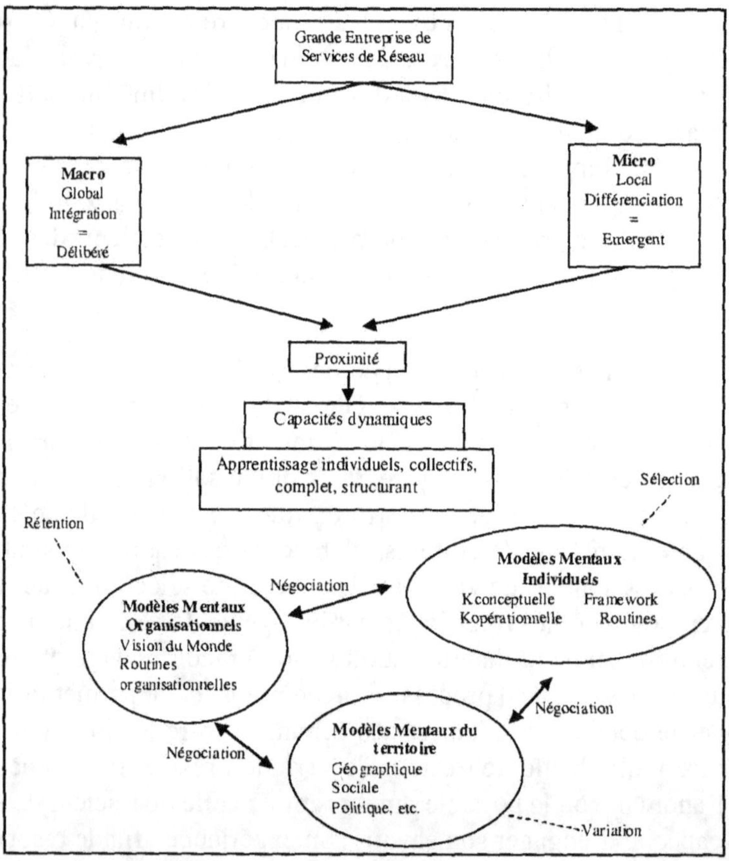

3. DES MIDDLE MANAGERS STRATEGES OU L'INTELLIGENCE DES ECONOMIES

Le middle manager, alors représentant de l'entreprise, de ses ressources et objectifs, doit les concilier avec les logiques des territoires, leurs ressources et objectifs. Le middle manager se trouve impliqué dans des relations complexes entre des organisations diverses qui, tout en poursuivant leurs buts dans des logiques qui leur sont propres, cherchent à construire un intérêt commun, et réciproque. Il doit développer une intelligence des économies dans le sens où ils doit apprendre, comprendre et concilier les économies qui les entourent.

Dans des précédents travaux (Payaud, 2004), nous nous sommes attachée à la problématique des rôles, fonctions et responsabilités du middle manager dans la formation des stratégies de la grande entreprise de services de réseau. Nous avons vu que si la structure de l'entreprise l'autorisait et l'encourageait, les relations inter- et intra-organisationnelles du middle manager lui procuraient une position favorable pour participer à la co-production de l'offre, à la co-construction des compétences et donc à la co-évolution de la stratégie. Nos recherches ont alors montré que ses relations inter- et intra-organisationnelles augmentaient ses savoirs micro et macroscopiques et ainsi, alimentaient les modèles mentaux (individuels et organisationnels) nécessaires à des processus d'apprentissage complet. De fait, les relations inter et intra et les savoirs micro et macro le placent comme un acteur au centre du processus évolutionniste (Nelson et Winter, 1982) : source de variation, déterminant de la sélection et catalyseur de rétention. En effet, impliqués dans des échanges inter-organisationnels, les middle managers sont en mesure de capter des signaux de l'environnement et donc d'évaluer la soutenabilité, la désuétude ou la nécessité de l'amélioration d'une offre. La conversation développée par les cadres intermédiaires au cours de leurs relations inter-organisationnelles permet la mise en œuvre d'une co-production de l'offre car elle aide, favorise, participe à une définition « ex ante » du succès. Egalement impliqués dans des échanges intra-organisationnels, ils sont en mesure d'alimenter le partage de connaissances, le transfert de compétences. Le rôle d'« intégrateur clé » peut leur être attribué du fait qu'ils lient activités et idées, ainsi que le niveau technique et institutionnel (Van Cauwenbergh et Cool, 1982), puis celui de « coordonnateur » où ils servent de médiateur, négocient les relations entre les niveaux institutionnel et technique de l'organisation (Floyd et Wooldridge, 1997). Les middle managers sont en excellente position pour identifier les écarts de compétences, développer et mettre en oeuvre les compétences manquantes et donc de faire co-évoluer la stratégie.

Ainsi, le middle manager est au centre de la source de variation, déterminant de la sélection, catalyseur de rétention. Les sources de variation, « qui soulèvent et suggèrent de nouvelles façons de faire les choses » (Lovas et Ghoshal, 2000), sont constituées par l'ensemble des parties prenantes de l'environnement (clients, fournisseurs, concurrents, collectivités locales, Etat...) et de l'entreprise (Tous niveaux hiérarchiques confondus, connaissance opérationnelle, connaissance conceptuelle, modèles mentaux, modèles partagés, etc). Chaque acteur représente une source de variation parce qu'il détient une expérience, une connaissance de son unité, du marché d'implantation et de son organisation. Le middle manager est au centre de la source de variation parce qu'il entretient des relations intra- et inter-organisationnelles, autrement dit les processus d'interprétation et d'articulation (Floyd et Wooldridge, 2000) sont largement entre ses mains : il connaît chacune des parties, et cette connaissance mutuelle le conduit à opérer un arbitrage approprié.

Les agents de sélection décident quelles sont les suggestions, idées qui doivent être mises en action parmi celles suggérées par les sources de variation (acteurs de l'environnement et de l'entreprise). Le middle manager, au centre du système de variation, constitue un agent de sélection (parmi d'autres de rang hiérarchique supérieur) puisqu'il détermine quelle(s) donnée(s) nécessite(nt), mérite(nt) d'être mise(s) en action. Le middle manager entretient des relations de concurrence et de coopération avec ses pairs dont la littérature ne fait pas état. Pourtant cette relation inter-unités au sein de l'organisation prend une importance substantielle dans les phases de variation et de sélection. Nous pensons que, du fait d'une connaissance à la fois globale et locale, chaque responsable d'unités est une source de variation pour ses pairs, et ce partage de connaissances avec les autres responsables d'unités conduit à deux niveaux de sélection. Le premier concerne une phase de sélection locale où l'idée développée sur le site est l'idée qui a émergé dans ce même site. Une seconde phase de sélection est dite translocale où l'idée développée dans un site est née sur le territoire d'un autre site. Dans les deux cas, il s'agit d'un processus qui réunit les processus d'articulation et d'élaboration (Floyd et Wooldridge, 2000) et dont le middle manager est un acteur pivot.

Les agents de rétention, qui décident de poursuivre ou de stopper la pratique de certaines routines, apprécient d'une part la pertinence de l'idée en fonction du respect de la politique générale, d'une amélioration potentielle localement et d'une contribution à la performance globale, et d'autre part s'assurent que l'adaptation est en adéquation avec la ligne directrice de l'entreprise et contribue à l'avantage concurrentiel. Ils participent à des processus de ratification. Contrairement au modèle de Floyd et Wooldridge (2000) qui suppose un seul niveau de ratification, nous postulons que les entreprises connaissent plusieurs processus de ratification au sein de la phase de rétention. Nous avons vu que le cadre intermédiaire est un acteur pivot de la variation, et que la sélection s'effectue au niveau des centres de résultats, ce sont deux étapes qui se réalisent au plan local. Nous avançons enfin que la rétention est un processus qui s'effectue entre d'une part le centre de profit autonome et l'infrastructure et, d'autre part, entre les unités stratégiques elles-mêmes, et qu'il peut se manifester dans quatre circonstances. 1) une idée émergente apparaît positive à un centre de profits, autrement dit que le succès relatif ou non de l'idée émergente à un niveau local dicte la rétention. Seul, le cadre intermédiaire concerné peut décider de l'application ou non de l'idée compte tenu de sa performance sur ledit marché local. Il s'agit ici d'un processus de rétention/ratification localisé. 2) une idée émergente est bénéfique à plusieurs centres de profits, sans la généraliser à l'ensemble du groupe, nous sommes alors en présence d'un processus de rétention pluri-localisé. 3) l'application de l'idée émergente à l'ensemble d'une activité ou d'un métier, il s'agirait d'un processus de rétention global. Le processus de ratification global débute lorsque le middle management rapporte le retour d'expérience de la routine testée au niveau local aux instances supérieures en vue de démontrer l'intérêt de la généraliser à l'ensemble de l'activité, en d'autres termes de la ratifier. Et enfin, 4) une application du projet à l'ensemble de l'entreprise de services réseau constitue notre dernier cas : une rétention totale.

Dans la mesure où les processus de variation et de sélection évoluent à un niveau local, chaque unité devient un laboratoire où peuvent être testées des émergences. Si elles font leur preuve à un niveau local, elles sont soumises à l'ensemble du groupe, et appropriées à tout ou partie de cet ensemble. Un gain de temps pour la mise en place, puisque le centre de profit est en mesure de fournir un retour d'expérience. Les activités similaires des centres de profit des entreprises de services de réseau permettent, entre autres, la pratique du « benchmarking ».

Les logiques doivent être suffisamment connues par les middle managers pour qu'elles imprègnent les modèles mentaux individuels et organisationnels et des projets communs respectant et enrichissant les projets de chacun. Dès lors, le réseau, comme le territoire, en établissant des relations dans la durée assurent une évolution de leurs organisations et une progression, un enrichissement de la cause commune. Les actions économiques et comportements sociologiques des uns sont enchâssés dans ceux des autres. L'entreprise de services de réseau et ses middle managers sont particulièrement concernés du fait de leur territorialisation durable par ce que Nonaka et alii (2000) ont proposé sous la notion de " Ba " pour désigner ces lieux partagés de relations émergentes, transactionnelles et interactionnelles où peuvent se déployer des processus d'apprentissage situés et des conversions implicite-explicite ou individuel-collectif. Les connaissances qui en résultent sont le produit des savoirs des individus mais aussi des relations humaines qu'ils ont su nouer, bien au-delà du classique modèle de l'homme processeur d'informations hérité de Simon, qui prédomine dans la littérature stratégique et organisationnelle.

Le middle manager stratège est un architecte des économies environnantes : il rend intelligibles les économies de son territoire, dès lors que l'entreprise lui permet de transformer cette information en connaissance actionnable et mobilisable afin de favoriser les apprentissages intra-organisationnels. Ainsi, la deuxième partie en traitant des divergences et convergences de deux cas, souligne les conditions de constructions de modèles mentaux.

Figure 2 : Des middle managers au centre des « Ba »...

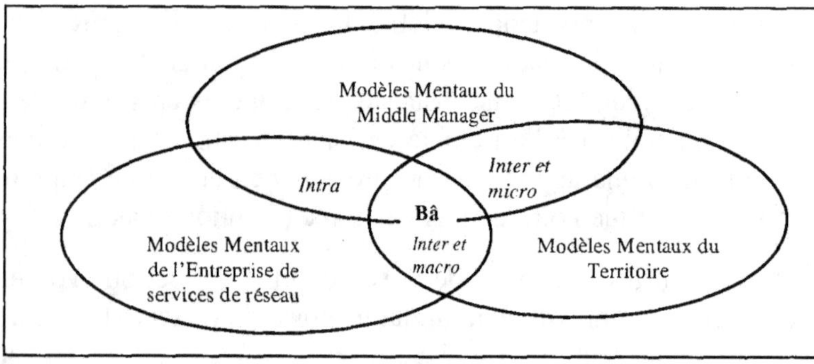

II. LA DECOMPOSITION DES APPRENTISSAGES DANS DEUX ENTREPRISES : GAZ DE FRANCE ET ADECCO

La question sous-jacente à une contribution des acteurs à des ambitions organisationnelles concerne notamment l'information et la connaissance de ces dites ambitions : Comment participer à l'élaboration et l'atteinte des objectifs s'ils sont mal connus ou méconnus ? Comment faire émerger des idées en adéquation avec les différentes parties prenantes ? L'entreprise doit dès lors favoriser la construction des modèles mentaux individuels et partagés des middle managers à la fois par des processus de diffusion et de suivi de la stratégie (II-1) pour des modèles mentaux dits « internes » et par des dispositifs organisationnels qui autorisent et encouragent le développement des sources de variation (II-2) pour des modèles mentaux dits « externes », qui facilitent les mises en émergence (II-3).

Dans une communication précédente, les middle managers ont été identifiés dans ces deux entreprises en prenant en considération deux informations simultanément : la position hiérarchique et le rôle de ces managers dans le développement des initiatives stratégiques. Les entreprises n'emploient cependant pas les mêmes appellations, rappelons : si les Directeurs de Régions ont le même nom dans les deux entreprises, les directeurs de secteur d'Adecco sont les managers de deuxième ligne de Gaz de France et enfin les responsable d'agence d'Adecco sont les managers de première ligne chez GdF.

1. La construction des modèles mentaux par les processus de diffusion de la stratégie

- L'étendue et la qualité de la diffusion de la stratégie sont plus ou moins larges et complètes. La stratégie paraît comprise dans l'entreprise de travail temporaire ou, à tout le moins, le personnel ne déplore pas la méconnaissance de la stratégie du groupe et du métier. L'assimilation chez Adecco se fait à des degrés divers selon le niveau hiérarchique ; il serait en effet infructueux et superflu que le responsable d'agence connaisse les subtilités des enjeux internationaux de son groupe ; de la même manière, que le directeur général soit informé des objectifs déclinés pour chaque responsable d'agence manifesterait plus d'une prouesse matérielle et humaine que d'un intérêt général. La déclinaison des objectifs nationaux par le directeur de région, le directeur de secteur et le responsable d'agence se réalise par une diffusion ciblée de la stratégie traduite. La diffusion est ciblée parce que la stratégie est d'une part traduite en quatre catégories d'objectifs (commercial, ressources intérimaires, gestion et animation) et d'autre part déclinée par zones lors d'un double exercice : l'adaptation des objectifs à un contexte particulier (un bassin d'emploi ou une activité donnée) et la négociation/validation des propositions pour l'année à venir entre deux niveaux hiérarchiques.

En revanche, le transporteur gazier semble pêcher par une diffusion inadéquate : le personnel dit méconnaître la stratégie de groupe, du métier d'appartenance et de la région et réclame de les connaître pour se situer en leur sein. La diffusion de l'information a manifestement plusieurs limites dont les origines sont dépendantes et structurantes. Une sorte de restriction est volontairement assignée à la diffusion sous prétexte de complexité, de technicité et de confidentialité. Si la déclinaison des objectifs est matérialisée par un contrat de gestion auprès du MPL, le contenu de celui-ci est principalement d'ordre technique (planification de l'entretien, taux d'incidents, etc.). La séparation des délégations de vente et d'achat réduit les objectifs à des réalisations d'économie et au maintien de l'outil industriel ; l'agent ne se voit pas contribuer au développement, mais au maintien ou à la non érosion de son organisation. Les agents ne parviennent pas à s'imaginer quelle est la participation de leurs objectifs aux résultats de l'entreprise ou les estiment peu contributifs.

Le travail de diffusion de la stratégie de Gaz de France-Transport requiert un travail de traduction à plusieurs niveaux, multiple et conjoint. Du fait de l'existence de services fonctionnels situés hors structures régionales, la simplification de la stratégie réalisée en cascade comme au sein d'Adecco ne suffit pas. La traduction expliquée indépendamment et conjointement aux unités permettrait d'une part à chacune de se situer par rapport à l'autre et d'autre part de se situer par rapport à un ensemble, un collectif, une organisation, une stratégie.

L'étape de la de diffusion est exigeante parce qu'elle ne peut pas exister sans une bonne connaissance de la stratégie délibérée, une appropriation par chacun et une traduction par niveau hiérarchique et/ou services. Quant à la déclinaison, elle ne peut se réaliser sous de bonnes conditions que si la stratégie et les objectifs qui en découlent sont clairement définis et diffusés. Si la déclinaison de la stratégie, en tant qu'appropriation de la stratégie délibérée à un contexte particulier (par zone et/ou activité), est validée en un temps et lieu de négociation, elle prouve à chaque manager amont que la stratégie de la « business unit » a été comprise, les priorités assimilées et les moyens connus par le manager aval.

Trois points apparaissent : 1) L'importance de la distinction stratégie/objectifs : la définition des objectifs situés dans une stratégie méconnue ne suffit pas à faire naître le sentiment de contribution ; 2) Le type d'objectifs : les objectifs d'ordre technique sont perçus comme moins contributifs, moins stratégiques que ceux liés au développement ; 3) La compétence individuelle est primordiale dans l'appropriation et la traduction de la stratégie.

- Ce qui distingue la dichotomie formulation/mise en œuvre de la formation de la stratégie est l'intégration d'événements jusque là non prévus mais jugés nécessaires et l'ajustement des objectifs pour faire face à des conjonctures non envisagées. Les suivis, les contrôles ne peuvent être imaginés sans actions correctives qui viennent ajuster le comportement à l'évolution en cours. De fait, les suivis et ajustements, dans la formation de la stratégie, sont distincts mais inséparables. Les situations ci-dessous paraissent contradictoires ou paradoxales, mais révèlent des sentiments de dysfonctionnements, à défaut de former des boucles récursives. Nous constatons trois possibilités d'engagement des « suivis » et « ajustements » : les suivis sans ajustements, les ajustements sans suivis, les suivis avec ajustements.

Les « suivis sans ajustements » sont des situations qui ont été rencontrées au sein des deux entreprises dans des contextes différents. Chez le transporteur gazier, et malgré les volontés d'intégrer des signaux du « terrain », le middle management en région ne connaît pas le degré d'intégration ou de la prise en considération de ces signaux au niveau national. Faiblesse de pratiques communicantes, délai excessif d'adoption, les interprétations sont nombreuses, mais la plus fréquente est celle d'une volonté démagogique. Quelle que soit la véracité de cette interprétation, il en résulte un frein à la participation.

Chez Adecco, le suivi est plus particulièrement organisé par zone géographique (bassin d'emploi d'agence, de secteur, de région) afin de vérifier le bon déroulement des actions prioritaires fixées au sein d'une zone déterminée. Cette organisation est conseillée mais non formellement imposée : le principe du suivi trimestriel est imposé mais la démarche pour y parvenir ne l'est pas. De fait, certains préfèrent ponctuer le suivi en temps (mensuellement) et en lieu (secteur) afin de se préparer à la formalisation trimestrielle. L'imposition des objectifs sans l'imposition de la démarche ainsi que la non homogénéisation de pratiques sur l'ensemble du territoire font naître des pratiques informelles reprises par des acteurs. En revanche, le suivi ni imposé, ni conseillé concerne le suivi par branche d'activité (Hôtellerie-restauration, pharmacie-chimie, etc.). Seule l'activité Bâtiment-Travaux Publics est organisée par un directeur de secteur, possède des réunions propres, détient ses objectifs en plus de ceux du groupe, etc. Dès lors, il s'organise selon les besoins sectoriels et les compétences individuelles des échanges informelles entre des responsables d'agence d'une même activité.

Ces pratiques informelles naissent d'une part d'une absence de formalisation et d'autre part parce que la stratégie délibérée autorise, conseille et exige la prise en compte des émergences.

Les sentiments d'« ajustements sans suivis » concernent l'entreprise de travail temporaire comme le transporteur gazier. La difficulté de Gaz de France-Transport est de connaître l'accueil, l'impact et l'utilisation d'un nouvel outil inséré dans l'organisation, autrement dit le retour d'expérience semble insuffisant aux yeux des services fonctionnels. D'autant que, plus le service fonctionnel est extérieur à la région, voire au métier, moins le retour d'informations semble efficace.

Pour chacune des entreprises de services de réseau, les « suivis avec ajustements » concernent les objectifs de niveau micro-local. Les contrats de gestion, les actions prioritaires ou encore les plans d'actions individuels font l'objet de suivis selon un rythme propre à l'organisation, et d'une révision lors de la réalisation en fonction des aléas sociaux, économiques et politiques qu'ils soient conjoncturels ou devenir structurel.

2. Des dispositifs organisationnels habilitants et contraignants

Parmi les plus contrastés, nous évoquons la définition des postes, l'utilisation et la perception des outils de gestion, et le type d'autonomie des entreprises.

- Une différence forte existe entre les deux entreprises dans l'appropriation de la définition de poste des managers. Dans l'entreprise de travail temporaire, les informations recueillies s'accordent sur les rôles de chacun, et ce quelle que soit la source. Les documents et les personnes rencontrées, à quelque niveau que ce soit, énoncent les responsabilités de tous. Chacun connaît et reconnaît la place de l'autre dans son activité, sur sa zone, avec les parties prenantes, dans l'organisation, etc. Des sources de variation efficaces et développées dans le temps.

  Au sein du transporteur gazier, la connaissance des rôles et responsabilités paraît plus discutée, plus floue et dès lors moins stable. Il apparaît que chacun sait ce que l'autre doit apporter, mais que chaque principal intéressé aborde sa propre fonction avec plus de doute et de perplexité compte tenu des moyens accordés pour vivre pleinement sa fonction. Le transporteur gazier se confronte alors à l'effet d' « édredon » traduisant le fait que le management intermédiaire ne dispose pas de leviers de management. Pavy (2002) affirme que l'efficacité des structures est liée à leur capacité à répartir les leviers de management, c'est-à-dire les ressources et les contraintes qui influencent les comportements ; un poste hiérarchique donné peut être vide de sens s'il ne permet pas l'accès aux leviers pertinents. Dès lors définir une structure ou un poste ne suffit pas pour obtenir les résultats recherchés. Il est indispensable de coupler le poste à des ressources et à un degré d'autonomie.

  A contrario, si les agents pensent que les moyens mis à leur disposition sont faibles, ils engageront moins d'énergie, s'engageront moins à l'amélioration des processus sachant que l'ensemble des idées sera vain : le rôle potentiel en tant que source de variation est méconnu et avorté.

• Apport, support, confort pour l'un et invasion, intrusion, inutilisation pour l'autre. D'une manière générale, les managers disent être submergés de documents et avouent ne pas avoir la démarche systématique de se confronter à tous. Dans les deux entreprises de services de réseau, le nombre de documents internes est foisonnant, les informations contenues sont complètes, denses, mais le fait que leur connaissance en soit partielle ou nulle est plus fréquent chez le transporteur gazier. Cette divergence trouve notamment son origine dans l'objectif, le support et le volume des informations. Jusqu'au milieu des années quatre-vingt dix, Gaz de France-Transport ne possédait aucune procédure, aucun document écrit, la communication orale prédominait. Puis, s'est développée une frénésie de fascicules distribués à un large public venant formaliser et officialiser les pratiques. La mise en écriture venait préparer la nécessité environnementale bientôt pressante de l'objectif de normalisation. D'une part, ce type de document conçu et diffusé sur une courte période a renforcé le sentiment d'invasion, voire d'intrusion. D'autre part, la grande majorité des documents explicatifs et descriptifs, de par leurs objectifs, de situations déjà existantes... et idéalisées a entraîné le cynisme des agents et des remarques de type « en théorie : oui, mais en pratique, non » ; « il n'y a rien de nouveau » ; « on veut nous apprendre notre métier », etc. La profusion, la distribution (peut-être) trop large, et le non accompagnement des documents non ciblés ont engendré un sentiment de décalage entre « ce qu'il se passe là-haut, à Paris » et le « terrain ». Ici encore, les sources de variation sont anéanties par le sentiment de décalage.

En revanche, les informations, les bases informatiques d'Adecco concernent les outils d'application pour mener, appliquer, suivre, le métier, la politique qualité et autres objectifs prédéfinis. En-dehors de ces outils, l'information existe, mais elle est consultative sur base informatique. Selon cette perspective, il ne s'agit pas seulement de saupoudrer l'information, c'est le besoin qui appelle la consultation. La mise en œuvre de la politique « qualité » n'a pas été accueillie avec sarcasme, et l'organisation matricielle, dite pas processus, s'est fondue dans l'exercice du métier.

D'après ces expériences d'adoption d'outils, il est plus facile d'encourager l'amélioration d'une structure efficace que l'amélioration d'une structure à grande inertie. La représentation d'une structure alourdie par la bureaucratie n'est pas favorable à son amélioration : chaque idée, chaque démarche est considérée comme un élément venant en plus, encore, s'ajouter à une structure déjà inerte. En revanche, un fonctionnement considéré efficace, reste perfectible. Ce sentiment de « on n'améliore pas le chaos » pèse sur le processus d'amélioration continue qui peut difficilement se mettre en œuvre.

- La complexité des conditions qui régule l'autonomie rend difficile sa définition précise pour chacun des managers, dans chacune des organisations. En revanche, nous pouvons avancer que l'entreprise de travail temporaire encourage plus particulièrement une autonomie stratégique alors que le transporteur gazier favorise une autonomie organisationnelle.

Dans l'entreprise de travail temporaire, la structure est imposée dans toutes les régions et à tous. Chaque région présente les mêmes fonctions, expertises, règles de délégation, principes d'orientation et de suivi d'action, principe d'évaluation des performances et des compétences, procédures, structure hiérarchique, dispositifs de gestion, etc. La macro-structure et les instruments de gestion sont à la fois contraignants et habilitants mais s'imposent d'une manière homogène à l'ensemble du personnel. Les middle managers disposent alors d'un cadre commun, uniformisé et précis pour réaliser des axes prioritaires qui sont à la fois l'ombre des volontés organisationnelles et le reflet des spécificités locales : l'autonomie existe dans un cadre précis connu de tous. Dès lors que les « libertés » concernent plus particulièrement la définition des objectifs appropriés, l'exploitation et l'exploration des ressources pour les atteindre, l'autonomie est de type stratégique.

Les directeurs de région chez Gaz de France-Transport, en revanche, nous ont rappelé à maintes reprises qu'ils étaient libres d'organiser leur région. Il fallait comprendre que chaque directeur de région est en mesure de décider :

- du nombre d'échelons hiérarchiques : deux en région Centre-Est et trois dans les régions Île de France, Méditerranée et Est ;
- de la présence de services fonctionnels en région : un service Aide au Pilotage en Centre-Est, absent en Île de France et en Méditerranée ; un service « Moyen Interne » en Méditerranée qui semble équivalent au « Service Ressources Financières » de la région Île de France et regroupe des fonctions dont le nombre et les intitulés varient ;
- de l'existence des contrats de gestion avec les managers de première ligne : présents en Île de France, Centre-Est et absents dans la région Est.

L'autonomie organisationnelle a pour inconvénient de favoriser les disparités, de provoquer des asymétries, d'alimenter une méconnaissance de l'organisation, de décourager les échanges intra-organisationnels, etc. La conséquence de cette autonomie organisationnelle est de freiner le processus de mise en émergence.

3. Les processus d'apprentissage : des agents évolutionnistes contre des zones évolutionnistes

Présentons deux schémas représentatifs des différences de pratiques au sein des deux entreprises de services de réseau.

Dans l'entreprise de travail temporaire, nous constatons une confusion des agents source de variation, de sélection et de rétention, parce qu'ils sont tour à tour, selon le degré de complexification des processus, l'un et/ou l'autre. En effet, la position inter- et intra-organisationnelle ainsi que les responsabilités qui incombent aux directeur régional, directeur de secteur et responsable d'agence leur confèrent des rôles spécifiques dans les processus de co-formation.

Le responsable d'agence est un agent de sélection et de rétention pour une co-production de l'offre qui concerne un client de son agence et une source de variation pour une co-production de l'offre à dimension sectorielle ou régionale, il participe à chacune des co-formations. En ce qui concerne la co-construction des compétences, il agit plus particulièrement en tant que source de variation et d'aide à la sélection. Le directeur de secteur participe également à la co-production de l'offre premièrement en tant qu'agent de sélection et de rétention sur son secteur, deuxièmement en tant qu'agent de sélection et d'aide à la rétention sur la région, autrement dit comme consultant de son directeur de région et troisième comme source de variation de la co-évolution de la stratégie. Le directeur de région de par sa position hiérarchique est un agent de rétention pour les co-productions de l'offre et les co-constructions de compétence qui se limitent à une application régionale, il devient un agent de sélection et d'aide à la rétention au sein du processus de co-évolution de la stratégie.

Figure 3 : Des zones évolutionnistes avec des acteurs « porte-parole » chez Adecco

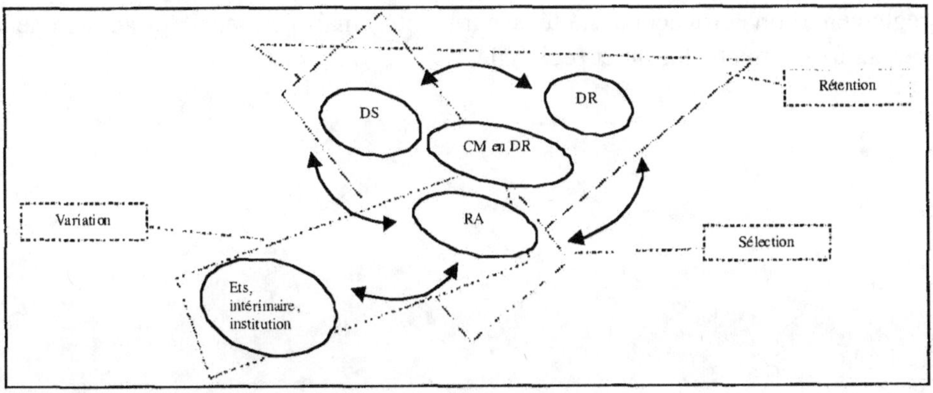

De plus, l'aboutissement d'un processus sert de base de travail à l'engagement d'un autre. Par exemple, la co-production de l'offre micro-locale sert de variation à la sélection de la co-construction des compétences régionales qui elle-même sert de sélection à la rétention de la co-évolution de la stratégie qui, à son tour, offre une base de travail, formelle et transformable à l'ensemble de l'organisation.

Pour les trois processus de co-formation, les phases évolutionnistes ne se restreignent pas à des acteurs, mais s'élargissent à des zones de relations. Il ne s'agit non plus seulement d'agents de variation, de sélection ou de rétention mais des zones où se développent, se négocient, se discutent la sélection et la rétention. Ces zones se matérialisent par des échanges, des conversations stratégiques, des moments de négociation. Ces zones d'évolution sont nombreuses et provoquées par chacun, pour le besoin, autrement dit en fonction de sa position au sein de la co-formation. Les zones elles-mêmes se superposent du fait de la participation multiple des agents à chaque étape, où chacun devient un porte-parole de la zone évolutionniste précédente. L'évolution des compétences peut dès lors se réaliser.

En revanche, au sein de Gaz de France–Transport, les agents de variation, de sélection et de rétention sont parfaitement identifiables, avec des zones qui se chevauchent peu. La non confusion des zones signifie également des lieux de négociation peu nombreux, un nombre d'échanges limité, le tout étant un affaiblissement des sources de variation. Le fait que la communication informelle soit peu développée provoque un isolement des agents et cloisonne ainsi les activités, les services et les processus. Les homologues échangent peu et limitent la diffusion de bonnes pratiques. L'organisation suggère alors des compétences individuelles cloisonnées qui limitent le développement des compétences locales, et de fait les compétences globales sont des compétences tournées vers le macro-environnement (réglementation européenne, santé, sécurité, etc.) mais peu sensibles au marché sous sa forme micro-locale et régionale.

Figure 4 : Des agents évolutionnistes chez Gaz de France - Transport

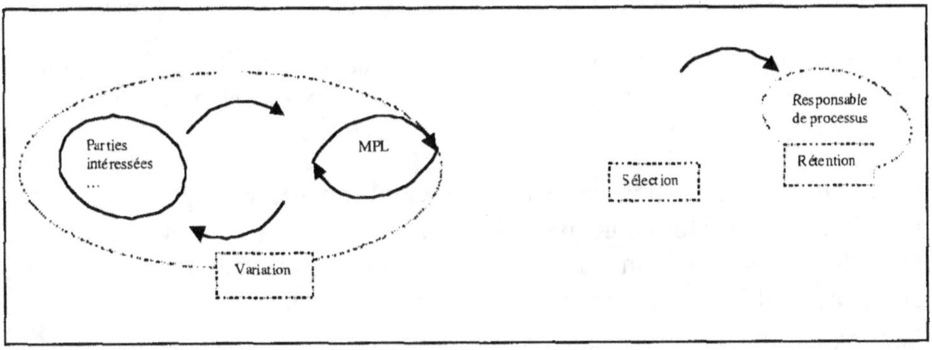

Le modèle de March et Olsen (1975) souligne les cycles incomplets d'apprentissage organisationnel : l'apprentissage n'apporte pas de réponse aux conditions environnementales changeantes lorsque l'un des liens du modèle est brisé (Figure 4).

Figure 5 : L'apprentissage d'Adecco et Gaz de France-Transport selon March et Olsen (1975)

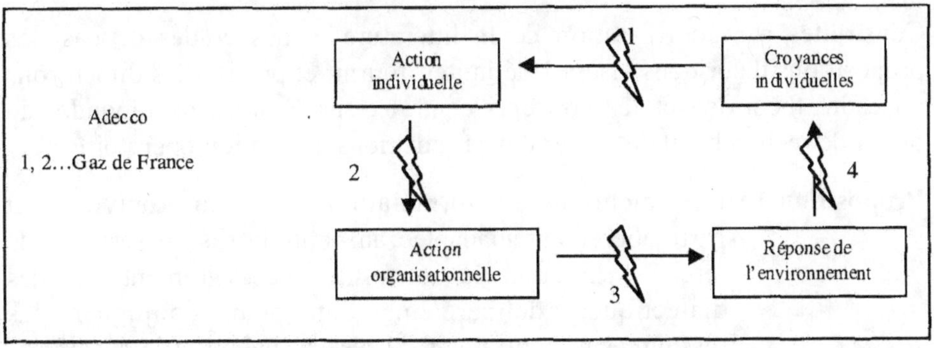

Si Adecco peut illustrer dans la plupart des cas le modèle d'apprentissage organisationnel de March et Olsen (1975), Gaz de France-Transport, en revanche, présente l'ensemble des conditions responsables des dysfonctionnements pointés par le modèle.

En effet, là où les croyances individuelles doivent générer des actions individuelles, les contraintes du rôle de l'individu chez Gaz de France-Transport ne lui permettent pas d'intégrer l'apprentissage (1) : la définition floue des rôles ne permet pas à chacun de délimiter ses actions.

Lorsque l'action individuelle doit se diffuser à un niveau organisationnel, elle affecte l'action organisationnelle d'une manière ambiguë, imparfaite, aléatoire (2) : la communication montante imparfaite n'autorise pas la généralisation des émergences.

De même, la connexion entre les actions organisationnelles et les réponses environnementales n'est pas faite (3) : la connexion dépasse rarement le micro-local.

Et de plus, la connexion entre réponse environnementale et les croyances individuelles ne s'effectue pas (4) : connaissant les dysfonctionnements précédents, les middle managers n'alimentent pas, n'entretiennent pas leurs croyances individuelles par les mouvements environnementaux.

Ainsi, les compétences individuelles évoluent, au mieux, en compétences locales chez Gaz de France, alors que l'entreprise Adecco présente les caractéristiques qui permettent aux compétences individuelles d'enrichir les compétences de l'entreprise, dites globales, qui constituent une nouvelle base évolutive, prête à amélioration.

III. PROPOSITIONS

Construites par confrontation de la littérature et des études de cas, les propositions théoriques visent à délimiter, fournir et préciser les dimensions du cadre théorique et les concepts centraux susceptibles de répondre au projet de recherche et de porter des propositions à vocation opératoire.

Proposition 1 : La dichotomie formulation/mise en œuvre est particulièrement inadaptée aux entreprises de services de réseau ; la stratégie se forme nécessairement par des dialectiques délibéré/émergent pour conjuguer les ressources et contraintes du réseau intégré et la spécificité des multiples sites.

Les entreprises de services de réseau doivent d'une part présenter une structure et un discours homogénéisant les pratiques sur l'ensemble du territoire et d'autre part absorber les spécificités locales émanant des sites. La dichotomie formulation/mise en œuvre, qui présente des caractéristiques trop rigides en laissant peu de place à l'intégration de mouvements macro et/ou des émergences micro, ne convient pas aux entreprises de services de réseau ; celles-ci doivent privilégier les dialectiques délibéré/émergent afin de faire coexister des décisions macro-stratégiques et des décisions micro-stratégiques.

Proposition 2 : Les boucles récursives sont des espaces (géographique et temporel) de conversations stratégiques qui créent des contextes de négociation, de validation, de prise de connaissances des ambitions locales venant façonner la stratégie délibérée.

Dans la mesure où le processus de « stratégisation » ne doit pas se limiter à la dichotomie formulation/mise en œuvre, il faut construire des boucles récursives afin de dépasser le schéma strictement descendant ; la stratégie n'est plus supposée émaner seulement du sommet de la hiérarchie qui dispose à la fois du pouvoir et d'une perspective d'ensemble : d'une part ceux chargés de la réflexion ne disposent pas d'une information complète et suffisante et, d'autre part, le reste du monde évolue rarement comme envisagé sur la période prévue. Dès lors, l'établissement de boucles récursives permet de créer des moments formels d'échange afin de faire le point sur des préoccupations qui méritent, peut-être, d'être portées à tout ou partie de l'organisation. En tant que lieu d'interactions sociales, les conversations stratégiques contribuent à l'émergence de la stratégie et produisent à leur tour de nouvelles structures organisationnelles. La formalisation de ces conversations façonne la stratégie délibérée, en greffant des événements, des solutions prises face à des événements non prévus jusque là. Ainsi, elles constituent des boucles de régulation en négociation.

Proposition 3 : Les émergences stratégiques peuvent être vues comme un processus évolutionniste, caractérisé par trois phases : la variation, la sélection et la rétention.

Les émergences stratégiques suivent les étapes du processus évolutionniste, elles ne naissent pas instantanément et ne s'articulent pas de fait à l'organisation, mais elles naissent à partir d'un ensemble de savoirs lié aux environnements externe et interne (la variation), puis un arbitrage s'opère (la sélection) afin que l'idée soit ratifiée (la rétention). Que ces trois étapes du système évolutionniste se réalisent individuellement, localement ou globalement, elles constituent un processus de mise en émergence des idées.

Proposition 4 : Ce processus est contraint et habilité par les procédures, des structures, les systèmes de gestion et les représentations que les acteurs s'en font.

Les agents de variation, de sélection et de rétention ne sont pas les seuls acteurs d'influence du processus évolutionniste, des facteurs et la représentation de ceux-ci viennent également le contraindre et l'habiliter. Ces facteurs concernent à la fois la politique de l'entreprise, son mode de fonctionnement avec sa structure hiérarchique, sa structure organisationnelle, ses dispositifs de gestion. Les représentations que les acteurs s'en font viennent structurer le lieu, le moment, le prétexte, les acteurs de la conversation stratégique, qui est un support de mise en émergence.

Proposition 5 : Ce processus structurationniste porte, de façon indissociable, sur des savoirs macro et micro et des relations inter et intra.

L'action managériale dépend notamment de la relation structurante entre le savoir et la relation, selon laquelle il n'y a pas de mise en œuvre de savoir sans l'établissement de relation, et réciproquement. Les idées émergent à partir de connaissances qui constituent une base de réflexion. La construction de connaissances contraignantes et habilitantes liées d'une part à l'entreprise et d'autre part au métier, à son secteur géographique, à son secteur d'activité, à ses parties prenantes locales, nationales, etc. constituent une source de variation. Dès lors, les entreprises de services de réseau doivent développer des zones de conversations stratégiques afin d'entretenir des relations et des connaissances inter- et intra-organisationnelles façonnant leurs savoirs macro et micro.

Proposition 6 : Cette indissociabilité et la position qu'il occupe font du middle manager un acteur clé dans le processus.

La position organisationnelle des middle managers favorise leur connaissance inter- et intra- organisationnelle nécessaire au développement d'idées émergentes. Ils sont en situation d'intervenir à chacune des étapes du processus évolutionniste. Leur connaissance du contexte et leur position hiérarchique leur permettent d'émettre, de porter et/ou de ratifier une idée. Dès lors, la mise en émergence d'une idée conçue comme un système écologique guidée intentionnellement est une action collective qui se déploie comme un mouvement conjoint de savoirs et de relations.

Proposition 7 : Les échanges inter-organisationnels développés par le middle manager mobilisent et participent à la formation de réseaux sociaux, sources de variation.

La construction de réseaux sociaux passe par les échanges inter-organisationnels. Les middle managers sont en position théorique de reconnaître, d'identifier les signaux susceptibles de conduire à des opportunités ou des menaces de l'environnement qui peuvent influencer soit la soutenabilité ou la désuétude des compétences actuelles, soit de révéler des futures compétences pour lesquelles il conviendrait investir. Les middle managers doivent être encouragés à développer et entretenir des relations avec l'ensemble des partenaires de leur environnement local, afin de pouvoir capter ces signaux.

Proposition 8 : Les échanges intra-organisationnels développés par le middle manager (à l'occasion des rencontres formelles ou informelles, avec ses supérieurs, ses subordonnées, ses homologues ou des experts) mobilisent et participent à la formation d'un réseau intra, source de capitalisation de compétences.

Bien qu'il soit difficile de capturer dans une forme strictement codifiée la connaissance nécessaire à la construction de compétences, la connaissance tacite est le plus souvent communiquée lors de partages d'expériences, d'histoires ou de narrations. Les middle managers doivent être encouragés à partager leurs histoires afin que chacun en exploite des éléments. Ce partage aide au transfert de compétences dans l'organisation, en construisant un nouvel ensemble d'expériences tacites, ajoutant de la valeur.

Proposition 9 : Les procédures de diffusion, de déclinaison et de suivi de la stratégie délibérée façonnent la construction normative de connaissance(s) en même temps qu'elles affirment le mode de gouvernance.

La diffusion des volontés, la déclinaison des objectifs et le suivi de la réalisation conduisent à s'approprier la logique de l'entreprise. La diffusion de la stratégie délibérée rappelle les politiques de l'entreprise, apprend les nouvelles ambitions ou réitère les anciennes et présente les objectifs pour un délai convenu. La stratégie claire et formulée par le sommet stratégique pour une compréhension uniforme dans l'ensemble du groupe n'est pas synonyme d'absence de décentralisation et ne supprime pas pour autant les liens inter-unités basés sur la concurrence et la coopération qui développent un apprentissage collectif.

De fait, l'ensemble du personnel connaît ce vers quoi il doit tendre. La déclinaison vient, ensuite, affiner cette connaissance en adaptant les engagements de l'entreprise à des contextes locaux, en opérationnalisant une politique en objectifs opérationnels et personnalisés à des agents. La connaissance se renforce également dans une phase de suivi qui situe l'avancée à la fois de l'entreprise, du site et des collaborateurs dans un paysage plus global : le secteur d'activité et les concurrents en présence.

Proposition 10 : Le mode de gouvernance doit accorder un poids suffisant à la négociation et à l'animation afin de

i) permettre l'existence des agents de variation ;

ii) favoriser le passage de la dichotomie formulation/mise en œuvre à la formation de la stratégie.

Le mode de gouvernance influence la possibilité de contribution émergente. En effet, le mode de gouvernance pratiqué par le sommet stratégique ne doit pas se traduire par une imposition des règles et procédures qui annihilent les rapports de négociation possibles entre les différents niveaux hiérarchiques ; ou ne doit pas seulement être fondé sur l'imposition des objectifs financiers qui remplace les logiques d'animation et de négociation propres aux conversations stratégiques fructueuses. Sinon, le cadre intermédiaire ne peut exercer qu'un rôle de « contrôleur », et ne peut participer à la formation d'une stratégie dont le succès se résume à l'atteinte de critères financiers. Dans ces deux cas, la participation des cadres intermédiaires à la stratégie n'a pas de raison d'être. Or, deux logiques permettent de favoriser cette participation : la logique d'animation qui veut dynamiser les individus autour des orientations stratégiques globales et la logique de négociation.

La logique d'animation a pour objectif d'encourager l'autonomie des unités à la déclinaison de la stratégie globale contrainte par une forte coordination, afin de réduire les risques qui pourraient perturber l'image du groupe, mais également à enrichir la stratégie globale par l'apport de précisions, de tactiques développées à partir d'un contexte local.

Dans la logique de négociation, le mode de gouvernance est fondé sur une négociation des stratégies et des moyens ; elle permet une délibération de la stratégie issue d'un processus plus ou moins formalisé d'interactions entre les différentes parties prenantes.

De même, la relation infrastructure/sites doit dépasser les dichotomies réflexion/action, contrôle/exécution. Au-delà de la réflexion, de l'imposition, du contrôle, l'infrastructure doit accompagner les sites dans la réalisation des engagements afin de ne pas revenir à un schéma en deux temps : la formulation de la stratégie et sa mise en œuvre. Dès lors, les relations doivent être entretenues par les principes d'animation ou de négociation.

Proposition 11 : La diffusion des stratégies délibérées comme le déploiement du processus d'émergence passent en partie par la macro-structure et par les systèmes de management.

L'appropriation de la volonté d'émergence affichée doit être supportée par une macro-structure et soutenue par une micro-structure commune à l'ensemble des éléments du réseau qui à la fois contraignent et habilitent les actions de l'ensemble de l'organisation.

En effet, la mise en mots volontariste traduisant les impératifs structurels, conjoncturels, locaux doit être appropriée à des degrés divers par l'ensemble de l'organisation et des parties prenantes. L'appropriation passe non seulement par une connaissance des volontés de l'organisation que le personnel assimile, mais aussi par une macro-structure et une micro-structure qui viennent confirmer les volontés de l'entreprise en offrant les moyens adéquats à l'ensemble du personnel pour suivre, réaliser et améliorer ces choix. Les macro- et micro-structures sont des cadres, des référents communs à l'ensemble du réseau afin d'obtenir une représentation homogène du fonctionnement de l'entreprise.

Ainsi, par exemple, l'objet et le degré de centralisation influencent l'existence des émergences. La centralisation de certains services, de certaines activités de la chaîne de valeur affecte la possible contribution émergente des acteurs des sites. Il suffit par exemple qu'un service commercial soit centralisé pour ôter tout objectif de développement aux acteurs de terrain, et de fait leur supprimer la possibilité d'agir directement sur la co-production de l'offre.

Proposition 12 : Les instruments de gestion incitent plus ou moins les acteurs à se positionner en tant qu'agents de variation, de sélection et de rétention.

Les instruments de gestion dont l'impact est à la fois contraignant et habilitant offrent plus ou moins aux middle managers de se positionner en tant qu'agents du processus évolutionniste. Il s'agit de mettre en place des dispositifs venant renforcer la volonté d'intégrer des émergences, autrement dit qui incitent, encouragent la prédisposition du personnel à développer des idées. Par exemple, les dispositifs et instruments de gestion caractérisés par une planification stratégique réduite à l'arrêté d'un budget strict et des prévisions rigides, ainsi que l'exercice d'une logique de sanction sont aux antipodes d'un espace privilégiant les émergences.

Proposition 13 : Le passage d'une compétence individuelle à une compétence locale, officialisation d'une contextualisation émergente, sollicite l'ensemble des conditions requises pour que l'interaction entre les connaissances opératoires et conceptuelles nécessaires à l'apprentissage individuel d'une part et, les modèles mentaux (routines et framework) d'autre part, opère.

Le résultat de l'interaction « compétence individuelle/compétence locale » constitue une réponse aux spécificités d'un territoire. Il est l'aboutissement d'une émergence adaptée à un contexte local, autrement dit la contextualisation d'une stratégie délibérée à un territoire donné menée par un ensemble d'acteurs participant au processus évolutionniste. Ainsi, les agents de variation et de sélection de l'émergence ont une connaissance importante des compétences de l'entreprise, des volontés de l'organisation, de ses ressources, de ses règles et de son territoire.

Le développement des compétences nécessite une connaissance opérationnelle, une connaissance conceptuelle et des modèles mentaux afin que l'individu puisse situer son action au sein de l'entreprise, se situer dans l'organisation, savoir ce que la structure lui autorise, connaître l'existant contraignant et habilitant afin qu'il agisse avec, en son sein, et qu'il l'améliore ou le renouvelle.

Proposition 14 : Le passage d'une compétence locale à une compétence globale, contextualisation émergente généralisée, sollicite l'ensemble des conditions nécessaires au modèle intégré d'apprentissage organisationnel.

Le passage d'une compétence locale à une compétence globale marque l'aboutissement d'une traduction, d'une anticipation (conjoncturelle, structurelle, sectorielle, etc.) nées du terrain et traduit un enrichissement de la stratégie délibérée. Une idée se développe à partir de connaissances qui constituent une base, un cadre de réflexion, des repères pour chacun. Une idée d'amélioration d'une compétence, d'une offre ne peut s'effectuer sans connaître d'une part les engagements, la politique, les objectifs, la vision, la culture, les offres, les compétences, le fonctionnement de l'entreprise afin que l'idée soit « en phase », connectée avec le reste de l'organisation ; et d'autre part, sans connaître un monde externe, ses règles, ses pratiques et ses exigences afin que l'initiative corresponde à l'activité, au métier. Les savoirs macro/micro, les relations inter- et intra- organisationnelles augmentent les connaissances individuelles et organisationnelles, construisent les modèles mentaux sources de variation. Favoriser l'existence de ces lieux d'échanges conduit les entreprises de services de réseau à créer la possibilité de prendre en considération les spécificités locales, émergentes pour affiner leur stratégie délibérée.

Dès lors, les agents de variation et de sélection de l'émergence doivent avoir une connaissance forte de l'activité, du métier, et de la capacité d'absorption de l'organisation, autrement dit de modèles partagés.

Proposition 15 : Les capacités dynamiques qui résultent de la relation structurante des niveaux de compétences (individuelle, locale, globale), traduisant un modèle d'apprentissage complet (individuel, groupe, organisation), voient ainsi renforcé leur caractère idiosyncrasique (porté par les émergences) tout en étant diffusées au sein de l'organisation (rétention/officialisation).

L'interaction « compétence globale/compétence individuelle » est le résultat d'idées émergentes généralisées qui génèrent, à leur tour, de nouveaux éléments de la stratégie délibérée, et entraînent, peut-être, de nouveaux dispositifs de gestion.

Ainsi, la relation structurante des trois compétences traduit le processus de ratification des capacités dynamiques, où chaque compétence représente une étape du processus évolutionniste, structurationniste : la ratification d'une idée adaptée à un contexte local en respect des politiques globales peut être un signal pour l'organisation, et devenir une priorité. Ainsi, les modèles partagés se développent, alimentés par la rétention d'idées.

RÉFÉRENCES BIBLIOGRAPHIQUES

Andersen T.J., (2000), « Strategic planning, autonomous and corporate performance », Long Range Planning, vol.33(2), pp.184-200.

Ansoff I.H., (1988), New Corporate Strategy, New-York, Wiley.

Ansoff I.H., (1965), Stratégie du Développement de l'Entreprise, Ed. Hommes et Techniques, Mc GrawHill.

Argyris C. & Schön D., (1978), Organizational Learning : a Theory of Action Perspective, Addison Wesley Publishing Company.

Bizac M. & Mahieu C., (1999), « Une entreprise publique de réseau dans l'urgence de sa transformation », Economies et Sociétés, Série SG, t.33 n°6-7, pp.425-455.

Bournois F. & Romani P.J., (2000), L'Intelligence Economique et Stratégique dans les Entreprises Françaises, Economica, Paris, 278 pages.

Burgelman R.A. & Sayles L.R., (1987), Les Intrapreneurs, McGraw-Hill, Paris.

Crossan M.M., Lane H.W. & White R.E., (1999), « An organizational learning framework : from intuition to institution », Academy of Management Review, vol.24(3), pp.522-537.

Dodgson M., (1993), « Organizational learning : a review of some literatures », Organization Studies, vol.14(3), pp.375-392.

Dupuy G., (1985), Systèmes, Réseaux et Territoires, Presse de l'Ecole Nationale des Ponts et Chaussées.

Eiglier P. & Langeard E., (1987), Servuction : le Marketing des Services, Mc Graw Hill.

Floyd SW. & Wooldridge B., (2000), Building Strategy from the Middle, Foundations for Organizational Science, Sage.

Floyd SW. & Wooldridge B., (1997), « Middle management's strategic influence and organizational performance », Journal of Management Studies, vol.34(3), pp.465-485.

Fuchs P.H., Miffin K.E., Miller D. et Whitney J.O., (2000), « Strategic integration : competing in the age of capabilities », California Management Review, vol.42(3), pp.118-147.

Gadrey J. et Zarifian P., (2002), L'Emergence d'un Modèle du Service : Enjeux et Réalités, Ed.Liaisons, Paris.

Hay M. & Williamson P., (1997), « Good strategy : the view from below », Long Range Planning, vol.30(5), pp.651-664.

Kim D.H., (1993), « The link between individual and organizational learning », Sloan Management Review, vol.35(1), pp.37-50.

Lovas B. & Ghoshal S., (2000), « Strategy as guided evolution », Strategic Management Journal, vol.21(10), pp.875-896.

Nelson R.R. et Winter S.G., (1982), An Evolutionary Theory of Economic Change, Cambridge, Harvard University Press.

Nonaka I. & Takeushi H., (1995), The Knowledge-Creating Company, Oxford University Press Inc.

Offner JM, (1992), « Entreprises de réseau et territoires », in Economie et Management des Entreprises de Réseau, coord. par N. Curien, ENSPTT-Economica, 210 pages.

Pailliart I., (1992), « Stratégies des réseaux et pouvoir local : conflit ou coopération ? », Colloque ENSPTT : Management des Entreprises de Réseaux, Paris.

Payaud M.A., (2004), « Le middle manager dans la formation de la stratégie : repère théorique et précision empirique », in Perspectives en Management, sous la direction de B. Quélin et L.Mezghani, Ed. EMS.

Pollin J.P. & Ullmo Y., (1992), « Réseaux et finance », in Economie et Management des Entreprises de Réseau, sous la direction de N.Curien, Ed. ENSPTT-Economica, Paris, pp.87-113.

Snyder W.M. et Wenger E.C., (Mars 2000), « Cultivez vos réseaux invisibles », L'Expansion Management Review, pp.6-12.

Teece D.J., Pisano G. & Shuen A., (1997), « Dynamic capabilities and strategic management », in Resources, Firms and Strategies, Foss NJ.(Ed.), Oxford.

Teece D.J., Pisano G. & Shuen A., (1997), « Dynamic capabilities and strategic management », Strategic Management Journal, vol.18(7), pp.509-533.

Van Cauwenbergh A. & Cool K., (1982), « Strategic management in a new framework », Strategic Management Journal, vol.3(1), pp.245-264.

Veltz P., (2000), Le nouveau monde industriel, Le débat-Gallimard, Paris.

SCIENCES, TECHNOLOGIES ET DYNAMIQUE ENTREPRENEURIALE

LEÇONS DE L'EXPÉRIENCE DE LA COMMUNE URBAINE DE AGDAL-RIAD, RABAT

Abdellah BENSEDDIK

PRESENTATION :

La Commune Urbaine Agdal-Ryad a été créée suite au découpage communal de 1992.

Cette commune a connu 2 législations successives 1992-1997 et 1997-2003; pendant lesquelles elle a été gérée à chaque législation par une équipe cohérente composée de conseillères et conseillers municipaux issus de la même formation politique qui a pu obtenir la majorité lors des 2 consultations communales.

I- PREPARATION DU PLAN DE DEVELOPPEMENT:

Composé d'universitaires et de cadres supérieurs, le bureau qui eu le privilège de gérer cette commune de 1997 à 2003, s'est fixé comme objectif d'établir un plan de développement s'articulant autour des domaines fondamentaux qui correspondent aux besoins de la population et au développement socio-économique de la ville, tout en adoptant une approche scientifique pour :

- L'étude de la situation économique et sociale avant la préparation du plan de développement.
- L'analyse des atouts et des faiblesses de la commune, et notamment :
  - L'environnement universitaire
  - L'infrastructure hospitalière
  - L'insuffisance des aménagements

- Les installations industrielles et commerciales
- Les réseaux d'infrastructure
- La croissance urbaine
- Les besoins en équipements économiques, sociaux, culturels, sportifs et de loisirs.

• L'évolution des moyens et de besoins financiers de la commune.

L'élaboration de ce plan a vu la participation de l'ensemble des cadres des services de la commune, dont la plupart avaient profité de stages de formation et d'étude dans une ville européenne dans le cadre d'un partenariat d'échange et de coopération depuis la création de la commune.

II- REALISATION DU PLAN DE DEVELOPPEMENT :

Les objectifs fixés par le plan de développement étaient traduits en projets à réaliser, dont la concrétisation devait s'inscrire dans une dynamique de développement de la commune.

1- Dans le domaine de l'Environnement, de l'Aménagement de l'Espace et du Renforcement des Infrastructures

Le développement d'une commune est tributaire de la qualité de l'environnement et des infrastructures qu'elle offre à ses citoyens.

C'est ainsi que la priorité a été accordée à l'amélioration des services de base :

a) En matière de nettoiement et de ramassage des ordures ménagères

La commune a élaboré un diagnostic détaillé de la situation de ce service, qui continuait à être insuffisant malgré le renforcement du matériel roulant de ramassage des ordures.

En effet, le mode de gestion direct et le type d'organisation n'étaient plus en mesure de satisfaire les besoins croissants, et il était nécessaire de penser à un nouveau mode de gestion de ce service; C'est ainsi que la commune Agdal-Ryad a initié à Rabat la gestion déléguée du service de nettoiement, après diagnostic, étude et réflexion, tout en associant l'autorité de tutelle à toutes les phases de lancement et de concrétisation de ce nouveau mode de gestion déléguée.

Le cahier des charges comprenait plusieurs prestations :

- Le ramassage des ordures ménagères
- Le ramassage de déchets verts
- Le ratissage des terrains vagues
- Le renouvellement du matériel
- La généralisation des conteneurs
- Un programme annuel de communication et de sensibilisation
- Une opération pilote d'éducation au tri sélectif des ordures
- Le contrôle de la qualité du service et les sanctions en cas d'insuffisance.

Grâce à cette opération, la commune a pu valoriser son parc municipal et a pu faire créer près de 200 emplois directs.

Une année après le démarrage de cette opération, la commune a organisé une journée d'évaluation après avoir lancé une enquête, auprès du public et des acteurs économiques, effectuée sous la direction d'un sociologue expérimenté et avec la participation d'un consultant européen spécialisé en suivi et contrôle de ce genre d'opération.

b) En matière d'éclairage public :

Une étude sur les possibilités d'économie d'éclairage a été effectuée par un bureau spécialisé pour un quartier témoin, et les résultats de l'étude ont pu servir pour opérer des économies d'éclairage dans plusieurs quartiers.

Cependant, en l'absence d'une gestion cohérente, rigoureuse et informatisée de ce secteur, et après consultation de spécialistes, la commune a préparé en 2002 un projet de cahier des charges pour la gestion déléguée de l'éclairage public.

c) En matière d'aménagement et de construction des voiries :

La commune réalisait chaque année un programme conséquent dans ce secteur et obtenait aussi une participation de la Communauté urbaine dans le cadre de la répartition de son excédent budgétaire.

En vue de renforcer son armature principale de voirie, la commune a lancé en 2000 un programme intégré d'aménagement des avenues principales du quartier de l'Agdal, qui comprenait :

- Le réaménagement de la chaussée et des trottoirs

- La création d'emplacements de stationnement
- La réalisation d'une nouvelle installation d'éclairage public
- La plantation de nouveaux arbres d'alignement
- La mise en place de mobilier urbain (bancs - jardinières), et
- Le réaménagement des jardins publics

Après réalisation de la 1ère tranche de ce programme, qui concernait la grande avenue (Fall Ould Oumeir), il a été constaté de suite une relance de l'activité économique dans cette avenue et une valorisation du patrimoine foncier.

Ainsi, un nouveau centre ville venait d'émerger et a pu voir l'installation de plusieurs marques commerciales internationales.

Aussi, pour faciliter la circulation entre les grands hôpitaux publics, la commune a réalisé une passerelle pour piétons et une voie parallèle de circulation.

d) En matière d'aménagement des espaces verts :

La commune a fait réaliser une étude par un paysagiste professionnel comprenant :

- Un diagnostic de l'ensemble des espaces verts et jardins publics
- Des propositions pour le réaménagement de ces espaces verts et le choix de plantes adaptées au climat local
- Une étude d'aménagement d'un jardin pilote à proximité des hôpitaux comprenant
  - L'aménagement paysager (végétal-minéral)
  - Les constructions annexes
  - Le réseau d'arrosage utilisant les techniques modernes et économiques
  - Le creusement d'un puits pour les besoins d'arrosage.

e) En matière de transport et déplacement des personnes :

En partenariat avec l'université, la commune a fait réaliser une enquête sur le transport et les déplacements des personnes qui a permis d'identifier les flux de personnes, les moyens de transport utilisés et les difficultés rencontrées.

En partenariat avec l'ONCF, la commune envisage de participer à la réalisation du projet d'une gare ferroviaire à Hay Ryad qui permettra de desservir cette partie de Rabat qui commence à prendre de l'ampleur.

f) En matière de stationnement :

La commune a lancé une enquête sur les zones de stationnement pour diagnostiquer leur situation, ce qui a permis de mieux organiser ce secteur par l'octroi d'autorisations administratives en donnant priorité aux gardiens sur place, et en récupérant le parking de la gare de l'Agdal dont la gestion a été confiée à une société organisée après appel d'offres.

Pour la réglementation du stationnement et la mise en place d'horodateurs, la commune a considéré que cette question qui concerne toute la ville de Rabat devrait faire partie de l'actualisation du schéma directeur de transport et de la circulation de l'ensemble de l'agglomération Témara - Rabat - Salé qui concerne la voirie, les feux de signalisation, le transport en commun, le stationnement, les parkings.

g) En matière de sécurité :

Consciente de l'importance de la sécurité pour les citoyens et les acteurs économiques, la commune a réservé un terrain pour la construction d'un nouveau district de police à Hay Ryad, tout en affectant un budget pour la réalisation de cet équipement public collectif.

h) En matière de développement de Hay Ryad :

Dans le cadre d'une convention de partenariat entre la Caisse de Dépôt et de Gestion et la Commune Urbaine Agdal-Ryad établie en mars 2002, et en prévision du nouveau centre d'affaires en cours d'extension à Hay Ryad, il a été convenu de réaliser en commun les projets suivants:

- Construction de 2 parkings en sous-sol de la place carrée du Mail Central de Hay Ryad, dont le financement est à la charge de la C.D.G.
- Construction de 2 parkings aériens au Mail Central de Hay-Ryad, dont le financement est à la charge de la C.D.G.
- Revêtement des voiries des grands axes et avenues de Hay Ryad à la charge de la C.D.G.
- Revêtement des rues avoisinantes au Mail Central de Hay Ryad à la charge de la CUAR
- Financement du concours d'idées d'aménagement urbain de l'avenue Annakhil à la charge de la C.D.G.

2) Dans le domaine de la Promotion de l'Activité Economique

- Plusieurs projets ont été initiés par la Commune Urbaine Agdal Ryad.
- Zone industrielle VITA: Facilitation des cessions des terrains en vue de leur valorisation par des industriels intéressés
- Rénovation du marché municipal de l'Agdal
- Montage d'un dossier de partenariat entre plusieurs organismes pour la réalisation d'un projet de pépinières d'entreprises au profit des jeunes ingénieurs diplômés.
- Par ailleurs, la création d'un nouveau centre ville à l'Agdal a donné une impulsion à l'activité économique, et une valorisation des commerces d'autant plus que le secteur de l'Agdal a été érigé en zone de services, et que l'ouverture des locaux commerciaux est devenue possible pour l'ensemble des Rez-de chaussées sur les avenues et sur une bonne partie des rues de ce quartier.
- Aussi, compte tenu de l'intérêt que porte les grandes surfaces commerciales pour s'installer sur le territoire communal, la commune a participé activement pour faciliter l'achat de terrain auprès des populations concernées, tout en exigeant l'engagement du promoteur pour prendre en charge l'aménagement des voies d'accès et de liaison entre la surface commerciale et le quartier avoisinant.

3) Dans le domaine de la Communication et de l'Informatisation

- *En matière de Communication :*

En plus des publications diffusées à la population et qui informent périodiquement les citoyens des activités et des projets, la commune Agdal-Ryad a innové en matière de communication par l'installation de 2 panneaux dynamiques pilotés à distance par ordinateur, et diffusant dans les 2 langues (arabe et français) des informations relatives aux services et travaux municipaux, en plus de la possibilité offerte à l'université, aux établissements publics et aux associations à caractère social et culturel pour diffuser leurs annonces relatives à leurs activités telles que rencontres, conférences et autres.

- *En matière d'Etat Civil :*

En vue d'améliorer ce service très sollicité par les citoyens, la commune a lancé une étude pour l'informatisation de ce service, et aussi pour la formation du personnel concerné, et ce en collaboration avec l'autorité de tutelle quant au choix des logiciels utilisés.

Cette étude vient d'aboutir et les documents sous forme numérique commencent à être délivrés aux citoyens.

• *En matière de Formation du personnel d'exécution:*

Profitant de la proximité des centres de formation publics, la commune a engagé une convention de formation continue au profit de ses agents d'exécution pour l'initiation et le perfectionnement dans l'utilisation des outils informatiques.

4- Dans le domaine de l'environnement scientifique et socio-culturel

• *En matière d'activités culturelles et sociales :*

Dans le cadre de sa politique d'encouragement des activités culturelles, sociales et éducatives, la commune a construit un centre culturel et un centre socio-éducatif.

Le premier, opérationnel depuis quelques années, est doté de plusieurs installations culturelles :

- Salle polyvalente (projection cinématographique - théâtre - conférence)
- Hall d'exposition
- Bibliothèque pour mal voyants
- Salle multi-média
- Studio d'enregistrement

Le second est réparti en plusieurs locaux :

- Crèche
- Activités féminines
- Activités pour les jeunes
- Aile pour associations à caractère social
- Salle polyvalente (vidéo projection - conférences - réunions)

• *En matière d'activités sportives :*

La commune a réalisé une dizaine de terrains de sports répartis dans tous les quartiers, pour mettre à la disposition des enfants des espaces de loisir et de rencontre.

• *En matière de développement de Hay Ryad:*

Plusieurs projets d'équipements collectifs ont fait l'objet d'étude et de programmation à cet effet, tels que :

- Complexe Municipal de Natation
- Marché Municipal
- Centre de loisirs

CONCLUSION :

De cette expérience de gestion communale, il me semble qu'on peut tirer les leçons suivantes :

- L'approche scientifique et participative doit être présente tout au long du processus de réalisation d'un projet commun, depuis l'étape d'identification du besoin jusqu'à sa concrétisation.
- L'ouverture sur le milieu environnant (scientifique, technologique, économique et culturel) est nécessaire pour pouvoir avancer dans le domaine de la gestion communale.
- La réalisation de certains projets ne peut se faire sans la recherche de partenariat, et sans faire participer les compétences des professionnels.
- La réussite de la gestion municipale reste tributaire de l'adoption des nouvelles technologies et des nouveaux modes de gestion des services publics, et des échanges d'expérience entre villes du bassin méditerranéen.
- La polyvalence, l'expérience, la maîtrise des compétences et de l'administration, sont les piliers de la bonne gouvernance des agglomérations urbaines.

INTELLIGENCE ÉCONOMIQUE ET STRATÉGIE DE MÉTROPOLISATION AU SUD

L'EXEMPLE DE LA RÉGION MÉTROPOLITAINE TANGER-TÉTOUAN

Liliane BENSAHEL,
Michel TITECAT et Ivan SAMSON

I- METROPOLISATION ET DEVELOPPEMENT ECONOMIQUE

C'est au Moyen-âge qu'en Europe occidentale une nouvelle forme de société humaine commence à s'élaborer. La puissance économique édifiée par certaines cités de l'époque était déjà considérable. Braudel identifie deux villes au "centre des affaires" dans les premiers "systèmes-monde" du XII° siècle, Bruges et Venise. Autonomes de leur tutelle politique (comté de Flandres, Empire de Constantinople), elles sont au centre d'un système économique dont elles sont les organisatrices :*"les informations, les marchandises, les capitaux, les crédits, les hommes, les ordres y affluent et en repartent" (Braudel, 1979).* Elles organisent toute la chaîne d'échange des marchandises. Ce sont les lieux physiques de l'échange, le perfectionnement du système des foires donnant naissance à la première bourse à Bruges en 1309. Le financement des transactions y est assuré (report, sécurité des transactions, lettre de change, inventée à Florence à la fin du XIII° et utilisée par Venise). L'acheminement des produits est assuré en partie par des flottes sous contrôle.

1- Métropoles et pouvoir économique

L'intensification des transactions commerciales pendant la suite du Moyen-âge et l'époque moderne permettra à des places de plus en plus nombreuses de participer à l'enrichissement collectif, sous l'impulsion de leurs bourgeoisies. On va ainsi voir se dessiner une dorsale de places commerciales sur l'axe de l'ancienne Lotharingie, dorsale qui sera également le foyer de l'innovation technique et de la floraison artistique. Cet axe méridien est prolongé au nord par une excroissance longitudinale sur la Baltique, le système hanséatique. Sur une grande partie de l'Europe, la montée du pouvoir des Etats modernes mettra la puissance des cités au service du pouvoir politique et l'instrumentalisera. Le phénomène se propagera même à l'Allemagne et l'Italie au XIX°. Dans sa tentative de maîtriser l'ensemble des sphères de la société le pouvoir politique fera souvent des capitales d'Etat des centres de décision économique et des foyers culturels, créant ainsi un nouveau type de métropole, de seconde génération. Dans le cadre des Etats nationaux, les décideurs économiques auront en effet tendance, par "effet capitale", à s'installer près du pouvoir de décision. Au milieu du XIX°, métropoles économiques et capitales sont les pôles d'organisation de l'espace européen.

Dans la seconde moitié du XIX° siècle, le système capitaliste ainsi élaboré gagne l'Amérique du nord. Quelques métropoles apparaissent aussi dans le reste du monde. Après la Seconde Guerre mondiale, le développement économique gagne l'Asie orientale où l'on voit éclore et s'affirmer plusieurs vagues de métropoles entraînant dans leur expansion des aires plus ou moins étendues. Dans le dernier quart du siècle, avec l'estompage des frontières et la réduction du contrôle d'Etat, la puissance économique des grandes villes a pu s'exercer sur des espaces plus vastes que leur cadre national. Ces grandes villes à fonctions internationales sont communément désignées par le terme de"métropole".

2- Définition de la métropole

Si la formule ciselée par Braudel convient encore fort bien pour caractériser leur activité, c'est à un niveau beaucoup plus complexe que celui de leurs ancêtres du XII° siècle. L'attention s'est d'autre part portée sur une dimension métropolitaine que Braudel n'avait pas identifiée en tant que telle, de sorte que la métropole contemporaine peut être définie par quatre éléments.

- La métropole est un pôle de production. Elle est le plus souvent toujours un centre de production matérielle (industrielle) plus ou moins important, mais ce n'est pas cet aspect qui fait sa spécificité. Plus caractéristique est le fait que la production industrielle peut facilement y établir une symbiose avec la recherche, dans la mesure où généralement la métropole est un pôle de production scientifique (recherche, brevets). Le trait le plus caractéristique de la métropole reste cependant l'accumulation de compétences dans le domaine des services supérieurs, à un niveau de"qualité absolue" qui est celui qui est requis par les grandes entreprises (Bonnet, 2000).

- La métropole est un pôle de décision. En tant que grande ville, elle peut être le siège du pouvoir politique assurant la fonction de régulation pour un territoire plus ou moins vaste (niveau étatique ou régional). A ce titre c'est un lieu de décision impliquant le territoire commandé, notamment en ce qui concerne l'attribution des équipements structurants. Les métropoles regroupent également les directions de grandes entreprises de divers domaines d'activité économique, ce qui s'explique à la fois par le fait que les décideurs économiques recherchent la proximité et le contact des décideurs politiques, et par le fait que les grandes villes, en tant que centres politiques sont bien reliées au reste de l'espace.

- La métropole est un lieu de regroupement polaire des hommes, des informations, des marchandises, qui y affluent et en repartent. Ce lieu de regroupement doit atteindre une taille critique pour que son effet gravitationnel et les économies d'agglomération puisse s'exercer, sans que la taille ne soit jamais le critère suffisant pour qu'une ville ou une agglomération puisse exercer la fonction de métropole. Cette taille critique pour une agglomération est souvent proche du million d'habitants. Plus généralement, on rencontre dans les pays développés un lien entre développement économique et concentration urbaine. Une étude sur les politiques structurelles en Union Européenne et dans les dix pays candidats montre une corrélation inverse très nette au niveau régional entre le niveau de PIB par habitant et la proportion de la population vivant des les villes de moins de 20 000 habitants. Les économies externes d'agglomération conservent leur potentiel compétitif et les grands systèmes productifs urbains restent un des ressorts de la métropolisation.

- Récemment, l'attention s'est portée sur la dimension culturelle de la métropole, terme regroupant deux réalités. Une métropole a une image : elle est associée, identifiée à une image dans la carte mentale d'un grand nombre de décideurs dans le monde. Une métropole est associée à une ambiance et ce, dans un double sens. Le premier est lié aux activités professionnelles et désigne la formation informelle, le savoir-faire, l'information-formation qui se diffuse hors structures. Le second a trait à la vie culturelle de la ville, importante pour les loisirs des cadres et plus encore de leurs conjoints. L'échec récent de la fusion des bourses de Francfort et de Londres illustre très bien l'importance de l'ambiance dans l'activité économique d'une métropole. Un fort vent de refus s'était développé parmi les"traders" susceptibles de quitter Londres pour Francfort. La tradition veut en effet que les"traders" de la City passent un moment au"pub" après le travail et il est notoire que les échanges informels qui se font à ce moment jouent leur rôle dans le maintien des"traders" londoniens au top-niveau international. Ils ne se produisent pas à Francfort, où cette tradition n'existe pas[1].

1 : "Le Monde", 30 avril 1998.

Par ailleurs, Londres et New York ont succédé depuis 1968 à Paris en tant que"ville culturelle mondiale". C'est dans ces villes que se produisent les grands évènements culturels, les grandes expositions, que se rassemblent les milieux artistiques créatifs. L'existence de cette vie culturelle, propice par ailleurs à des contacts informels mais parfois décisifs, a été à l'origine, là encore, d'un fort vent de refus chez les conjoints des responsables qui auraient été appelés à quitter Londres dans le cadre de la fusion. L'identité de la place londonienne a joué un rôle déterminant dans l'échec de la fusion boursière. A un degré moindre, des cités comme Barcelone, Milan ou Münich ont une dimension culturelle forte. Cas unique dans l'histoire, c'est même sur cette dimension culturelle que l'on mise pour refaire de Berlin la"Weltstadt" qu'elle était avant que sa capacité de direction économique ne soit vidée de sa substance.

Forte de ces quatre dimensions, la métropole s'inscrit dans le schéma d'organisation de l'économie mondialisée qui s'articule en quatre niveaux (Scott,1997). Elle structure une fraction d'espace national dont elle est le"commutateur" au reste de l'espace mondial (Claval, 2001). Elle est entourée d'une "région" qui est son hinterland et pour laquelle elle est le pôle de décision, le pôle de compétences, le"commutateur" au monde global, qui peut être alors considéré comme un vaste foreland. Pour les différents acteurs de ce foreland, la métropole commandant un espace peut-être un pôle de compétences si elle a développé une fonction d'envergure internationale (comme par exemple le marché des diamants à Anvers ou l'assurance à Münich). Elle est toujours un noeud de la circulation internationale (ou, à défaut, est très bien connectée par desserte cadencée à un"hub" proche), elle est la clef d'accès à son hinterland (par la compétence de ses décideurs et par le réseau de communications). Aucune grande ville ne peut être considérée comme une métropole, si elle ne remplit pas tout ou partie de ces fonctions.

Il existe bien sûr une échelle métropolitaine. Si New York, Tokyo et Londres dominent la hiérarchie mondiale, il existe un niveau inférieur (Francfort ou Zürich en Europe occidentale) avec des fonctions moins complètes. On pourrait distinguer encore un troisième échelon, avec des fonctions internationales plus réduites mais avec une aire d'influence d'ampleur continentale. Stuttgart (600 000 habitants dans la ville, 1,5 million dans l'agglomération) serait un exemple de ce 3° niveau.

- C'est une métropole à l'échelle du territoire allemand : capitale du Land de Bade-Würtemberg (3° d'Allemagne pour le PIB), c'est le troisième centre du pays pour l'édition, la cinquième place financière du pays. Cette puissance lui permet de commencer à exercer une attraction, au-delà de la frontière, sur la région voisine d'Alsace.

- C'est un noeud de communications au centre de l'Europe occidentale, intéressant les territoires voisins d'Alsace et de Suisse : noeud autoroutier et du réseau ICE, renforcé par un aéroport international (dont l'envergure est cependant limitée par la proximité de Francfort et Zürich), desserte cadencée d'intérêt régional reliée aux services conteneurs autour du monde de Rotterdam.

- Sa fondation Steinbeis organise la recherche (environ 20 000 contrats par an avec 350 centres de recherche), et distribue des fonds (130 millions de marks en 1997) sur une aire qui dépasse largement les frontières du land (Huntzinger, 1991). Stuttgart occupe ainsi la quatrième place, après Paris, Londres et Münich, dans le classement des"régions européennes pour la production scientifique et technologique", fondé sur le nombre de publications et le nombre de brevets déposés[2]. Dans le land, Karlsruhe occupe par ailleurs la 8° place de ce classement, Fribourg, la 15° et Tübingen, la 19°.

- Quatre sièges sociaux d'entreprises transnationales sont établis à Stuttgart (Bosch, Lorenz, Daimler-Benz, Porsche) et de là commandent leur aire d'activité mondiale.

3- Un monde de cités-régions

Le monde global est certes toujours maillé en Etats, mais certains points de l'espace- monde ont acquis un poids gigantesque dans la vie de la planète. Certaines de ces métropoles sont devenues des"acteurs" a-spatialisés, car entretenant plus de relations entre elles qu'avec leur hinterland, Londres, New York et Tokyo (Sassen, 1991) En dessous d'elles, on trouve différentes gradations de métropoles, de taille moins importante, de compétences moins étendues. Cet ensemble de points-clefs de l'"économie-mondiale" est devenu tellement essentiel que certains ont annoncé la fin des Etats (Badie, 1995). Pour eux, les métropoles dirigeraient dorénavant l'économie du monde et ainsi seraient devenues les moteurs de l'histoire. On serait entré dans un nouveau monde de structure hanséatique se substituant à la société des Etats héritée du XIX° siècle. D'autres auteurs soulignent toutefois que le processus de mondialisation via la polarisation métropolitaine et les firmes multinationales est loin d'effacer les Etats : les firmes et leurs actionnaires gardent une dimension essentiellement nationale, les Etats ont contribué à leur essor et leur compétitivité repose sur des caractéristiques nationales, voire infra-nationales (Veltz, 1996). Cette persistance de la territorialité et des Etats vaut aussi pour la métropolisation, qui est un des vecteurs de l'action des firmes multinationales et de leurs centres de décision et de production.

2 : *"Les Echos", 5 janvier 2000.*

Il est clair cependant que la puissance d'un Etat dépend aujourd'hui de la puissance de ses métropoles. Le rapport étroit entre importance des métropoles et développement économique est bien exprimé par la comparaison entre le classement des principales métropoles mondiales et celui des PIB par habitant à la fin du XX° siècle.

Le classement des métropoles mondiales n'est cependant pas chose aisée, ne serait-ce que parce qu'il n'existe pas de critère unique indiscuté. Au-delà des trois"villes globales" (New-York, Londres, Tokyo) caractérisées par S. Sassen (1991), auxquelles on adjoint le plus souvent Paris, la liste des métropoles varie selon les auteurs. La seule entreprise de classement exhaustif fondée sur une méthodologie claire est le fait de l'université de Loughborough, qui tente d'établir un classement des"villes mondiales", moteur du système mondial actuel (Globalisation and World Cities – GaWC) (Fossaert, 2001). Ce classement est fondé sur quatre branches de services supérieurs (audit, publicité, banque, assurance). Cette méthodologie est très critiquable car elle ne tient pas compte des commandements des archipels productifs (sièges sociaux), des commandements des flux (hubs, main ports), ni de la dimension scientifique. Des villes comme Edimbourgh (6° place d'Europe pour la gestion d'actifs) ou Helsinki (place boursière, siège social de Nokia et Kone) sont indûment exclues de la liste des métropoles. Le report de ces cités sur un planisphère fait clairement apparaître leur concentration dans la Triade (Amérique de nord, Europe occidentale, Asie nord orientale).

Dans un contexte de post-fordisme, la métropole contemporaine est caractérisée par la prédominance du tertiaire supérieur et de l'économie de l'information. L'exemple de Stuttgart déjà mentionné précise le contenu sectoriel de la métropole moderne : capitale régionale du land de Bade Würtemberg, 3° centre d'édition et 5° place financière d'Allemagne, noeud de communication d'envergure centre-européenne, 4° centre européen pour la recherche scientifique et technologique, siège social d'entreprises multinationales.

La métropole transcende les frontières, elle peut permettre, à l'instar de Rotterdam ou Anvers, à un espace économique national d'empiéter sur celui de ses voisins. Elle est donc un vecteur de la recomposition des espaces économiques. De l'autre côté, une économie non ou mal métropolisée peut souffrir de contraintes dans son développement économique. L'absence de métropoles prive le pays du potentiel de dynamisme économique lié au tertiaire supérieur, à l'économie de la connaissance et à l'accès aux flux mondiaux de finances, d'innovations et d'informations. La nation ou la région se trouve enclavée, à l'écart du mouvement économique et intellectuel mondial. De plus, ce déficit de métropolisation pèse lourdement sur l'aménagement du territoire du pays concerné, avec une coûteuse concurrence entre sujets régionaux et une allocation spatiale des ressources très loin de l'optimum économique. L'absence de villes-régions signifie aussi l'absence de véritables régions comme nouveaux acteurs globaux.

II- METROPOLISATION ET INTELLIGENCE ECONOMIQUE

Traditionnellement, on fait remonter la naissance de l'intelligence compétitive aux Etats-Unis à une attaque japonaise contre les industries automobiles américaines au niveau de l'électronique grand public. Cette opération aurait conduit à une prise de conscience des responsables et au développement du concept d'intelligence compétitive.

1- Le contexte de l'intelligence économique

Le contexte de l'IE est à la fois celui de la globalisation et celui du développement de la société de l'information dans une économie de concurrence internationale qui demande une compétitivité aussi bien au niveau des nations que de celle des entreprises. La globalisation renforce la concurrence entre les entreprises et les nations sur le plan économique en ouvrant le marché à un plus grand nombre de concurrent, en diffusant les méthodologies, outils, notamment avec l'utilisation des technologies de l'information et en mettant en concurrence la population active au niveau mondial. Dans ce cadre, l'intelligence économique est présentée comme l'un des outils de connaissance qui permettra de savoir ce que font les concurrents, de s'organiser pour être plus compétitif, de se protéger des concurrents, voire de diffuser des informations erronées pour tromper les concurrents. Le monde de la technologie et de la recherche subit très fortement cette pression liée à la question de la puissance, la compétitivité technologique des nations participe de puissance des nations. La globalisation c'est une organisation mondiale du commerce mais aussi une concentration de matière grise, un foisonnement d'initiatives, d'innovations, de réseaux de savoir et de pratiques, d'opportunités d'apprentissage collectif (J.M. Blancherie, 2002). Ces activités sont les bases de l'intelligence économique. Il est clair qu'elles sont au cœur du pouvoir des métropoles.

2- Définition de l'intelligence économique

L'intelligence économique n'est pas de l'espionnage industriel ni une atteinte à la vie privée des individus, il s'agit d'un système organisationnel légitime, légale et éthique appuyé sur le traitement de l'information qui produit un renseignement. On parle aussi d'Intelligence compétitive aux USA et Competitive Technical Intelligence pour les aspects techniques, en France on a d'abord utilisé le terme de veille et aujourd'hui c'est celui d'Intelligence économique qui a le plus cours. L'ensemble de ces concepts est basé sur l'utilisation de l'information (formelle ou informelle) dans la compétitivité. L'intelligence économique n'est pas une accumulation d'informations mais la construction de savoir par les gouvernements les entreprises dans le cadre de stratégies collectives.

L'intelligence économique à plusieurs aspects,

- le premier est lié au développement et à la compétitivité des entreprises,
- le second se positionne au niveau de la nation en relation avec d'une part la sécurité et la défense de la nation, ses stratégies et son pilotage et d'autre part le rôle de puissance publique nationale dans le cadre des espaces géopolitique et géoéconomiques (instances internationales politiques, économiques, scientifiques),
- le troisième est l'affaire des collectivités territoriales, on parle « d'intelligence territoriale » comme outil de stratégie, communication et pilotage.

"L'intelligence économique est l'affaire des citoyens. D'abord dans le sentiment d'appartenance ou non à une communauté de destin plus étendue qu'un quartier, un clan, une ethnie, une religion, un statut, un parti politique ou une sensibilité philosophique. pas d'intelligence économique sans solidarité personnelle avec la communauté nationale. L'intelligence économique ne peut être réduite à une affaire de spécialistes, elle doit devenir une véritable politique publique à l'instar des politiques d'environnement, de santé et de fiscalité" (Carayon, 2003).

L'intelligence économique n'a d'intérêt que si elle est déployée dans une conscience sociale, une culture collective de l'information, c'est-à-dire "un ensemble de données comportementales vis-à-vis de l'information qui privilégie le groupe plutôt que l'individu, la concertation plutôt que l'avancée isolée et un certain patriotisme économique plutôt que l'intérêt uniquement privé". C'est le mode de fonctionnement des japonais qui constituent un front commun vis-à-vis de l'extérieur.

La différence entre les notions de veille et d'intelligence économique est difficile à saisir. La veille n'est qu'une des trois composantes de l'intelligence économique avec les mesures de sécurisation de l'information et les actions d'influence. Cependant dans les différentes publications on utilise souvent le terme de "veille stratégique" pour et place de celui "d'intelligence économique". La revue "La Recherche" définit la veille stratégique comme "un moyen de faire émerger les éléments stratégiques de la masse d'information disponible aujourd'hui". Il semble que' l'on parle plus d'intelligence économique au niveau macro et de veille stratégique au niveau de l'entreprise. H. Lesca (1994) définit la veille stratégique comme "le processus informationnel par lequel l'entreprise se met à l'écoute anticipative des signaux faibles de son environnement dans la but créatif de découvrir des opportunités de réduire son incertitude".

3- L'intelligence territoriale (IT)

L'intelligence territoriale est dans une première approche l'utilisation de l'organisation et des outils de l'intelligence économique au développement des territoires, voire à leur attractivité. « Certes, dans le moment présent, c'est la compétition économique qui l'emporte, mais le fait même de disposer et d'utiliser largement des outils et des méthodes de plus en plus puissants conduit à mettre en évidence une divergence entre les finalités strictement économiques des entreprises et le devenir socio-économique des régions politiques qui devront s'organiser différemment si elles veulent maintenir un équilibre social permettant le développement au sens strict, cette fois-ci de l'économie. Il n'y a pas à proprement parler de conflits entre ces approches, mais à un moment donné, une analyse strictement basée sur les pratiques économiques ne pourra plus apporter de solutions valables au niveau du développement. Des paramètres nouveaux seront à prendre en compte, entre autre l'appropriation des savoirs et la création par ce biais d'une méta-intelligence susceptible de constituer alors l'élément moteur du développement régional. A notre avis, un nouveau concept va émerger, celui d'attractivité...Le développement n'implique pas seulement la disponibilité de ressources financières mais aussi la création d'un climat culturel et apolitique approprié » (Massari Coelho, Dou, 2000).

Les territoires intègrent progressivement les Technologies de l'information et la communication (TIC). Pour ne pas être marginalisés, ils doivent nourrir cette information. Ainsi se construit une démarche d'information et de communication qui s'inscrit dans le cadre du développement d'une intelligence territoriale. Celle-ci devient la base des politiques de développement territoriales. La construction de l'infrastructure nécessaire aux TIC est la base de nouvelles opportunités pour l'ensemble des secteurs de la société (éducation, économie, social, santé).

Yann Bertacchini (2004 : 2) définit l'intelligence territoriale comme "un processus informationnel et anthropologique régulier et continu initié par des acteurs locaux physiquement présents et/ou à distance qui s'approprient les ressources d'un espace en mobilisant puis en transformant l'énergie du système territorial en capacité de projet. De ce fait, l'intelligence territoriale peut être assimilée à la territorialité qui résulte du phénomène d'appropriation des ressources d'un territoire puis aux transferts des compétences entre des catégories d'acteurs locaux de culture différente. L'objectif de cette démarche, est de veiller, au sens propre comme au sens figuré, à doter l'échelon territorial à développer le capital formel territorial ". (Pour cet auteur, le capital formel territorial est un ensemble de règles et de procédures partagés par les acteurs d'un territoire).

L'introduction des TIC sur le territoire permet à la fois de créer des apprentissages par la diffusion de compétences multiples et ainsi augmenter les possibilités d'initiatives et d'innovations sur le territoire et de créer des contenus territoriaux par une politique de communication. Cette approche rejoint celle de Jean Marc Blancherie (2002) qui "voit dans l'IT la possibilité de créer de la richesse pour l'homme et l'humanité, par une implication très large d'acteurs diversifiés, au-delà des seules logiques d'entreprise, mais avec elles, et sans entrer nécessairement dans des logiques d'extension de la sphère marchande". L'IT pour lui, une construction, un artefact qui dépend du projet des acteurs qui peuvent y mettre des contenu, des idées et contient une dimension collective, permet l'émergence d'une capacité d'action intelligente. L'IT devient ainsi une relation ternaire qui implique des acteurs collectifs, des champs de développement, des processus et des réalisations avec des synergies basées sur des réseaux relationnels, l'élaboration de conceptions et visions conjointes, d'identité visible, la constitution de supports d'action.

La région Provence Côte d'Azur , la DRIRE du Ministère de l'Industrie et la Communauté Européenne (programme FSE) ont mis en place en 2000, sur la région, une action collective d'Intelligence économique pour notamment accompagner les entreprises PME et PMI dans un changement d'approche (innovation et contexte international) et le développement de leur nouveau futur en relation avec le développement des TIC. Ces actions semblent être la base nécessaire pour concrétiser une politique d'accès à l'information. Les CoPs (Communautés de pratiques) sont des communautés avec une relation virtuelle qui permettent une dynamique de création et un partage de connaissances, ce sont des organisations souples qui rassemblent des individus animés d'un même intérêt de métiers, d'espaces de territoires. Elles permettre de développer des réseaux, sans hiérarchie où la relation humaine est primordiale. Aujourd'hui les COPs représente un puissant moyen économique et de puissants moyens de participation civique et sociétal, ce sont des e-communautés de tous domaines et de tous ordres, espaces d'expérience et de savoirs partagés. (Blancherie, 2002).

Nous pouvons maintenant poser les grandes caractéristiques qui relient métropolisation et intelligence économique.

- Dans l'économie globalisée contemporaine, la métropole n'est pas une simple mégalopole. Elle se distingue par une fonction économique particulière dans la circulation des flux avec l'économie-monde d'une part, et l'hinterland territorial d'autre part, qui le plus souvent est une région.

- Dans un contexte post-fordiste de spécialisation flexible, la métropole contemporaine est caractérisée par la dominance du tertiaire supérieur et de l'économie de l'information.

- L'économie de l'information est le stade actuel de développement des sociétés modernes où la première force productive est la capacité d'accumuler et de faire diffuser les connaissances. La particularité de l'information est qu'elle est un bien économique non-rival, c'est-à-dire que sa consommation par un utilisateur supplémentaire ne réduit pas la quantité disponible. Bien au contraire, l'information se multiplie en se recoupant avec d'autres. La diffusion de l'information est donc facteur de développement économique accéléré, alors que sa rétention conduit à une perte de bien-être pour la collectivité.

- C'est donc largement la puissance des flux d'informations qui y circulent qui confèrent à une grande ville un statut de métropole. L'intelligence économique établie à grande échelle est constitutive de la métropole.

- L'intelligence économique n'a pas pour fonction de nourrir exclusivement les experts, elle doit s'adresser à de larges catégories de populations pour qui elle sera constitutive des identités collectives qui sont une des dimensions culturelles de la métropole.

- L'intelligence territoriale que peut secréter une métropole n'est donc pas seulement la résultante des activités de veille ou de traitement stratégique de l'information, ni celle des acteurs qui se rassemblent et se projettent vers l'avenir dans un projet: elle est constitutive des identités collectives sans lesquelles ne peut exister un territoire, sans lesquelles ne peuvent émerger des ressources territoriales.

La mise en place de l'intelligence économique au niveau du territoire pose cependant de nombreux problèmes. Comment articuler les politiques nationales d'IE avec les politiques régionales d'IE ? Comment répartir des rôles entre les différentes structures régionales institutionnelles et privé et les démarches régionales d'IE ? En quoi l'IE sert le développement régional ? il peut y avoir des conflits de pouvoir importants, des rétention d'informations ou une mauvaise façon de l'utiliser.

Plus précisément deux éléments-clé sont à mettre en œuvre dans les politiques de construction de métropoles. Le premier sera dans la construction et l'inscription dans des réseaux d'information (à ne pas confondre avec les réseaux des TIC). Ces réseaux sont complexes et vont mobiliser différentes formes d'intelligence économique: relations intra-firme, échanges au sein de communautés scientifiques, concentration d'unités à fonction de traitement de l'information comme les banques, les sociétés commerciales ou de consulting.

Le second réside dans la capacité des activités d'intelligence économique à faire converger les acteurs du développement dans des projets communs, à faire naître des identités collectives sans lesquelles la métropolisation peut ne rester qu'un artéfact. L'enjeu est de faire naître un territoire à travers la métropolisation (Samson, Ternaux, 2004).

Il devient alors aisé d'identifier les difficultés des stratégies de métropolisation au Sud. Il ne s'agit pas tant de celles relatives à la maîtrise de la croissance urbaine par étalement, à la spécialisation territoriale intra-urbaine ou à la construction d'infrastructures que de celles relatives au déploiement de l'intelligence économique:

- besoins de formation suffisante pour que l'intelligence économique puisse devenir l'affaire des citoyens;

- besoin de dépasser les cultures traditionnelles et les appartenances communautaires ou ethniques pour inscrire la représentation collective du territoire dans une culture moderne décloisonnée;

- besoin de renverser l'approche traditionnelle de l'information économique comme rente pour favorise la culture de la circulation et de l'échanges des informations;

- besoin de gérer des flux incessants avec l'extérieur qui échappent aux problématiques traditionnelles du repli qui appauvrit ou de l'extraversion qui dissout les identités.

Nous allons aborder concrètement ces problématiques à propos de la région métropolitaine Tanger-Tétouan.

III- ACCES AUX FONCTIONS AVANCEES ET INTELLIGENCE TERRITORIALE DANS LE CAS DE LA REGION METROPOLITAINE TANGER-TETOUAN

Note liminaire :

Les réflexions qui suivent procèdent d'une étude sur le projet de métropolisation de la Région Tanger-Tétouan effectuée pour le compte de la Direction de l'aménagement du territoire, Plus précisément, elles correspondent aux travaux de préparation (2002-2003) d'une charte territoriale correspondant à cet objectif.

1- Caractéristiques et facteurs de métropolisation

Il ne s'agit pas ici de développer l'ensemble des concepts liés au phénomène de métropolisation ni d'en décrire les facteurs et les processus qui les sous-tendent et qui assurent son développement et sa pérennité. L'objectif est, à partir des résultats du diagnostic, l'examen des enjeux et de la problématique de l'aire métropolitaine Tanger-Tétouan, d'identifier dans les critères généraux de la métropolisation, ceux qui apparaissent les plus pertinents appliqués au cas Tanger-Tétouan.

Dans cette optique, deux types d'effets et trois types de processus paraissent particulièrement adaptés aux investigations sur les perspectives de métropolisation du bipôle :

- Les effets d'échelle
- Les effets de gamme
- Les processus de déplacement vers la qualité
- Les processus de concentration et de polarisation
- Un processus d'articulation renforcée aux niveaux national et international

1.1. Effet d'échelle

Dans le domaine de l'économie d'entreprise, il ressort que de nombreux processus de production ne sont plus viables en deçà d'une taille critique. Cela joue surtout dans le cas des industries de process (sidérurgie, verre, cimenterie…). Mais cela est aussi vrai dans certains services ou fonctions (exemple de la fonction « congrès »). Les effets radicaux et excluants des effets d'échelle peuvent se transposer, en les adoptant, à la production du territoire, en particulier de la ville.

Une aire métropolitaine, qu'il s'agisse d'une métropole ou d'un réseau métropolitain ne peut se développer en deçà d'une certaine taille. Il est impossible de fixer un seuil au-dessous duquel on ne pourrait envisager un processus de métropolisation. Il existe des aires métropolitaines de plusieurs millions d'habitants et d'autres de quelques centaines de milliers...On estime cependant, généralement, que le seuil de métropolisation se situe entre 500 000 et 1 000 000 habitants[3].

C'est à partir de cette taille que peuvent se développer les avantages d'échelle : importance et diversité du marché de l'emploi, structures productives diversifiées, présence de services supérieurs liés à l'importance de l'agglomération, grands équipements structurants, etc.

1.2. Effet de gamme

Ils sont aussi issus de l'observation des conditions de la production. Ils sont apparus comme un facteur déterminant de compétitivité dans le dernier tiers du 20e siècle, quand la différenciation des produits et la réduction des cycles innovation–obsolescence se sont imposées.

Les effets de gamme sont fortement articulés aux perspectives de réduction des coûts de transaction dans des systèmes productifs territoriaux à forte intégration. Cette recherche de compétitivité à travers le jeu des effets de gamme passe par deux activités essentielles : la diversification et la différenciation (spécificités) des produits.

Comme pour les effets d'échelle, dans le cas des effets de gamme, on se situe dans le domaine des analogies pertinentes entre le système productif industriel et le système productif du territoire. Effets d'échelle et effets de gamme sont articulés, dans une certaine mesure les effets de gamme résultent des effets d'échelle. Les effets de gamme s'inscrivent dans le diachronique.

Les effets de gamme s'appuient essentiellement sur la diversification : diversification du marché de l'emploi, des structures de production et des services. Cette diversification est un facteur clé de la métropolisation, elle permet le fonctionnement du processus d'un développement endogène. Elle n'est pas exclusive d'une certaine spécialisation privilégiant, par exemple, les « niches » de marchés. Quant à la différenciation, elle vise à remplacer les avantages génériques dont bénéficie un territoire mais qu'il partage avec

3 : Encore que ce seuil ne puisse être évalué sur la seule « agglomération » urbaine mais s'étende à une aire de commandement élargie.

d'autres (exemple de la main-d'œuvre nombreuse et bon marché) par des avantages spécifiques tels que le niveau de qualification de formation spécialisée dans une branche donnée.

1.3. Processus de déplacement vers la qualité

Dans le phénomène de métropolisation, on a tendance à estimer que le qualitatif prévaut sur le quantitatif, que c'est la qualité qui fait l'industrie métropolitaine. En fait, comme indiqué dans le cas des effets d'échelle, le phénomène de métropolisation résulte d'une combinaison adéquate quantitatif–qualitatif. Néanmoins, c'est effectivement le qualitatif qui va donner la spécificité métropolitaine, c'est le jeu combiné de différents facteurs intervenant directement ou indirectement dans le domaine de la qualité, qui va structurer la démarche de métropolisation et lui donner ses caractères propres.

L'objectif dans cette « démarche qualité » est de déplacer les activités du territoire vers un plus fort contenu en valeur ajoutée en s'appuyant sur la qualification des hommes ; une meilleure gouvernance d'entreprise ; la mise en œuvre des externalités du territoire (réseaux, etc.) ; les services supérieurs (financiers, mercantiles, etc.) et le renforcement de son attractivité.

1.4. Processus de concentration et de polarisation

Ce processus joue à deux stades de la métropolisation. Il joue d'une part au niveau de la production de la métropole. Une métropole implique la concentration dans son aire d'un certain nombre d'activités : services supérieurs et de commandement, structures d'innovations et de recherches, activités high-tech, etc. D'autre part, la métropole créée ou en création exerce un effet polarisant sur son hinterland, effet polarisant qui renforce le phénomène d'une concentration plus qualitative que quantitative.

1.5. Processus d'articulation renforcée aux niveau national et international

- L'ouverture à l'international et la croissance des échanges jouent un rôle fondamental dans le processus de métropolisation, ils en sont une condition nécessaire, cependant, la pérennité de la spécificité métropolitaine implique aussi l'aspect endogène du développement. C'est un processus de longue haleine qui se construit progressivement. Il repose sur le postulat que la ville créé sa richesse, il parie sur l'efficacité urbaine. Il s'appuie initialement sur les potentiels économiques, humains, géographiques du futur territoire métropolitain. C'est à partir d'une organisation métropolitaine « ad hoc » que l'aire métropolitaine pourra développer sa propre richesse.

- L'impact des effets d'échelle, de gamme, la mise en œuvre des processus de qualité, de concentration et de polarisation, du développement endogène dépend de la nature, de l'intensité, de la qualité des liens, de l'intégration, des articulations, des correspondances entre l'aire métropolitaine et les différents ensembles territoriaux avec lesquels s'établissent les échanges.

Dans le cas du bipôle Tanger-Tétouan, l'instauration de dynamiques métropolitaines suppose trois niveaux d'intégration successifs :

1- Celui de la consolidation du bipôle comme métropole régionale de commandement et de polarisation de l'ensemble Nord Maroc, entre Al Hoceima et Larache .

2- Celui de l'articulation aux autres espaces métropolitains nationaux - avec une attention particulière pour les niveaux de dépendances et d'autonomie en regard de la métropole centrale Casablanca–Rabat.

3- Celui de l'intégration dans les flux internationaux, en particulier dans le réseau métropolitain méditerranéen en voie de constitution, rassemblant les grandes cités portuaires de la Méditerranée Occidentale.

Ces trois horizons sont des ambitions raisonnables. Il ne s'agit pas de mesurer le bipôle Tanger-Tétouan à l'aune des métropoles "mondiales" comme Londres ou New York, ni même de métropoles continentales, comme Madrid ou Munich. Il s'agit, très raisonnablement, de permettre au bipôle d'exercer certaines fonctions spécifiques, de caractère métropolitain, dans certains créneaux à identifier au sein du marché mondial et en évitant d'attirer surtout des spécialisations bas de gamme qui feraient échouer l'objectif de métropolisation.

2. Réalités et potentialités de métropolisation de la Région Tanger-Tétouan

L'identification de ces réalités et de ces potentialités est directement issue des analyses du diagnostic territorial effectuées dans le cadre de l'étude citée en note liminaire.

Le diagnostic fait ressortir les caractéristiques suivantes des réalités et potentialités de métropolisation pour la péninsule tingitane.

Facteurs de métropolisation du bipôle Tanger- Tétouan

FACTEURS FAVORABLES	FACTEURS DÉFAVORABLES
Fonctions de « Porte » et « Carrefour ».	
• Qualité du positionnement géostratégique sur les échanges Est-Ouest et Nord-Sud et les flux inter maghrébins. • Tradition d'échanges et d'ouverture vers l'extérieur. • Caractère d'espace- charnière, importance des flux de transit.	• Faiblesse du trafic de fret maritime -en dehors des trafics sur transbordeur- et des activités liées : services et logistique.
Facteurs de localisation	
• Existence d'une masse critique sur le plan démographique (population supérieure à 500 000 habitants. Perspectives 2010 : 850 000 et 2020 : plus de 1 000 000 habitants.	
• Existence d'une main-d'œuvre nombreuse et bon marché	• Insuffisance de la main d'œuvre qualifiée, des agents de maîtrise, de cadres supérieurs • Position dominante du pôle Casablanca–Rabat sur la plupart des composantes de l'attractivité. • Faiblesse des services supérieurs et des équipements publics • Coûts élevés de certains facteurs de production : énergie, foncier
Pôle industriel	
• Espace moteur au niveau national • Deuxième pôle industriel national	
• Concentration des activités industrielles de la Région Tanger-Tétouan sur son pôle tangérois • Tissu industriel relativement diversifié • Présence de groupes industriels étrangers • Existence d'un potentiel productif dans le domaine agricole • Existence de zones industrielles aménagées • Liaison autoroutière Nord-Sud (Tanger–Casablanca), bientôt complètement réalisée • Liaisons maritimes nombreuses avec l'Europe	• Investissements étrangers trop volatils • Faiblesse de la valeur ajoutée locale des produits destinés à l'export • Faible intégration économique des systèmes productifs • Polarisation des fonctions de commandement économiques sur le pôle Rabat- Casablanca • Faiblesse de la modernisation de l'agriculture • Insuffisances de la valorisation-transformation- des produits de l'agriculture • Difficulté d'extension de la Z.I de Tanger • Médiocrité des dessertes routières notamment Tanger-Tétouan • Offre insuffisante de transports ferroviaires (fret et passagers) • Offre insuffisante de transports aériens internationaux

Pôle tertiaire	
	• Faiblesse, voire quasi-absence des services dits supérieurs, des services liés à la fonction de commandement ou aux fonctions « stratégiques », des fonctions tertiaires d'appuis notamment auprès des entreprises
• Existence de structures universitaires • Deux instituts à vocation nationale (tourisme et langues)	• Insuffisances des formations professionnelles et techniques • Peu de liens université –industrie
• Existence d'un patrimoine touristique important, hôtelier et balnéaire, en particulier sur la côte méditerranéenne	• Nécessité d'une réhabilitation lourde des équipements et infrastructures touristiques • Absence de produits touristiques élaborés adaptés à la demande du marché mondial
Patrimoines et cadre de vie	
• Existence d'un système urbain ancien "tramant" la péninsule tingitane	• Développement urbain anarchique, dysfonctionnements • Faible impact de la planification urbaine • Fragmentation spatiale, impression globale de confusion, mauvaise connexion des espaces • Etalement urbain incontrôlé
• Patrimoine touristique naturel et bâti important et diversifié	• Insuffisances dans la mise en valeur du patrimoine • Dégradation des zones naturelles littorales • Freinages, blocages du développement touristique liés aux dysfonctionnements et à la dégradation des zones urbaines
• Qualité du cadre de vie : milieux naturels, climats, etc.	• Dysfonctionnements urbains, mitages des zones naturelles notamment littorales, dégradations du patrimoine naturel et bâti • Absence flagrante d'équipements structurants, de loisirs, de distraction, de sports
Enjeux de gouvernance	
• La Région Tanger-Tétouan plutôt homogène sur le plan fonctionnel par rapport à d'autres Régions	• Peu de logiques fonctionnelles dans l'organisation de l'espace • Gouvernance territoriale inadaptée
• Régime fiscal favorable de la zone de Tanger	• Fiscalité locale lourde • Freins et blocages liés à la bureaucratie • Opacité des processus administratifs
• Existence d'une épargne locale due aux rapatriements des revenus de marocains résidants et travaillant à l'étranger et aux différentes activités de l'économie dite parallèle	• Placement de l'épargne dans l'immobilier • Inadaptation du marché du logement • Inadaptation de l'offre foncière • Spéculation
	• Crise de l'emploi, chômage • Fracture sociale

3. Les orientations proposées

1. Consolider le bipôle comme métropole motrice du Nord-Ouest, à travers un effort sur l'organisation urbain.

2. Appuyer le processus de métropolisation sur un développement intégré, en faisant évoluer progressivement l'appareil productif existant vers des produits à plus forte valeur ajoutée.

Ainsi, l'objectif serait de passer d'une sous-traitance « tournevis », très dépendante, à faible valeur ajoutée, à une sous-traitance « d'ensemblier », phénomène qui se développe rapidement. Il faut mettre de l'innovation dans des firmes locales non innovantes plutôt que d'implanter des industries de l'innovation. Ce pourrait être le principal objectif, du moins le plus réaliste dans une première phase de développement de la métropole.

3. Renforcer l'attractivité du bipôle en l'articulant sur les marchés mondiaux et les systèmes industriels transnationaux.

4. Atteindre un seuil minimum en capacité d'innovation :

Le diagnostic a souligné les insuffisances dans ce domaine. Or, sans un secteur dynamique dans la recherche et l'innovation, la pérennité du caractère métropolitain sera compromise. Il importe de faire de la péninsule un « territoire d'innovations ».

5. Développer le tertiaire supérieur

La présence d'un tertiaire supérieur est une caractéristique essentielle d'une aire métropolitaine. Il n'est que très faiblement représenté dans la région alors que son développement est une exigence absolue, notamment :

- Faire évoluer le secteur bancaire vers l'appui aux entreprises, l'international, l'off-shore.
- Constituer un nœud décisionnel bancaire et financier.
- Renforcer la concentration au sein du bipôle des services aux entreprises.

6. Développement d'équipements et infrastructures structurants

Deux grands axes prioritaires :

- Le développement de l'ensemble des systèmes de connexion : transports et communications avec l'objectif principal d'améliorer, de renforcer, de promouvoir la fonction logistique internationale du bipôle.

- Le développement de deux types d'équipements socio-économiques :

- Ceux liés au renforcement du potentiel humain, à tous les niveaux.

- Ceux liés à la culture et les loisirs au niveau d'une métropole.

Le Projet Tanger-Méditerranée apporte en grande partie les réponses nécessaires au premier axe.

IV- CONCLUSIONS

Une monté en puissance graduelle de l'innovation

On constate, à l'examen des orientations en discussion au niveau régional, que la dimension de l'innovation joue un rôle central dans la recherche de politiques de développement à coordonner dans la Région. Pour autant il convient de rester pragmatique, d'éviter de verser dans des proclamations et des slogans excessifs qui ne tiennent pas compte de la nécessiter de progresser par étape. Dans un premier temps, il ne s'agit pas tant de la capacité à produire de l'innovation que de la capacité et réactivité à intégrer les flux de l'innovation internationale dans les systèmes locaux de production et de gouvernance publique et privée.

Ainsi le processus d'innovation passera par trois stades :

1er stade : Soutenir le développement de l'innovation « passive », c'est-à-dire, introduire des procédés innovants dans les entreprises existantes.

2ème stade : Soutenir le développement de l'innovation « pro–active », c'est-à-dire, adapter les innovations venant de l'extérieur aux process existants.

3ème stade : Soutenir le développement de l'innovation « active », c'est-à-dire, en favorisant la création d'entreprises travaillant dans les domaines innovants comme le secteur de la « high tech », en veillant à l'articulation de ce tissu innovant avec les niveaux international, national et régional.

On peut engager dès maintenant une politique favorable du développement des deux premiers stades, ce n'est qu'une fois ces deux premiers stades consolidés que le troisième pourra être développé avec des chances de succès.

L'université, l'innovation, la métropolisation

- Ce renforcement impose de valoriser et de développer le potentiel de formation et d'encadrement existant. La métropolisation devrait s'appuyer sur la constitution du triangle fondateur des technopoles, articulant les trois composantes de l'innovation : les sphères entrepreneuriales, universitaires et de la recherche.

- Comme nous l'avons indiqué, dans un premier stade, l'amorce du processus d'innovation pourra se faire en intégrant de l'innovation dans les structures de production existantes où à partir des structures de recherche et d'innovation actuellement présentes. Le rôle de l'Université sera essentiel car l'impulsion à l'innovation, dans cette première phase, devra provenir essentiellement du secteur public donc, directement ou indirectement, des structures universitaires. La question posée est alors de savoir si l'université de Tanger-Tétouan est en mesure de relever le défi de la métropolisation ?

- L'Université Abdelmalek Essaâdi souffre de deux faiblesses importantes et spécifiques :

- Le premier handicap est quantitatif. L'Université du Nord est de taille relativement modeste -7ème rang national- loin derrière les pôles principaux de Rabat et Casablanca, et même loin de Fès et Meknès. Ce déficit quantitatif ne trouve aucune justification et devra être comblé progressivement dans les années qui viennent, sauf à accepter que la jeunesse de cette Région ne bénéficie pas des mêmes opportunités.

- Le deuxième handicap est d'ordre qualitatif. Par rapport à ces autres pôles universitaires, l'Université du Nord présente une prédominance relative dans des domaines qui ne sont pas les plus directement orientés vers le la sphère économique et l'innovation technologique.

  Ainsi, près de 60% des 3ème cycles concernent les « Lettres et Sciences Humaines », contre 31% en moyenne nationale. On observe des insuffisances notoires au niveau des 3ème cycles dans les domaines des Sciences Juridiques, Economiques, et Sociales et des Sciences de l'Ingénieur.

- A ces deux faiblesses spécifiques viennent s'ajouter des handicaps partagés avec l'ensemble du système universitaire marocain.

- Une méritocratie stérilisée : Les mécanismes de sélection restant largement fondés sur les sciences exactes –mathématiques, physique- les filières scientifiques rassemblent les meilleurs éléments. Ceux-ci sont engagés dans des formations très spécialisées, avec insuffisance de formations complémentaires en sciences de gestion, économie, droit... qui sont autant d'aspects fondamentaux dans la gestion des affaires. Les ingénieurs marocains sont ainsi trop souvent rapidement limités dans l'ascension hiérarchique au profit d'autres filières : école de commerce, droit ou... ingénieurs issus des grandes écoles françaises.

- Une fuite des cerveaux concernant notamment les plus diplômés, dont le rôle dans le processus de l'innovation est déterminant, en raison de l'étroitesse du marché du travail d'une part et des conditions financières d'autre part. Le Maroc perd ainsi une partie de ses futurs créateurs d'entreprise et ses chercheurs.

• Son potentiel repose néanmoins sur un certain nombre d'atouts :

- La présence d'Instituts ou d'Ecoles Supérieures uniquement localisés à Tanger-Tétouan : l'Institut de Formation aux carrières de Santé, l'Institut National de l'Action Sociale, l'Institut National des Beaux-Arts. Cependant, l'Université de Rabat regroupe à elle seule 53% des effectifs de ces Instituts et Ecoles Supérieures marocains.

- Dans une perspective de favoriser l'innovation « co- substantielle » du processus de métropolisation, un effort important s'impose visant à développer certains domaines clé dans ce processus ; les Sciences de l'Ingénieur, les domaines économiques, financiers, commerciaux (management, gestion, marketing, etc.). Dans cette optique, les réformes engagées et/ ou prévues paraissent aller dans le sens de la métropolisation.

BIBLIOGRAPHIE

Badie Bertrand, 1995,"La fin des territoires", Paris, Fayard, 304 p.

Blancherie J.M., 2002, "Knowledge Management : communauté de pratique pour entrer dans l'ère de la connaissance", Management durable, http:/:www.i-kom.com/article_jmb.htm

Bonnet Jacques, 2000,"La dynamique des services", Paris, SEDES, pp. 114-141

Braudel Fernand, 1979,"Civilisation matérielle, économie et capitalisme", XV°-XVIII°", tome 3,"Le temps du monde", Paris, Colin, 607 p.

Carayon B., 2003, Intelligence économique, compétitivité et cohésion sociale, Rapport au Premier ministre.

Claval Paul, 2001,"Métropolisation et évolution contemporaine des systèmes de communication","Historiens et géographes, mai 2001, pp. 335-344.

Fossaert Robert, 2001,"Les villes mondiales, villes du système mondial","Hérodote", n° 101, pp.10-25.

Huntzinger Hervé, 1991,"Réseaux de villes en Bade Würtemberg", in"En Europe, des villes en réseaux", Paris, Documentation française, 109 p.

Lesca H., 1994, La veille stratégique, Aster

Massari Coelho G., Dou H., 2000, "Au delà de l'Intelligence Compétitive : l'attractivité", International Journal of information Sciences for Decising Making, n°4, January.

Samson I., Ternaux P., 2004 "Territoires chauds, territoires froids: pour une économie de la performance des territoires ", Journées du CERMOSEM, 14-15 octobre 2004, UJF Grenoble.

Sassen Saska, 1991,"The global city: London, New York, Tokyo", Princeton, Princeton University Press, 530 p.

Veltz Pierre, 1996 "Mondialisation Villes et territoires, l'Economie d'Archipel", PUF, 262 p.

L'INTELLIGENCE ÉCONOMIQUE TERRITORIALE

EST-ELLE UNE AIDE À L'ÉCONOMIE DE PROXIMITÉ ?

Yannick BOUCHET

INTRODUCTION

Les économistes (et avec eux l'OCDE) écrivent que depuis les années quatre-vingt dix l'économie s'est transformée. Les zones de pouvoirs ont a priori changé de mains (Susan STRANGE, 1996). Les États semblent affaiblis vis-à-vis du pouvoir des firmes internationales, mais le local a l'opportunité de prendre en charge son développement et de mener des actions stratégiques. Position que N. CURIEN et P.A. MUET [2004, p65] confirment en écrivant « Pour faire face aux grands enjeux de la société de l'information (...) les villes et les pouvoirs locaux ont un rôle important à jouer aux côtés des gouvernements. Qu'il s'agisse de l'accès universel à la société de l'information, de l'éducation, de la culture, ou du développement démocratique, les municipalités et les collectivités locales sont en effet souvent en première ligne dans la mise en œuvre des politiques ».

Si les collectivités locales ont acquis en France un rôle éminent à la fin de cette dernière décennie avec notamment le transfert de certains pouvoirs de l'Etat vers le local. C'est la loi dite « VOYNET » d'orientation pour l'aménagement et le développement durable du territoire du 25 juin 1999 (LOADDT) qui instaure un nouvel état d'esprit en reconnaissant la place du développement local. Dès lors, c'est un mouvement vers plus de responsabilités et de dialogues locaux. Cette loi propose une nouvelle organisation pour mettre en place les conditions d'un développement durable des territoires. Elle s'appuie sur les schémas de services collectifs, les schémas régionaux d'aménagement et de développement du territoire, les agglomérations et les pays. Elle privilégie le contrat entre l'État et les collectivités comme moyen de l'action publique. Ainsi, comme l'écrivent E. EVENO et D. LATOUCHE [2004, p 263, 264], les collectivités territoriales sont devenues d'irremplaçables partenaires de l'action de l'État, des relais essentiels mais aussi des acteurs capables de produire de significatives innovations. Point de vue partagé par M. le député Bernard CARAYON [2003] qui dans son rapport au gouvernement, plaide pour faire de l'intelligence économique une grande politique publique de l'État. Selon lui : « au plan local, les services déconcentrés de l'État, les collectivités locales et les chambres consulaires doivent être intégrées à la stratégie nationale afin d'éviter de mettre en œuvre des actions en contradiction avec celle-ci. Leur besoin primordial réside dans une meilleure circulation de l'information entre eux, c'est-à-dire entre les administrations centrales et leurs services déconcentrés, mais aussi entre ces derniers. Cette information doit être à la fois sélective, fluide et organisée : la connaissance de l'évolution des normes professionnelles et des règles juridiques, les différentes formes de concours qu'apportent des États à leurs entreprises ou les études comparées doivent bénéficier directement au tissu économique local ». Dans cette optique, l'Intelligence Economique Territoriale est une mise en réseau des moyens d'information publics en vue d'en permettre l'accès aux entreprises appartenant à des secteurs stratégiques : il s'agit en fait d'un instrument au service des ces dernières.

Toutefois, la vision « d'en haut » (au niveau de l'État et des grandes firmes) ne doit cependant pas faire oublier l'important tissu de PME et des enjeux socioéconomiques au niveau local. De nombreuses études montrent que les dirigeants de ces petites et moyennes entreprises sont pris par le quotidien et qu'ils manquent de visibilité sur leurs environnements.

I- LES ACTIONS ENVISAGEABLES AU NIVEAU LOCAL :

La municipalité soucieuse de sa mission de développement de son territoire doit mettre à disposition un système permettant aux acteurs de mieux échanger et partager, mais aussi de se connaître, pour coopérer en vue de favoriser l'éclosion d'un climat d'innovation [cf..CROZIER et TILLIETTE 2000, p89]. Dans cette perspective, les entreprises ont besoin de divers moyens qui offrent la possibilité de transferts de méthodologies, de transfert d'information sur certains marchés de proximité ou qui permettent tout simplement la mise en œuvre de collaborations.

Par exemple, les acquisitions de fournitures, de services ou de matières premières posent souvent des problèmes aux PME car elles n'ont pas, faute de ressources et de temps, la connaissance suffisante du tissu économique qui les entoure. (Ce que Bernard BAUDRY [1995] a constaté).

Ainsi on voit émerger la nécessité d'une collectivité locale « entreprenante[1] », c'est-à-dire prenant en main la destinée de son territoire par la construction d'un processus fédérateur et communiquant. De la sorte, elle peut jouer un rôle important de mise en réseaux et participer à l'efficience du territoire, par exemple avec, l'émergence de « structures de coordination adéquates » (GILLY, LEROUX et WALLET [2004, p196]), des communautés cognitives virtuelles, un renforcement des relations préexistantes avec les partenaires économiques intégrées dans un processus d'intelligence économique territoriale. (Régis MEISSONIER [1999, p4]). ».

Du point de vue de la municipalité, la nécessité de s'ouvrir et de fonder des partenariats est une volonté d'établir des relations avec les différents composants de son environnement.

Le maillage multiniveaux des parties prenantes du territoire semble nécessaire dans le cadre de l'intelligence économique territoriale. Ce territoire il faut l'entendre dans deux composantes du milieu ou d'environnement : à la fois interne et externe avec notamment la possibilité d'envisager de substituer progressivement «la coopération avec d'autres collectivités à la logique concurrentielle » dans le cadre d'une politique inéluctable d'attraction d'entreprises (cf. Sylvie BAZIN–BENOIT 1998). Pour Bernard GUESNIER [2004], l'excellence territoriale est un comportement général qui lie les organisations du territoire dans un projet commun. Les entreprises citoyennes travaillent avec leurs coopétiteurs (coopération-concurrence) et les institutions publiques qui coopèrent dans l'intercommunalité et en partenariat avec les différents niveaux administratifs territoriaux. Ainsi se construit ce que Pierre Alain Muet [2001, p7][2] appelle le « polycentrisme maillé » en parlant de la structuration du territoire en réseau. Dès lors, la qualité relationnelle des échanges et la préférence, très largement répandue parmi les acteurs économiques, de traiter avec les individus qu'ils connaissent déjà instaurent une relation bâtie sur la confiance. Or, I. HUAULT [2004, p54] montre que l'information ainsi obtenue est souvent moins coûteuse, plus riche et peut-être même plus fiable. Ainsi, nous prenons comme hypothèse qu'avec le processus d'intelligence économique territoriale ouvert vers les parties prenantes externes, les entreprises installées localement n'iront pas chercher des partenaires géographiquement éloignés, par simple ignorance de leur environnement proche.

1- Mais, pour nous, cela ne veut pas dire, comme le préconise Paul Crozet dans sa thèse de « gérer les mairies comme des entreprises ».

2- Pierre Alain Muet : « Aménagement du territoire » La documentation française – 2001

B. PECQUEUR et J.-B. ZIMMERMAN [2004, p25] ont constaté, à la lecture de nombreux travaux empiriques, ce problème de « défaillance de coordination » des acteurs de proximités lié à la méconnaissance de leur environnement immédiat. Toutefois, la proximité liée avec un encastrement fort et durable peut devenir un inconvénient à l'économie de proximité. I. HUAULT [2004, p58] a mis en exergue ce danger et écrit : « Au début des relations, l'encastrement est d'abord bénéfique car il permet un partage des savoir-faire, mais lorsqu'on atteint un certain niveau de confiance, les relations sont redondantes et les exigences de solidarité supplantent les relations marchandes ». Ainsi l'auteur écrit que de nombreux travaux scientifiques montrent que le couple compétition – coopération préserve la cohérence, l'indépendance et stimule l'innovation. Dés lors, c'est une dilution de la « confiance limitée » avec de « l'opportunisme modéré » qui construit une « coopération efficace ».

Dans cette analyse, est-ce que la municipalité peut jouer le rôle d'une « interface » entre les parties prenantes locales. Peut-on voir le territoire comme un macro-système complexe (au sens de LE MOIGNE) ? Celui-ci étant constitué de sous-systèmes complexes dont l'un d'entre eux a un rôle particulier – celui de coordination et de diffusion de l'information (un « processeur informationnel » du macro-système complexe).

Cette situation de territoire systémique, qui renvoie à la complexité, nous fait dépasser la notion de risque économique pour réfléchir à la territorialité dans son ensemble.

Ainsi, semble apparaître un nouvel axe, autre que les dangers liés à la mondialisation, celui de la cindynique.

Les enchevêtrements entre les acteurs implantés localement et les interactions qui peuvent exister avec les structures urbaines, industrielles ou naturelles montrent que la notion de territorialité dépasse l'idée simple d'utilité ou de réseaux. Ce sont, par exemple, les infrastructures d'entreprises qui peuvent être détruites et par contre coup, endommageant les structures périphériques (habitations, entreprises, etc.) – pensons à la société AZF de Toulouse. Ainsi les interactions entre les phénomènes observables font émerger la nécessité d'une science particulière, celle des risques. La cindynique, qui traite des sciences des dangers, est prise en compte depuis peu. Ce n'est qu'après les événements de Bhopal (3/12/1984), Challenger (28/1/1986) ou Tchernobyl (26/4/1986) qu'il y a eu une véritable prise de conscience. La cindynique conduit à mieux maîtriser la complexité des risques d'un territoire. Ainsi, elle produit des données et des informations qui devront servir les acteurs locaux.

Dès lors le processus d'intelligence économique territoriale doit capter ces données pour les distribuer aux parties prenantes (aux bonnes personnes et aux bons moments). Par exemple, l'explosion d'une usine chimique dans la vallée du Rhône, un fort débordement d'un cours d'eau, ou toutes autres catastrophes majeures doivent être étudiées par un ensemble de réseaux d'acteurs enchevêtrés[3] pour former une cartographie des risques du territoire. Le modèle ainsi obtenu est pris en compte par le système d'information de l'intelligence économique territoriale pour transmettre les savoirs. KERVERN [2003, p3] écrit qu'avec ce nouvel objet de recherche (qu'est le danger), « nous serons certainement plus rassurés devant les événements de la vie que nous ne maîtrisons jamais totalement ».

Cette dialectique des risques économique-social et naturel-technologique passe par la construction d'un système d'information adéquate. C'est-à-dire un processus traitant des informations (collectes, validations, expertises) et les diffusant stratégiquement aux acteurs. Un tel schéma intègre l'idée d'une profusion d'informations collectées et circulant sur une plate forme électronique territoriale. Dès lors, la collecte en information-données passe par des capteurs – qu'ils soient des acteurs humains ou des systèmes informatiques partenaires. Ainsi, les enjeux vont porter sur la collecte des « externalités de connaissances » et leurs traitements par les acteurs du territoire. Pour les systèmes informatiques partenaires, des interfaces doivent être conçues. Cette conception relève des techniques de l'ingénieur en informatique. Quant aux acteurs humains qui sont porteurs des externalités de connaissances et qui participent au processus d'intelligence économique territoriale , nous distinguons parmi eux deux types d'acteurs : – les acteurs clés publics ou privés qui ont pour fonction d'être moteur et porteur de sens du collectif territorial. C'est sur eux que repose la charge de la pérennité du processus d'intelligence économique territoriale – les acteurs économiques, institutionnels, sociaux ou de la société civile qui ont des rôles opérationnels dans le processus. Concernant ces derniers, l'intelligence économique territoriale est animée, par exemple, par certains élus, pour d'autres agents de la municipalité, agents d'administration centrale, dirigeants d'entreprises, membres des chambres consulaires mais aussi des citoyens.

3- KERVERN [2003] écrit la définition suivante : « Les cindyniques sont un ensemble de réseaux d'acteurs enchevêtrés »

II- LE TERRITOIRE COMME CONSTRUCTION SOCIALE RÉTICULAIRE

Pour J.P. GILLY et J.PERRAT [2003, p3] un territoire est un construit socio-économique produit entre les acteurs locaux (économiques, techniques, sociaux, institutionnels) qui participent à résoudre un problème collectif ou à réaliser un projet de développement collectif. Ils écrivent qu'un « territoire est caractérisé par sa gouvernance » qu'ils définissent comme « l'ensemble des processus institutionnels qui participent à la régulation locale du système économique territorial ». Dans cette optique, se précise peu à peu la notion de gouvernance locale. Ainsi, Claude DUPUY et BURMEISTER Antje [2003, p9] écrivent que « L'émergence des territoires repose avant tout sur les interactions entre les acteurs, en particulier à travers la mise en œuvre de processus d'apprentissage collectif, l'économie de la proximité s'interroge donc sur les formes prises par la gouvernance territoriale ». Quant à KAHN, [2000, p126] pour que la participation citoyenne (« l'approche démocratique ») soit effective il est nécessaire de fournir aux acteurs des informations et des outils.

Une fois installé, le processus d'intelligence économique territoriale est l'instrument du collectif. « Cet enjeu social des relations entre les entreprises et un territoire collectivise le problème productif en lui donnant un sens dans un projet de développement local » écrivent COLLETIS et RYCHEN [2004, p207]. Désormais, parler de réseaux sociaux contribuant à la performance du territoire ne semble pas dénué de sens. Ainsi, d'après HUAULT [2004], dans la vision utilitariste d'un encastrement réticulaire des auteurs comme BURT (1992) , PORTES et SENSENBRENNER (1993) et DOERR (1994) considèrent qu'il permet d'obtenir de l'information, pour d'autres comme COLEMAN (1988) il permet l'influence et le pouvoir. Dès lors, ces réseaux sont de formidables outils pour l'intelligence économique territoriale.

Avec la constitution de liens qui unissent les acteurs d'un réseau social se pose le problème du jeu de ces acteurs. L'idée est d'étudier « l'encastrement réticulaire » des acteurs du territoire ainsi que les interfaces des institutions. Cette notion de réseau encastré permet de dépasser la logique marchande d'un point de vue science économique donc de la notion de « rationalité instrumentale ». Ainsi, c'est la question de l'influence des réseaux sociaux sur l'économie de proximité qui se pose. Quel est le pouvoir des réseaux sociaux ? Comment s'articulent les réseaux sociaux avec les parties prenantes du territoire (politiques, institutions, entreprises, administrations ...) ? Comment en tenir compte dans un processus d'intelligence économique territoriale ?

D'après les travaux I. HUAULT [2004], les réseaux sociaux ne produisent pas des résultats économiques, ils sont des sources et des diffuseurs d'informations. Mais la logique d'action des formes réticulaire peut faire évoluer les acteurs vers un encastrement trop fort. Ainsi comme l'écrit I. HUAULT [2004, p58] « des transactions fondées sur la seule logique de relations personnelles intenses entraînent une inertie de l'organisation, amenuisant sa capacité d'adaptation et d'innovation ». Constat qu'avaient fait W. POWELL et L. SMITH-DERR en 1994 quand ils écrivent « Les liens qui unissent peuvent évoluer en liens qui aveuglent » (1994, p393). Dès lors, il doit certainement s'établir un système de relation qui puisse s'inscrire dans le temps en restant efficace. Pour Michel CALLON[4] « la notion d'encastrement a été très utile mais que nous devons maintenant nous en débarrasser ». Pour lui, le concept d'enchevêtrement/démêlage[5] semble une métaphore plus pertinente. Elle permet de ne pas mettre de coté les transactions économiques par rapport au reste de la société. Ainsi on peut mieux comprendre ce qui n'est pas économique de ce qu'il l'est ou le devient et donc comment se construit la réalité économique enchevêtrée dans la vie sociale et non encastrée dedans.

L'idée de réseaux sociaux encastrés simultanément dans plusieurs institutions (réseaux multi-institutions) renvoie à la problématique de la prise en compte de ces acteurs qui sont en faite des connecteurs dans les institutions. Ce qui nous conduit à la prise en compte la transversalité de ces réseaux par rapport aux institutions. L'idée d'encastrement de la municipalité dans le collectif territorial permet certainement de mieux comprendre les formes de coordinations.

Dès lors nous prenons l'hypothèse que dans le cadre de l'intelligence économique territoriale, il semble important d'avoir des liens forts dans le collectif municipal et des liens faibles entre les parties prenantes du territoire (que soit une institution ou un individu). Michael HANSEN (1999) explique que des liens faibles ont un rôle dans le partage des connaissances non complexes. Mais quand il s'agit de transférer des savoirs d'experts, alors, pour cet auteur, les connaissances complexes nécessitent des liens forts. Quant aux parties prenantes entre elles, il doit exister des phénomènes qui évoluent dans le temps, comme par exemple des notions d'encastrement et de désencastrement. Pour STEINER (2002, p34) « l'encastrement de l'action économique dans les réseaux sociaux est finalement inséparable de son

4- Dans une interview donnée à la revue « Economy and Society » 2002 – p292. - Slater, Don; Barry, A. 'Technology, Politics and the Market: An Interview with Michel Callon.' Economy and Society 31, no. 2 (2002), pp. 285-306 -

5- En anglais (Entanglement/disentanglement)

contraire, le désencastrement ». L'observation de ces phénomènes fait proposer par HUAULT [2004] de construire des réseaux sur la base d'une dilution de la « confiance limitée » avec de « l'opportunisme modéré » qui construit une « coopération efficace ». Ainsi, J COLEMAN (1988) soutient que la densité du réseau facilite l'émergence de normes communes, permet un niveau de confiance élevé, minimise les asymétries d'information et renforce le capital social des acteurs en leur conférant du pouvoir.

Permettre à la société civile d'être un acteur de la construction territoriale, par exemple par la constitution d'un « espace local public de participation ». Cet encastrement de la société civile dans le processus d'intelligence économique territorial permet d'enrichir, par de l'information, le système d'information territorial. Dès lors, l'apport de la société civile dépasse la « logique marchande pure » c'est-à-dire la prégnance des principes « utilitaristes » en apportant des connaissances qui peuvent concourir à la réussite de projets territoriaux.

Pour J.L GUIGOU et D.PARTENAY [2001, p36] la mobilisation des acteurs territoriaux exige « une formalisation de la mobilisation des partenaires économiques et sociaux au sein des territoires », car « la proximité ne crée pas directement des relations » GROSSETTI M. et PHILIPPI M. [2004, p57].

Toutefois, les relations entre les pouvoirs locaux s'inscrivent dans une compatibilité toujours provisoire car liées à des visions paradigmatiques différentes (cf. J.P. GILLY et J.PERRAT [2003, p4]). Ce sont par exemple entre les firmes (concurrence vs coopération) entre acteurs publics et privés (bien public, logique de profit).

La notion d'encastrement et de désencastrement des acteurs dans une forme réticulaire de coopération locale ne doit peut-être pas être un handicap à la dynamique territoriale car le système d'information de l'intelligence économique territoriale garde la mémoire des échanges.

CONCLUSION :

L'intelligence économique territoriale se conçoit à partir d'un territoire ouvert sur les parties prenantes. Elle pose donc le problème de la gestion des articulations et les transferts d'information (mais aussi données et savoirs) entre acteurs. Elle renvoie à la description « des enchevêtrements entre les différentes échelles spatiales » GILLY, PERRAT [2003, p1] que ce soit aux niveaux des firmes, des services publics ou parapublics. La notion d'échanges d'informations entre les acteurs qu'ils soient publics ou privés va certainement bouleverser les habitudes car il devient nécessaire d'avoir de nouveaux comportements. Notion que Dominique de VILLEPIN précise dans une interview le 22 novembre 2004 (sur Reuters) « Il s'agit là d'un esprit nouveau à mettre en œuvre : celui du partenariat entre l'État, les entreprises, les représentants syndicaux, les collectivités territoriales, mais aussi les universités et les centres de recherche ». Ainsi, de ces échanges d'informations dépendra la réussite des organisations locales et peut-être la nation. La DATAR (1999) écrit « Le développement territorial est une organisation à construire par de l'information en reliant des acteurs publics et privés, engagés dans une dynamique de projet sur un territoire ». Ainsi nous envisageons l'intelligence économique territoriale comme un outil permettant d'assurer à moyen et long terme les performances d'un territoire de manière globale, et non pas comme simplement à disposition de chaque entreprise pour sa propre performance. Pour cela, il est nécessaire que les institutions locales évoluent dans le sens d'une mutualisation des informations, dans le but d'anticiper les menaces et les opportunités pour leur territoire. Parce que, « les acteurs de la vie locale, à l'instar de l'entreprise, ont besoin de visibilité pour anticiper et agir » (cf. HERBAUX et CHOTIN [2002]). Ainsi, le processus d'intelligence économique territorial nécessairement réticulaire doit capter les données pertinentes pour les distribuer aux acteurs du territoire.

Ces nouveaux phénomènes vécus par les collectivités territoriales peuvent conduirent certaines d'entre elles à exprimer le besoin d'un processus fédérateur, un système d'intelligence économique territoriale qui leur donne une grille de lecture de ce qui se passe sur le territoire et qui met en perspective les interactions local-global. (cf. Jean-Jacques GIRARDOT [2004]).

Les enseignements tirés de nos travaux nous fait proposer que l'intelligence économique territoriale est une aide à l'économie de proximité.

BIBLIOGRAPHIE :

BAUDY Bernard,
« Economie de la firme » – Collection Repères – 2003.

BAZIN-BENOIT Sylvie
« Passage d'une logique concurrentielle à une logique organisationnelle des politiques locales d'attraction d'entreprises : le rôle de la gouvernance locale » -Publication dans la RERU (Revue d'Économie Régionale et Urbaine) : n°4, p. 585-606 – 1998.

BERTACCHINI Yann, HERBAUX Philippe
« Mutualisation & Intelligence Territoriale » ISDM 14 – N°142, mars 2003 – 11p.

BRUNEAU Jean-Maurice
« L'intelligence territoriale » revue « Veille Magazine » N° 80 – décembre 2004.

CARAYON Bernard – Député -
« Intelligence économique, compétitivité et cohésion sociale » – Juin 2003.

COLLETIS Gabriel et RYCHEN Frédéric
« Entreprise et territoires : proximités et développement local » (pp 207-228) IN Pecqueur, Zimmermann « Économie de proximités » - Paris - Hermes Science Publications : Lavoisier, 2004.

CURIEN Nicolas et MUET Pierre-Alain
« La société de l'information » – Paris - La documentation Française – Conseil d'Analyse Economique – 2004

CROZIER Michel et TILLIETTE Bruno
« Quand la Frances ouvrira ... » - Paris - Fayard – 2000.

DUPUY Claude, BURMEISTER Antje et al. (Perrat, Zimmermann,)
« Entreprises et territoires, les nouveaux enjeux de la proximité » - Paris - La documentation Française – 2003.

EVENO Emmanuel et LATOUCHE Daniel
« Les collectivités locales, acteurs du modèle français de la société de l'information » IN CURIEN Nicolas – MUET Pierre-Alain « société de l'information » – Paris - La documentation Française – Conseil d'Analyse Economique – 2004.

GIRARDOT Jean-Jacques
« Intelligence territoriale et participation » - ISDM 16 – Article 161 – TIC & Territoire – mai 2004.

GILLY Jean-Pierre, LEROUX Isabelle, WALLET Frédéric
« Gouvernance et proximité » (pp 185-206) IN Pecqueur, Zimmermann « Économie de proximités » - Paris - Hermes Science Publications : Lavoisier, 2004.

GILLY Jean-Pierre, PERRAT Jacques
« La dynamique institutionnelle des territoires entre gouvernance locale et régulation globale » - XXXIX Colloque de l'ASRDLF – « Concentration et ségrégation, dynamiques et inscriptions territoriales » - sept. 2003.

GROSSETTI Michel et PHILIPPI Maryline
« Proximité et relations interindividuelles » (pp 46-64) IN PECQUEUR Bernard et ZIMMERMANN Jean-Benoît « Économie de proximités » - Paris - Hermes Science Publications : Lavoisier, 2004.

GUESNIER Bernard
« Intelligence économique et sociale du territoire » - texte en ligne http://www.radiophare.net/entretiens/b1c.htm - Octobre 2004.

GUIGOU Jean-Louis, PARTENAY D. et al.
« Aménagement du territoire » – la documentation française (Conseil d'Analyse Economique) – 2001.

HERBAUX Philippe, RICHARD Chotin
« L'intelligence économique, outil du pacte territorial » - Colloque ASRDLF – Université du Québec à Trois Rivières (canada) du 21 au 23 août 2002.

HUAULT Isabelle (coordonné par)
« Une analyse des réseaux sociaux est-elle utile pour le management ? Puissance et limites d'une théorie de l'encastrement structural » IN HUAULT Isabelle et al « Institutions et gestion » (pp 49 à 67) – Vuibert - 2004.

KAHN Axel
« Et l'Homme dans tout ça ? Plaidoyer pour un humanisme moderne » - Paris – Nil – 2000.

KERVERN Georges-Yves
« La cindynique (sciences des dangers) : états des lieux et perspectives » - Intervention à la « 1ère journée du Futur » le 10 avril 2003.

LE MOIGNE Jean-Louis
« La modélisation des systèmes complexes » - Paris - Dunod – 1999.

LE MOIGNE Jean-Louis
« La théorie du système général – Théorie de la modélisation » - PUF – 1994 (4ed).

MEISSONIER Régis
« Ntic et processus de décision dans les réseaux de PME-PMI » - WP 561 – 1999.

PECQUEUR Bernard et ZIMMERMANN Jean-Benoît
« Introduction » (pp 13-41) IN PECQUEUR Bernard et Zimmermann Jean-Benoît « Économie de proximités » - Paris - Hermes Science Publications : Lavoisier, 2004.

SIMON Herbert A. (traduit par JL LE MOIGNE)
« Sciences des systèmes, Sciences de l'artificiel » – Paris.

III

Mobilisation des compétences, veille technologique et information

Orientations pour l'avenir

LES ENJEUX DE LA VEILLE COMMERCIALE ET MERCATIQUE

UNE ANALYSE DES REPRÉSENTATIONS SOCIALES DES RESPONSABLES DES DIRECTIONS COMMERCIALES ET MARKETING DE GRANDES ENTREPRISES[1]

Lazaniana LALA RAMAROTAFIKA
et Ahmed SILEM

I- INTRODUCTION

On peut distinguer, à la suite de Stubbart (1982) et du rapport du CERSI (1990), deux courants de recherche dans le domaine de l'intelligence économique. L'un, plus cogniticien, consiste à mettre en évidence les perceptions et à analyser le comportement des dirigeants vis-à-vis de la recherche et du traitement d'informations relatives à l'environnement externe de l'entreprise. L'autre, plus technologique, analyse les pratiques effectives de recherche, de traitement et de diffusion de l'information relative à l'environnement de la firme. L'objet de cette communication relève de la première orientation en analysant les représentations sociales des dirigeants.

De nombreux chercheurs ont déjà abordé le sujet des attributs requis pour établir la valeur de l'information et les conditions qui déterminent le succès des systèmes d'information stratégique (Aguilar F.J., 1967, Ansoff I.H., 1975 ; Martinet A.Ch., 1975 ; Thomas 1980 ; Stubbart 1982 ; Lesca H, 1990 ; O'Brien J., 1995 ; Laudon K.C. & Laudon J.P., 2000 ; Weill P. & Broadbent M., 2000, etc.). D'autres ont essayé de déterminer sa contribution à la performance des entreprises (Dollinger,1984 ; Daft & al., 1988 ; Kaish & Gilad, 1991).. Partant de l'idée qu'une entreprise est contrainte par son environnement, on peut penser que le niveau d'incertitude, de complexité, de turbulence et de dynamisme de l'environnement perçu pourra avoir une influence sur le comportement d'IE dans les grandes entreprises.

1 : Cette communication reprend pour l'essentiel certains des résultats de la thèse de doctorat en sciences de gestion de Lazaniana Lala Ramarotafika entreprise sous la direction de Ahmed Silem.

Inspiré de nombreux travaux qui mettent la veille ou l'intelligence économique au cœur du management stratégique (cf. à titre d'exemples : Martinet A.Ch., 1975 ; Hambrick 1982 ; Jennings et Lumpkin 1992), notre recherche analyse le point de vue des responsables de la direction commerciale de grandes entreprises quant à la relation susceptible d'être établie entre le système d'information et l'environnement, et entre le système d'information, la stratégie mercatique et la performance commerciale de l'entreprise.

II. MÉTHODE DE RECHERCHE

C'est la méthode d'enquête par questionnaire qui a été employée. Elle a été réalisée en mai-juin 2004 auprès d'une population cible de 1465 plus grandes entreprises en France (effectif supérieur à 1 000 salariés), selon le classement de Kompass professionnel France. Le questionnaire a été diffusé sous deux types de supports : un site Internet, ainsi que le support traditionnel d'envoi postal. Parmi les 218 qui furent retournées, 150 réponses utilisables furent retenues, soit un taux de réponse net de 10,23%. Ces entreprises opèrent principalement dans le secteur industriel (65,3%). Les personnes interrogées sont dans tous les cas des directeurs ou responsables marketing et ou des cadres commerciaux.

Les questions sont soit fermées soit à choix multiples. L'environnement commercial est évalué, sur une échelle de type Likert, selon leur degré d'incertitude, de complexité, de turbulence et de dynamisme. Le système de veille est apprécié selon son intensité, son rôle stratégique et la prise en compte de l'information dans la décision marketing. La finalité de cette veille est évaluée selon quatre aspects :

- la sélection des menaces et opportunités ;
- l'anticipation, la prévision des menaces et opportunités ;
- l'identification des meilleures pratiques.
- l'efficacité globale du système d'information stratégique dans le domaine du marketing et commercial.

Ces éléments sont ensuite complétés par une évaluation des positionnements stratégiques (stratégies de diversification marketing, de développement du marché, de développement du produit).

La mesure de la performance s'appuie sur des éléments quantitatifs (chiffre d'affaires, part de marché, résultat des actions de prospection commerciale) et des éléments qualitatifs (fidélisation de la clientèle, l'image, reconquête de segments de clientèle partis chez les concurrents).

Les données ont donné lieu à des calculs de corrélation et à un traitement d'analyse de la variance (ANOVA) entre une variable métrique et une variable ordinale (finalité de la veille, stratégie de positionnement).

III- RÉSULTATS

1- L'influence de l'environnement sur la finalité de la veille

Synthèse du tableau Anova

	Environnement marketing			
Finalité de la veille	Incertitude	Complexité	Turbulence	Dynamisme
Evaluer et sélectionner les menaces et opportunités	2,5556	3,3889	2,6667	2,3889
Anticiper, prévoir les menaces ou opportunités	2,5625	3,2125	2,6538	3,4000
Identifier les meilleures pratiques des entreprises	2,0909	3,8636	2,4545	2,0455
Aider les décideurs dans la prise de décision marketing*	2,4000	4,2000	1,4000	1,7000

**La différence de moyenne dans les groupes constitués est significative si taux de signification<0,05*

- La complexité de l'environnement marketing domine la relation. Elle a une forte influence sur la finalité de la veille dans la prise de décision marketing et conduit à identifier les meilleures pratiques marketing et commerciales. Elle apparaît également comme la plus déterminante de la veille dont l'objectif prioritaire est d'identifier et d'évaluer les menaces et opportunités.
- Le dynamisme paraît avoir le plus d'effet sur la finalité de la veille orientée vers la prévision et l'anticipation des menaces ou opportunités
- L'incertitude et la turbulence réalisent le plus faible score dans tout type d'objectif de la veille.

2- Influence de l'environnement sur l'intensité de la veille

- l'incertitude de l'environnement perçue n'a pas de relation significative avec l'intensité de la veille dans le domaine du marketing.
- la complexité, la turbulence, le dynamisme de l'environnement influencent positivement le niveau de l'intensité de la veille.

- La perception du rôle stratégique de la veille semble être influencée par l'incertitude, la complexité, la turbulence, et plus faiblement le dynamisme de l'environnement.

3- Impact de la veille et efficacité globale du SI-S en marketing

	Veille			Efficacité du SI-S	
Stratégie marketing	Intensité de la veille	Prise en compte de l'information	Rôle stratégique	pour la décision	Pour avantage concurrentiel
Stratégie de diversification marketing	2,7292	3,5833	3,6875	3,1667	3,6042
Stratégie de développement du marché	1,0000	3,0000	2,5000	2,0000	2,5000
Stratégie de développement du produit	3,0172	3,9310	3,0690	3,1552	2,2414
Stratégie de pénétration du marché	2,3182	3,2727	2,6111	4,0909	1,8636
Taux de signification*	,009	,001	,000	,000	,000

**La différence de moyenne dans les groupes constitués est significative si taux de signification<0,05*

4- L'influence des caractéristiques de la veille sur l'orientation stratégique marketing

- La prise en compte de l'information dans la décision conduit, significativement, les grandes entreprises à formuler une stratégie marketing orientée vers le développement du produit. En outre, elle apparaît comme exerçant le plus d'influence sur la stratégie de pénétration du marché et la stratégie de développement du marché.
- Le rôle stratégique de la veille sembler agir sur le choix de positionnement stratégique marketing orienté vers la stratégie de diversification marketing.

5- Le choix du positionnement stratégique marketing et l'efficacité du SI-S

- L'efficacité du SI-S dans la décision exerce une forte influence sur le choix d'une stratégie marketing orienté vers la pénétration du marché vers le développement du produit.

- L'efficacité du SI-S à produire des avantages concurrentiels a plus d'effet sur le choix de stratégie de positionnement marketing orientée vers la diversification marketing.
- Le SI-S produisant un avantage concurrentiel exerce plus d'effet sur la stratégie de développement du marché que l'efficacité du S-IS pour la décision.

6- Influence des caractéristiques de la veille sur le succès de la stratégie marketing

- Une veille intense agit positivement et significativement sur l'efficacité de la stratégie marketing. En outre, elle favorise l'efficacité de la gestion marketing de l'entreprise.
- La prise en compte de l'information dans la décision semble favoriser l'efficacité de la stratégie marketing et l'efficacité de la gestion marketing.
- La perception du rôle stratégique de la veille n'a pas d'effet sur l'efficacité de la stratégie marketing de l'entreprise. Cependant elle semble agir sur l'efficacité de la gestion marketing.

7- Efficacité du SI-S dans le succès d'une stratégie marketing

- L'efficacité du SI-S dans la décision a une influence sur l'efficacité de la stratégie marketing et l'efficacité de la gestion marketing.
- Le SI-S, comme source d'avantage concurrentiel, exerce une influence sur l'efficacité de la stratégie marketing et l'efficacité de la gestion marketing.

8- La relation entre veille et performance commerciale

- L'efficacité du SI-S pour la décision marketing influence favorablement le niveau de performance commerciale.
- L'intensité de la veille influence significativement et positivement la performance et la prise en compte de l'information dans la décision influence le niveau de performance.

BIBLIOGRAPHIE

AGUILAR F.J., Scanning the Business Environment , New York, MacMillan Company, 1967

ANSOFF H.I., "Managing strategic surprise by response to weak signals", California Business Review, Vol. 18, n°2, 1975

DAFT R.L., SORMUNEN J., PARKS D., "Chief executive scanning, environmental characteristics, and company performance: An empirical study", Strategic Management Journal, Vol.9, 1988

DOLLINGER M.J., "Environmental boundary spanning and information processing effects on organizational performance", Academy of Management Journal, Vol.27, n°,,2, 1984

HAMBRICK D.C., "Environmental scanning and organizational strategy", Strategic Management Journal, Vol. 3, 1982

JENNINGS D.F. et LUMPKIN J.R., "Insights between environmental scanning activities and Porter's generic strategies : an empirical analysis", Journal of Management, Vol.18, n°4, 1992

KAISH S. et GILAD B., « Characteristics of opportunities search of entrepreneurs versus executives : sources, interests, general alertness », Journal of Business Venturing, Vol.6, 1991

LAUDON K.C. et LAUDON J.P. Les systèmes d'information de gestion : organisation et réseaux stratégiques, Editions Village mondial, 2000

LESCA H., Système d'information pour le management stratégique de l'entreprise, McGraw Hill, 1990

MARTINET A.C. Analyse de l'environnement : planification et management stratégique de la grande entreprise Thèse de doctorat d'Etat ès Sciences de gestion, Paris IX, 1975

MARTINET A.C. – «L'ère du management stratégique », Revue Française de Gestion, septembre-décembre 1985, pp. 32-36

O'BRIEN James, Système d'information de gestion, Renouveau pédagogique, Montréal DeBoeck Université, 1995

STUBBART C. – "Are environmental scanning units effective ?" Long range planning,, 1982,. vol 15, n∞3, p. 139-145

THOMAS P.S. "Environmental scanning : the state of the art" Long range planning, 1980 .- vol 13, n∞1, p. 20-28

L'INTELLIGENCE ECONOMIQUE AU SERVICE DES MARQUES LOCALES FACE AU DEFI DES MARQUES INTERNATIONNALES DANS LES PAYS ÉMERGENTS

Christian MICHON

INTRODUCTION

Les économies émergentes suscitent depuis près d'un demi-siècle des recherches sur les modèles de développement économique. La réussite des uns et l'échec des autres montre combien le sujet est riche en interrogations.

Les préoccupations politiques sont sous-acentes à ces interrogations et de nombreuses actions de politique économique ont eu pour but de parvenir ou d'accélérer ce développement. Ainsi, de nombreuses politiques d'attraction des investissements étrangers ont été mises en œuvre. Elles ont permis de faire bénéficier une partie de la population de revenus salariés et ainsi de réduire le chômage en accroissant la richesse des ménages. Que devient cet accroissement de revenus lorsqu'il se transforme en consommation de biens et services ?

Il est clairement admis que dans les pays émergents on observe une prétérence des consommateurs envers les marques étrangères (Tai & Pae, 2002). Les raisons de cette préférence sont le plus souvent soit un besoin de prestige qui se traduit par l'achat de marques connues pour avoir un prix élevé avec un « made in » européen, japonais ou américain (Usunier, 1999) soit une perception d'une meilleure qualité par rapport aux marques fabriquées localement. Avec l'élévation du pouvoir d'achat, la consommation des ménages se porte vers des biens d'équipement de consommation courante de meilleure qualité. Or cette qualité supérieure est effectivement bien souvent le fait des marques étrangères qui exportent vers le pays émergent ou fabriquent sous licence dans le pays. En réaction à cet engouement qui déstabilise la balance commerciale, les gouvernements érigent des barrières douanières le plus souvent sous forme de taxes à l'importation ou bien pose des conditions de production et de distribution lorsque le produit est fabriqué sous licence. Entre une politique très libérale ou très protectionniste, l'optimisation de cette ouverture partielle est un art difficile. Chaque gouvernement cherche à encourager la production locale face à la pléthore de produits étrangers et à la puissance des marques multinationales. Ainsi le chiffre d'affaires de Coca-Cola était en 1995 équivalent au PIB d'un pays de 75 millions d'habitants comme le Vietnam.

Aujourd'hui, un gouvernement peut difficilernent choisir une voie ultra protectionniste dans un système d'échange mondialisé. S'il fait ce choix, il sera effectivement écarté du système multilatéral mis en place au niveau mondial par l'ensemble des grandes puissances. L'adhésion récente en 2001 de la Chine à l'OMC (Organisation Mondiale du Commerce) est l'aboutissement d'un choix raisonné des dirigeants chinois pour permettre, grâce aux échanges indispensables à la croissance, le développement du pays. Cette évolution tend à faire disparaître les particularismes protectionnistes et exposent les pays à des bouleversements. Ainsi, le secteur textile tunisien qui bénéficiait d'un avantage vis-à-vis de l'Europe va se retrouver demain exposé à une concurrence que certains disent pouvoir être fatale face au secteur textile chinois.

Dans un contexte d'économie ouverte et libérale, les choix des gouvernements ne peuvent être tournés à moyen terme que vers la recherche d'avantages concurrentiels. De nombreux économistes se sont penchés sur l'existence d'avantages concurrentiels à l'origine du développement économique dans les pays émergents. Citons: l'exploitation des ressources naturelles (par exemple les mines de phosphate au Maroc), la transformation des produits à forte main-d'œuvre non qualifiée (par exemple la fabrication de chaussures de sport en Asie du sud-est, la position géographique privilogiée de Singapour. Les exemples pourraient être multipliés car la politique d'industrialisation reste un dogme fondamental pour nombreux pays émergents. Elle est d'ailleurs souvent encouragée par un système fiscal avantageux et la création de zones franches pour attirer les investissements directs étrangers avec, en accompagnement, l'acquisition d'un savoir technologique. Ce transfert de technologie, par diffusion, doit consolider le socle de l'industrialisation et participer à la montée en puissance de systèmes industriels de plus en plus diversifiés et de plus en plus inter reliés comme le système du « cluster ».

Ce qu'il faut constater, c'est que les économistes du développement ont adopté un modèle fondé sur l'industrialisation et indirectement la transformation du secteur agricole fournisseur de main d'oeuvre au fur et à mesure que la productivité agricole le permettait. Ce modèle reste fondé sur l'offre et non sur la demande. En effet, la logique qui sous-tend ce modèle de développement est une augmentation de la richesse nationale et, dans la mesure où il y a une réelle et large redistribution des revenus, une augrnentation du revenu par tête et du pouvoir d'achat des ménages. Cette augmentation du pouvoir d'achat va donner naissance à une classe moyenne consommatrice de biens d'équipements et de biens de consommation courante. Une partie de ces dépenses va se porter sur des biens importés que le pays ne fabrique pas. Cela incitera alors les gouvernements des pays émergents à élever des barrières douanières pour éviter un déséquilibre excessif de la balance commerciale (comme par exemple, la consommation de médicaments et produits pharmaceutiques au Liban qui contribue fortement au déficit de la balance commerciale). La demande est ainsi canalisée sous la contrainte vers l'offre industrielle locale ou pour partie vers les caisses du gouvernement si les produits importés sont fortement taxés. Cette institutionnalisation de la protection des produits locaux face aux produits étrangers est souvent considérée par les économistes libéraux comme un système anticoncurrentiel et donc un frein à l'innovation, à la productivité et en conséquence à la baisse des prix des produits locaux.

Il est intéressant de s'interroger sur une autre logique du développement. Comment faire pour que la demande locale soit concurrentielle avec les biens importés et source de développement économique dans un contexte de libéralisation de l'économie?

I- LE RÔLE DES MARQUES LOCALES DANS LE DÉVELOPPEMENT ÉCONOMIQUE

La problématique des marques locales est issue d'un ensemble de la littérature qui met en exergue le rôle des multinationales et leur puissance économique dans la domestication des marchés locaux.

La mondialisation a renforcé ce phénomène et la présence grandissante des grandes marques internationales dans tous les pays du monde qu'il s'agisse du secteur alimentaire, vestimentaire, automobile, cosmétique en grande consommation. Il en est de même pour les produits technologiques. La consommation des ménages est nourrie par l'exportation de produits primaires et l'importation des produits qui profite aux sociétés étrangères. Dans ce débat, la puissance financière des marques n'a d'égale que leur savoir-faire marketing dans la commercialisation des marques.

Cette vision est certes réductrice et caricaturale car les multinationales accompagnent leur présence d'un transtert de savoir-faire tant sur le plan des technologies que de celui des techniques de commercialisation. Il n'en reste pas moins que le rapport de forces tend à créer un rapport dominant - dominé que les analystes des rapports Nord-Sud ont depuis longtemps exposés au grand jour.

S'il existe bien souvent une offre locale, celle-ci est déconsidérée par le consommateur au fur et à mesure qu'il dispose de ressources supérieures. Au-delà des problèmes de qualité qui existent, il y a un effet psychologique et perceptuel qui survalorise les marques étrangères au détriment des marques locales. Cette fracture est directement préjudiciable au développement industriel de l'offre car elle maintient celle-ci dans une sorte d'univers de sous-développement peu compétitif à l'exportation. Il faut considérer le renforcement des marques locales comme un levier de renforcement de la compétitivité internationales. Plus celles-ci seront soutenues par la demande locale, plus elles seront susceptibles de devenir compétitives au plan intemational.

Dans un contexte d'économie de marché et de développement durable d'un pays émergent, il apparaît essentiel que les marques locales permettent un processus d'endogénéisation de l'économie au fur et à mesure que l'économie se développe et que le pouvoir d'achat augmente.

Dans le cas positif où cela se produit, les effets suivants peuvent étre attendus:

- un flux monétaire qui se recycle à l'intérieur du pays et permet aux entreprises locales de réinvestir. Ce recyclage ne conceme pas seulement l'achat des marques locales mais également tout le secteur économique associé à la production et à la eommercialisation des marques
- un effet de barrière vis-à-vis des marques étrangères qui permet d'une part d'améliorer la balance commerciale et d'autre part de négocier une alliance de marque avec les firmes étrangères qui veulent gagner des parts de marché. Les marques locales occupent le plus souvent le milieu de gamme et contiennent ainsi la banalisation des marques étrangères.
- une base productive permettant de s'orienter vers des processus d'innovation de l'offre ou d'adaptation à la différenciation croissante de la demande.

Pour obtenir ces effets, il est important de rechercher comment les marques locales peuvent concurrencer les marques internationales.Plusieurs approches peuvent être évoquées:

La première est celle de l'innovation souvent évoquée parmi les éléments constitutifs de la puissance des marques internationales. Dans le domaine de l'économie de marché, l'innovation se nourrie tantôt de génie intuitif et créatif et tantôt de réussite dans la recherche et développement. L'orientation vers la recherche et le développement et la haute valeur ajoutée technologique est parfois une politique encouragée par les gouvernements des pays émergents. Le principe est que dans les nouvelles technologies, il existe des niches répondant à deux critères essentiels. l'avance des pays développés est rattrapable et la capacité de mobilisation financière et humaine pour le pays émergent est possible. Cette politique alternative d'industrialisation alternative est effectivement possible. Elle est également difficile dans le choix du projet à mettre en œuvre et risqué quant à sa réussite. Elle concerne peu la demande locale pour lesquelles l'innovation de haute technologie est difficilement accessible.

La seconde est un renforcement du processus de commercialisation des marques locales.

On observe bien souvent que la publicité déployée par les marques internationales est puissante et favorisée par un coût réduit des médias locaux très accessible aux sociétés internationales. Pour ces compagnies, le coût des dépenses publicitaires est faible en comparaison de leurs dépenses dans les pays développés. Cela est également valable dans le domaine de la distribution où la marque étrangère cherche à couvrir la totalité des circuits et des zones de peuplement du pays.

Dans de telles conditions, les marques locales restent connues par le bouche à oreille mais localisées sur des petits territoires ce qui limite leur croissance. Dans ce domaine, la politique gouvernementale est impuissante dans un contexte d'économie libérale.

La troisième est celle de l'intelligence économique ou informationnelle. En se tournant vers ce levier, c'est le champ de compétitivité qui change de nature. Cette voie part de l'idée que plutôt que de rechercher à tout prix une avancée technologique comme avantage concurrentiel, elle recherche la construction d'une offre qui repose alors sur une compréhension et une anticipation de l'environnement concurrentiel.Le processus est assurément complexe car il met la relation entre l'entreprise et un environnement local et international de plus en plus volatile. Notre conviction est qu'il ne peut réussir qu'en s'appuyant sur une demande locale pour lui donner une force internationale, c'est pourquoi nous relions l'objectif de développement des marques locales à celui d'intelligence économique ou informationnelle.

II- LE DÉVELOPPEMENT DE L'INTELLIGENCE ÉCONOMIQUE OU INFORMATIONNELLE

L'intelligence économique est un concept tardif dans la littérature francophone et la définition retenue par le commissariat au plan date de 1994. On ne peut s'empécher de remarquer que cette définition semble banale par rapport aux pratiques ancestrales du renseignement militaire et aux pratiques de l'entreprise privée contemporaine.

L'intelligence économique est définie comme l'ensemble des actions de recherche, de traitement et de diffusion (en vue de son exploitation) de l'information utile aux acteurs économiques .. .

Cette définition est à la fois trop large et trop vague pour en faire un concept économique opérationnel. Il nous faut certainement la compléter et dans un cadre de développement économique d'un pays, d'une région ou d'une entreprise en élargir le champ, c'est pourquoi nous préférons parler d'intelligence informationnelle.

L'intelligence informationnelle est l'ensemble du processus d'orientation de la recherche d 'informations et son traitement pour définir une stratégie compétitive de développement en rapport avec les ressources et les objectifs de l'organisme qui la met en oeuvre.

Cette définition met clairement en avant le fait qu'il ne s'agit pas de rassembler des données primaires pour obtenir une meilleure connaissance de son environnement mais de sélectionner l'information et de l'interpréter en vue de définir une stratégie concurrentielle. Une telle détinition peut s'appliquer à tout organisme qui doit conduire une politique de développement à l'échelon national, régional, local ou micro économique.

Le processus qui conduit à l'intelligence informationnelle a fait l'objet de plusieurs approches (Davenport, 2001, Tiwana 2001). Celle qui est la plus classique repose sur quatre étapes, les deux dernières étapes pouvant être considérées comme une phase d'exploitation de l'information.

Données > Information > connaissance > intelligence

Le tableau suivant introduit le champ de collecte relative à chacune des phases en vue de favoriser la décision stratégique pour une activité marchande:

Etapes	Définition du processus	Mise en œuvre
Données	Chiffres bruts, mots, événements, dates sans liaison conceptuelle	Recensement des données externes et internes pouvant affecter le marché de l'entreprise
Information	Compréhension et formalisation de liens entre données ou ensembles de	Listagé des indicateurs apportant une valeur données aloutée
Exploitation/ Connaissance	Mise à disposition de l'information dans la démarche d'apprentissage de l'entreprise	Intégration dans le processus de management
Exploitation/ Intelligence	Principes de management liés à la connaissance dont dispose l'entreprise	Choix stratéogiques

Avant de considérer ces volets qui ont fait l'objet de considérations par les économistes et les gestionnaires: la collecte des données et l'accès aux sources, la lecture et la compréhension des informations, l'exploitation de l'information, il nous faut en préalable s'interroger sur la notion de culture de l'information.

La culture de l'information

Pourquoi la Société des Moulins Blancs au Liban qui produit et distribue de la farine auprès des boulangers aurait-il besoin d'intelligence économique ? Pourquoi La Société Casablancaise d'Edition qui est depuis longtemps connue localement aurait-elle besoin d'intelligence économique ?

Il ne fait pas de doute que dans une économie de marché marquée par l'offre et la demande, il se produit des changements qui modifient cette relation. Le goût ou le pouvoir d'achat des consommateurs pour le pain, les nouvelles technologies de stockage et de fabrication pour les boulangers, l'évolution de la législation du gouvernement libanais qui impose des quotas d'utilisation de blé localement produit, les normes internationales de qualité en sont quelques exemples pour la production de farine. Le développement du numérique, la transmission de données à distance, le développement des médias de presse, en sont d'autres exemples pour les sociétés d'édition. L'analyse concurrentielle des forces de changement de Porter (1982) reste une grille classique pour la veille économique. L'intelligence informationnelle va plus loin car elle vise à comprendre son environnement et à anticiper l'avenir. Elle nécessite donc un esprit ouvert et sensible à l'environnement, un comportement prêt à modifier ses usages et pratiques.

Ainsi les producteurs de moules en Normandie doivent leur survie face à la concurrence internationale et la baisse tendancielle des prix grâce à une modification de leur technique de production et de collecte permettant une meilleure productivité et à une politique marketing d'appellation spécifique (produit d'appellation de pays) permettant de différencier l'offre aux yeux du consommateur devenu plus exigeant et plus connaisseur.

L'intelligence informationnelle ne peut également exister que s'il existe une volonté de collecte de données et un accès aux sources.

La collecte des donnees et l'accès aux sources

C'est sans doute la première étape du processus qui conduit à l'intelligence informationnelle.

Qui doit collecter les données ? Elle peut provenir d'une source contrôlée par un organisme public national ou international, d'une source ouverte sans restriction ou d'une source privée.

Dans les années 1960, le MITI japonais a joué un rôle clé dans la collecte d'informations dans les pays tiers au profit de l'industrie japonaise qui cherchait à se déployer mondialement. En France, les postes d'expansion économiques (PEE) dans les pays étrangers remplissent ce même rôle. Pour les pays émergents, il est bien compréhensible que le coût d'un tel réseau serait prohibitif et que la question même de l'accès aux sources et de la collecte peut se poser. De manière pragmatique, on peut cependant remarquer que de nombreux pays émergents ont souvent une représentation gouvernementale importante dans au moins un des pays du G7. Il parait donc possible de développer une antenne spécialisée dans ce pays. On peut craindre cependant qu'un tel soutien gouvernemental ne résoudra que partiellement le problème, car aussi bien les procèdures bureaueratiques, la multiplication des demandes « naïves » c'est-à-dire sans fondements réels ou sans perspective possible d'exploitation.

Aujourd'hui, l'Internet est devenu une source mondiale de collecte des données. Les moteurs de recherche permettent rapidement l'accès à un nombre conséquent d'informations gratuites. Dans cette optique, l'accès au réseau Internet dans des conditions acceptables quant au prix et au débit devient un élément clé de la collecte de données. Dans les pays émergents, le problème de l'accés à Internet illimité à haut débit demeure pour des raisons politiques, économiques ou culturelles. Lorsque l'on est convaincu que l'accès aux sources par Internet devient un canal pertinent et efficace, on franchit un pas important pour s'engager dans une politique d'aide au développement du Web. Il faut cependant reconnaître que la maîtrise de l'anglais s'impose dans cette logique même si aujourd'hui les grands moteurs de recherche offrent une traduction simultanée dans de nombreuses langues.

Une autre source classique ne doit cependant pas être négligée, c'est celle des rencontres internationales et professionnelles. En dehors des rencontres médiatisées comme celles du cycle de Doha, du G7 ou de Davos, il existe de nombreux salons internationaux qui permettent de percevoir les changements de l'environnement, les nouvelles orientations de l'offre. Si les rapports d'étonnement des missionnaires pratiqués par certaines entreprises pour découvrir les nouveautés ne sont plus d'actualité, il n'en reste pas moins qu'un système organisé de collecte et d'échange d'informations est stimulant.

L'espionnage fait-il partie de l'intelligence économique ? Bien souvent dans un contexte d'espionnage économique, la recherche d'informations est ciblée et de court terme. Elle est de manière empirique et subjective comptabilisée pour 10% de l'information utile pour les acteurs économique (Malaval, 1998). En dehors des problèmes d'éthique que cela soulève, il est souhaitable de relativiser l'importance de cette voie.

Comment favoriser l'accès aux sources ? L'expérience des pays développés - comme celle, en France, des observatoires économiques mis en place par l'INSEE (Institut National de la Statistique et des Etudes Economiques) ou des bureaux d'information des chambres de commerce montre qu'il ne suffit pas de collecter l'information. Il faut faire savoir quelle est l'information dont on dispose et la mettre à disposition en aidant le demandeur. Cette expérience montre également que cela ne sufût pas car le besoin d'informations en vue d'une décision gestionnaire ou économique est souvent une demande de « sur mesure ». C'est donc une expertise en recherche d'information qu'il faut assurer. Avec le développement du réseau Internet, de nombreuses sociétés privées se sont créées pour vendre cette expertise qui repose essentiellement sur la recherche d'informations secondaires.

La lecture et la compréhension de l'information

Elle est une deuxième étape. Une donnée ne devient une information que lorsqu'elle s'inscrit dans une problématique bien posée. Prenons l'exemple de la demande pour un bien d'équipement (lave-linge, téléviseur, climatiseur,...) et posons la question de la capacité de l'industriel local à répondre au marché local. Sans être un industriel, il est bien évident qu'il faut maîtriser les données techniques de production ou d'assemblage, qu'il faut être assuré d'un approvisionnement en matière première ou en composants essentiels et atteindre un niveau satisfaisant de qualité. Bien évidemment, les marques internationales possèdent déjà ces fondements. La différence avec la marque locale peut se faire sur le coût de la main-d'œuvre, même si une main-d'œuvre qualifiée est nécessaire, mais cette différence est bien souvent insuffisante pour s'imposer face à l'image des marques internationales.

Elle peut aussi se faire sur la base d'une meilleure adaptation du produit à la demande locale.

Ainsi, l'une des plus grandes marques chinoise d'appareils électroménagers a connu un grand succès en produisant des appareils de petite taille adaptés aux logements de nombreux habitants des cités chinoises. Il ne s'agit ici que l'application du simple principe d'étude des besoins des consommateurs bien connu dans le domaine du marketing. Or si le marketing est une discipline connue dans les pays émergents, elle reste encore sous-développée pour deux raisons: les petites et moyennes entreprises sont peu orientées vers une approche de marketing. Pour ces dernières, elle constitue un détour coûteux par rapport à la réactivité immédiate de la vente. La deuxième raison est le manque de spécialistes capables d'interpréter l'information pour la transformer en décision. En ce sens, l'apprentissage des pratiques d'un marketing minimaliste (Michon, 1999) et d'un benchmarking international sont sans doute une première étape.

L'exploitation de l'information

C'est la troisième étape. Elle consiste à transformer l'information en décision. Pour ce faire, on considère qu'il faut intégrer l'information dans le processus de management (Knowledge management) et la transformer en décision stratégique (Business Intelligence). Cette étape n'est pas la moindre pour qu'une organisation puisse tirer bénéfice du processus d'intelligence informationnelle. Le niveau de formation des cadres et de la maîtrise est sans doute un élément déterminant.

III- COMMENT METTRE EN ŒUVRE UNE POLITIQUE D'INTELLIGENCE INFORMATIONNELLE POUR LE DÉVELOPPEMENT DES MARQUES LOCALES?

Il ne servirait à rien de développer le concept d'intelligence informationnelle si nous ne pouvions dans un pays émergent répondre à l'objectif de développement des marques locales. Sans avoir la certitude d'étre exhaustif, il nous semble que l'on peut explorer plusieurs voies pour atteindre cet objectif.

- Construire un réseau classique d'intelligence informationnelle
- Inverser le processus et se concentrer sur l'intelligence stratégique
- Obtenir l'intelligence informationnelle par procuration et développer le particularisme local

Construire un réseau classique d'intelligence informationnelle

Chaque entreprise n'a ni le temps, ni les moyens de développer seule une politique de collecte d'informations hors frontières. C'est donc au gouvernement du pays émergent d'aider les entreprises locales par l'intermédiaire d'un organisme public. Nous pouvons reprendre l'exemple du Japon cité précèdemment en exemple comme une réussite.

A la fin de la seconde guerre mondiale, l'industrie japonaise se retrouve dans une situation d'aveugle pour redresser son industrie et devenir compétitive dans le domaine international. A l'initiative d'un groupement d'entreprises de la région d'Osaka, une première tentative a lieu bientôt soutenue en 1954 par le MITI (Ministry of International Trade & Industry) En 1958, le JETRO (Japan External Trade Organization) est créé et fonctionne à la fois comme organisme de promotion des produits japonais mais également comme organisme d'intelligence économique et commerciale. Avec près de 80 bureaux à l'étranger et de nombreux correspondants, il est l'une des plus grandes institutions dans le domaine de l'intelligence économique.

Cependant pour un pays émergent à l'exception de trés grands états comme la Chine ou l'Inde, le coût de mise en place serait certainement prohibitif. Il est sans doute préférable alors de conclure une alliance avec un pays tiers pour bénéficier d'une structure existante. On peut, par exemple, imaginer que les pays émergents francophones puissent, contre une redevance annuelle, utiliser les services des missions économiques permanentes situés en dehors de France. On peut imaginer un processus identique pour les pays anglophones.

Pour résoudre le problème du coût d'un réseau permanent, une autre voie est souvent évoquée. C'est celle de la création d'un réseau d'informations reposant sur des entreprises implantées à l'étranger, des étudiants ou anciens étudiants, des expatriés résidant à l'étranger. Ainsi, le recours à des anciens élèves des grandes écoles de commerce permet rapidement d'obtenir des informations.

Au-delà de ce réseau informel peut se constituer un réseau formel à mi chemin entre le réseau informel et le pôle organisé de compétitivité. Ce réseau permet de partager un savoir et un savoir-faire. Il n'est pas rare que les dirigeants de ce groupe informel organise régulièrement des rencontres pour avoir connaissance des opinions des uns et des autres sur le sujet du moment. Ce genre de pratique peut conduire à une convergence d'opinions dans un contexte d'incertitude mais ne garantit pas pour autant un échange de savoirs et un progrès du cadre d'analyse. On restera donc circonspect sur l'intérêt de ces rencontres dans le cadre d'un objectif d'intelligence informationnelle.

D'une manière générale, la mise sur pied d'un vaste réseau collecteur d'informations à la demande ne répond que difficilement à la problématique bien spécifique d'une entreprise. Il est donc utile de recherche une autre voie.

Inverser le processus et se concentrer sur l'intelligence strategique

Cette seconde voie repose effectivement sur l'idée qu'il est difficile de gérer une collecte de données qui ne cessent de se multiplier et de se développer. Il est ainsi aujourd'hui impossible de comptabiliser le nombre de pages qui est susceptible de circuler sur Internet car ce chiffre exprimé en millions semble croître de manière quasi exponentielle. Il est plus raisonnable de rechercher un processus sélectif permettant de se focaliser sur un moins grand nombre de données.Cette approche consiste à inverser le processus et donc à prendre l'intelligence comme point de départ de la recherche de données

Intelligence > Connaissance > Information > Données

Cette démarche a l'avantage de réduire le champ de recherche en se positionnant d'emblée dans une démarche de réflexion stratégique et de mise en place d'un « knowledge management » permettant d'intégrer l'information dans la prise de décision de l'entreprise. Elle semble également correspondre plus aux pratiques réelles des entreprises.

Elle suppose cependant qu'il existe un cadre d'analyse stratégique en préalable à toute démarche d'intelligence informationnelle.

Ces cadres d'analyse existent depuis plusieurs millénaires si l'on se réfère à la stratégie militaire et depuis un demi siècle si l'on se réfère à la littérature de gestion de l'entreprise. Les cadres d'analyse stratégique de Michael Porter (1982, 1986) sont sans doute parmi les plus célèbres. Il peut en exister d'autres.

Ainsi dans le cadre d'une analyse stratégique de l'offre et de la demande, nous en proposons une qui répond à une problématique du choix marketing dans un contexte de marché influencé par la maîtrise de la technologie et la différenciation de la demande.

Si l'on considère le domaine de la compétition économique des biens industriels et de service il faut tenir compte dans chaque secteur de deux facteurs essentiels: le niveau technologique de l'offre et la différenciation de la demande.

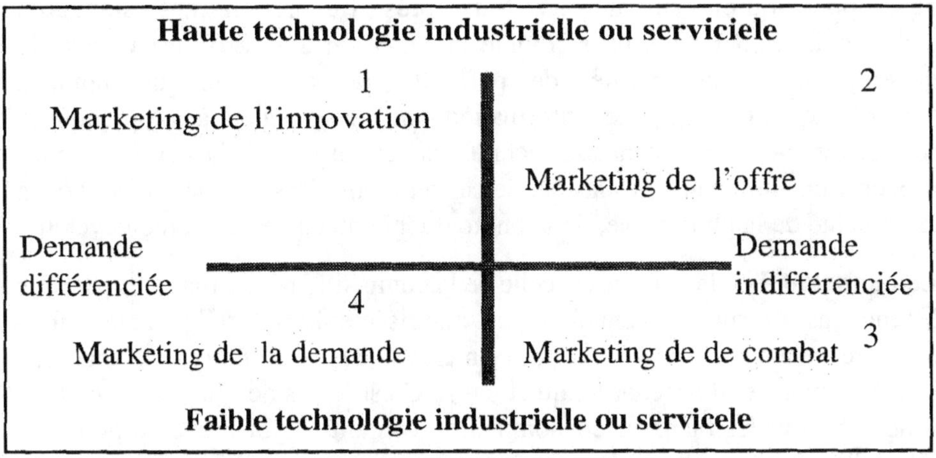

Cela nous amène à considérer 4 zones:

Quadrant 1 - Haute technologie industrielle ou servicielle et demande différenciée

Quadrant 2 - Haute technologie industrielle ou servicielle et demande peu différenciée

Quadrant 3- Demande peu diférenciée et technologie maîtrisée

Quadrant 4- Demande différenciée et technologie maîtrisée

L'état des lieux dans les pays émergents conditionne les réponses qui peuvent être apportés dans le cadre de la compétition internationale.

Le quadrant 1 est plutôt celui des marques internationales qui ont une capacité technologique à innover et à répondre à une demande qui évolue et permet de se différencier. Les marques locales n'auront accès à ce quadrant que lorsqu'elles auront une capacité à innover c'est-à-dire une capacité de recherche et développement.

L'intelligence informationnelle doit ici chercher à relier une évolution de la demande et une capacité de réponse technologique. Elle ne peut se réaliser que s'il existe une base existante de savoir-faire technique et de recherche et développement. Cela semble le cas actuellement en Chine dans quelques zones misant sur la haute technologie ainsi qu'à Taiwan et en Corée du sud.

Le quadrant 2 est également celui des marques internationales capables d'imposer un standard et de s'implanter sans avoir à adapter leur produit. Les marques locales sont trop faibles pour imposer leur standard et ne peuvent se développer qu'en suivant au plus près l'évolution des standards technologiques. Certains pays comme la Corée du Sud arrivent au stade de développement qui permet de prétendre à développer un standard technologique. L'intelligence informationnelle consiste alors à comprendre le sens de l'évolution des standards technologiques sur les marchés existants pour proposer une alternative. Cela a été le cas du Japon dans les années 1970 dans le domaine de la photocopie, de la photographie ou encore de la motocyclette.

Le quadrant 3 de la matrice est celle de la compétition entre marques par tous les moyens. Lorsque la technologie est maîtrisée et le coût faible de la main - d'œuvre cela permet alors au pays émergent de concurrencer les marques internationales et d'accéder au quadrant 3. C'est le cas des pays d'Asie et du Maghreb pour les biens de consommation courants ou bien encore pour des biens d'équipement des pays comme ceux de l'Europe de l'Est.

L'intelligence informationnelle servira alors à connaître les normes de qualité pour proposer des produits qui répondent aux besoins de la grande consommation.

Le quadrant 4 de la matrice est celle d'une demande différenciée à laquelle peut répondre une technologie maîtrisée. Les marques locales se développent dans ce quadrant car elles peuvent répondre à un particularisme local qui intéresse peu les grandes marques internationales. L'intelligence informationnelle doit alors s'orienter vers une compréhension de la demande locale en liaison avec l'évolution de la demande internationale.

On observe dans les pays développés, la saturation progressive des marchés des biens d'équipement, de consommation courante ou de services. Cela contraint les producteurs à faire progresser leur acquis par des innovations permanentes mais mineures sans développer de nouveaux concepts fondamentaux appelant de nouvelles marques. Ainsi, la dernière marque de lessive lancée en France avec succès, la marque Vizir, date de 1982. Le gain de parts de marché résulte plus d'un marketing de combat à coup d'opérations promotionnelles et d'innovation incrémentale.

Dans les pays émergents, les marques sont importées ou fabriquées sur place avec des caractéristiques semblables aux marques d'origine. Plus chères, elles font également l'objet de plus de promotion et de publicité. Les grandes marques de bière et autres boissons, de produits d'hygiène bucco-dentaire ou encore de nettoyage en sont des exemples.

On peut dans un premier temps considérer que l'intelligence informationnelle se limitera alors à une recherche locale pour permettre d'occuper le quadrant 4 de la matrice. Cette stratégie ne met cependant pas à l'abri des tentations des multinationales qui chercheront sans doute racheter une marque qui grandit sur le marché.

Une stratégie d'alliance de marque paraît plus intéressante le stratégiquement avec un portefeuille plus diversifié. Cela conduit alors à une occupation des quadrants 3 pour les co- marques internationales en plus d'une occupation du quadrant 4 pour les marques visant à répondre à un particularisme local. L'intérêt est alors de bénéficier de l'intelligence informationnelle dans le cadre des alliances internationales pour conserver ou acquérir une maîtrise technologique mais également pour bénéficier des études de marché locales.

Les quadrants 1 et 2 nécessitent un acquis technologique et des programmes plus ambitieux de développement dans le cadre gouvernemental national ou régional. Si de nombreux programmes ont visé à attirer des investissements étrangers pour employer la main d'œuvre et pour favoriser le transfert de technologie, tout aussi nombreux sont les programmes qui n'ont gagné qu'une défiscalisation. Plus rares sont ceux qui ont ancré un développement régional durable à partir des transferts de technologie, On cite bien ainsi l'exemple du pôle technologique de Manaus au Brésil dont la durabilité nous paraît cependant fragile. Dans la compétition actuelle où la délocalisation et la concurrence à l'attraction des investissements directs étrangers se banalisent, il semble de plus difficile de donner suffisamment de souffle à un développement industriel basé sur la haute technologie pour qu'il devienne une locomotive du développement en quelques années.

L'accompagnement d'une demande locale devrait cependant permettre de favoriser un développement plus rapide. L'intelligence informationnelle a là encore un but précis, celui de favoriser l'orientation de l'investissement technologique pour qu'il concoure à la production de biens et services répondant à la demande locale.

Notre conviction est qu'il ne peut y avoir aujourd'hui de développement industriel durable s'appuyant uniquement sur une demande extérieure au pays émergent. Un tel développement ne peut être qu'un développement de circonstance. Il peut disparaitre du jour au lendemain au gré de l'attractivité créée par des avantages fiscaux de pays concurrents. L'avantage d'une main d'œuvre bon marché tendant à disparaître avec l'évolution du niveau de vie et l'avantage d'une main d'œuvre qualifiée et formée dans les pays émergents n'est pas décisif.

Obtenir l'intelligence informationnelle par procuration et développer le particularisme local

Le couplage de ces deux actions permet de donner une base solide aux marques locales en créant un lien durable. Pour la marque étrangère, l'avantage est celui d'un partenaire impliqué pour développer sa part de marché localement, pour la marque locale, l'avantage est celui d'une image permise par le co-marquage et la possibilité de bénéficier de l'intelligence informationnelle du partenaire étranger.

L'alliance de marque est un contrat de coopération entre deux firmes qui décident d'utiliser un co-marquage de leur produit. Ce contrat de coopération peut prendre de nombreuses formes et concerner le simple affichage des deux marques sur le produit ou le service, la fabrication, la recherche, la distribution, etc.

L'alliance peut être accompagnée par le transfert de technologie sous différentes formes bien décrites dans la littérature. Ce transtert peut également concerner un avoir faire dans le domaine de la gestion des marques et de leur promotion.

L'alliance peut également s'accompagner d'une participation capitalistique de la marque internationale dans la marque locale.

Quelque soit la formule développée et en l'absence d'une législation contraignante imposant une telle formule, il apparaît que la raison qui pousse les marques internationales à nouer des contrats de coopérations est liée à des considérations pragmatiques de conquête de marchés locaux. Les marques locales ont développé au fil du temps un réscau vertical et horizontal qui pour toute marque étrangère prendrait du temps pour constituer un réseau équivalent.

Le contrat de coopération mentionne parfois le transtert de savoir-faire gestionnaire mais rarement celui d'un partage de l'intelligence informationnelle.

Un développement d'une telle close permet à une marque locale, au méme titre que dans le cas du transLert de technologie, de bénéficier de l'expérience des marchés et de l'intelligence informationnelle de la marque internationale.

Cette recherche de l'intelligence informationnelle plutôt que de la technologie est sans doute à développer pour les marques locales qui acceptent ou recherchent une alliance avec des marques internationales.

Les particularismes de la demande locale peuvent servir de point d'appui à la création d'un secteur local industriel et manufacturier qui sera moins soumis aux aléas de la compétition internationale.

En dehors des coûts de production plus bas, la force d'une marque locale est bien souvent son particularisme local. Celui-ci peut être défini par une adaptation du produit à la culture locale dans le processus de production, la composition, la consommation ou l'utilisation, mais également par une adaptation du conditionnement, du système de distribution ou de promotion. La faiblesse est bien souvent le résultat d'un manque de qualité. Il peut étre du aux différents éléments de la chaîne d'approvisionnement et de transformation du produit. Il en résulte une image qui ne permet pas de s'opposer aux marques étrangères.

Le recours à l'intelligence informationnelle peut permettre de mieux orienter le choix de l'offre et l'ensemble du processus de commercialisation.

Le processus qui conduit à développer une marque locale peut s'inscrire dans une démarche classique développée depuis plus d'un siècle dans les pays développés. Si on applique un tel schéma, il apparaît alors une liste de données à connaître liées au marché de l'entreprise et à son environnement :

- Etude de la demande actuelle et potentielle
- Capacité de l'offre à satisfaire la demande actuelle et potentielle
- Capacité des marques internationales à satisfaire la demande actuelle et potentielle
- Facteurs technologiques et d'innovation susceptibles de faire évoluer la situation
- Autres facteurs d'environnement susceptibles de faire évoluer la situation
- Capacité de l'entreprise à faire évoluer son offre sur l'ensemble de la chaîne de valeur

Cette liste ne constitue que la première étape du processus et bien évidemment, elle démontre que dès la collecte d'informations, le travail est ambitieux, fait appel à un professionnalisme et représente un coût qui peut se révéler dissuasif. On peut comprendre que de nombreuses entreprises choisissent la méthode « essais erreurs ».

Le travail est encore plus ambitieux si l'on songe à transformer une marque locale en marque internationale. « Trop de données, tue l'information » est un dicton devenu populaire au sein des entreprises. Ce processus classique constitue un goulet d'étranglement pour les PME-PMI et on peut alors être tenté de chercher une voie plus pragmatique et moins difficile à mettre en œuvre.

Cette une autre vision de l'intelligence informationnelle consiste à accéder directement à la connaissance par une approche holistique. Dans sa version japonaise de recherche d'harmonie, on dira qu'il s'agit d'une approche « ba » (Nonaka, 1998, Fayard, 2002). Plutôt que d'être uniquement orientée vers la veille technologique, elle repose sur l'idée que pour développer une sensibilité aux signaux faibles, il faut être en résonance avec son environnement voir se fondre dans cet environnement. La sensibilité systémique précède la conceptualisation des faits. Cette approche conduit à favoriser le relationnel et à développer simultanément la sensorialité, l'émotion et la logique. Un entraînement continu permet de développer une dynamique de production des connaissances plus riche que le simple traitement de l'information.

Dans un certain sens, elle rejoint la pratique de l'ethno-observation qui ne part pas d'un cadre d'analyse préalable mais se construit à travers les signaux perçus.

En pratique, elle existe sous forme d'un mode de management intuitif que l'on aide par un contact avec l'environnement. Ainsi, le responsable de la gamme de produits non seulement observera le consommateur ou l'utilisateur mais ira physiquement à sa rencontre du consommateur et pourra même aller jusqu'à devenir consommateur ou utilisateur lui-même. La critique essentielle que l'on formule est que cette pratique conduit à une grande subjectivité et produit des conclusions plutôt liées aux désirs et fantasmes de l'observateur plutôt que liées au milieu observé. Elle doit, pour limiter ce risque, être compensée par un cadre rationnel d'observation et d'analyse.

Dans la logique de production d'intelligence informationnelle, elle conduit à développer chez les dirigeants et les responsables de marque une sensibilité à l'environnement qui ne pourra être obtenu qu'en dehors du cadre de l'entreprise. Une partie du temps doit être consacrée à une rencontre sur le terrain avec les acteurs du marché mais également dans d'autres contextes de marché dans les pays étrangers.

Cela pose le problème des voyages d'études à l'étranger qui trop souvent se limitent à des conférences protocolaires ou purement promotionnelles et ne permettent pas de développer une réelle sensibilité.

L'approche holistique donne de bons résultats en permettant un apprentissage de la « bonne intuition ».

Une autre pratique rencontrée dans les pays émergents consiste à inviter des conférenciers ou organiser des séminaires pour permettre une ouverture d'esprit sur les pratiques et techniques développés récemment ou à la mode dans les pays développés. Elle permet une compréhension de l'évolution mais plus rarement une appropriation. Il arrive également que l'on renforce au contraire les convictions que la culture locale de l'entreprise et du pays est en opposition avec celle du pays d'origine du conférencier. Cette voie ne nous paraît pas la plus appropriée pour introduire la pratique de l'intelligence informationnelle.

Quel rôle peut jouer le gouvernement pour favoriser l'intelligence économique ou informationnelle au service des marques locales ?

Le rôle de l'Etat pour favoriser l'intelligence économique est un sujet de préoccupation depuis déjà de nombreuses années. Aujourd'hui en France, on observe une préoccupation territoriale (Rapport Carayon) qui part du principe que la meilleure manière de s'inscrire dans la compétition mondiale est de renforcer les pôles de compétence des différents territoires à travers le tissu de PME-PMI.

La recette reste cependant classique et s'articule autour de 4 points :

- la protection sécuritaire du patrimoine de l'entreprise (dépôts de marque et brevets)
- la définition de projets compétitifs et fédératifs basés sur un avantage économique
- la formation à l'économie de la connaissance
- la création de réseaux Etat-entreprises et interentreprises

Par ailleurs, l'idée d'un continuum entre grands groupes et PME au niveau régional fait son chemin.

Cette politique reste orientée vers un remodelage des comportements avec un appareil administratif lourd et complexe à gérer pour sélectionner les projets porteurs.

De nombreux autres moyens connus et mis en application dans différents pays existent:

- agir au niveau des alliances de marque et des contrats sous licence en favorisant l'intégration de composants locaux (politique de quotas).
- favoriser la promotion des produits locaux à l'étranger et par voie de conséquence hausser le niveau de qualité des produits
- organiser le contrôle de qualité et mettre en place des labels nationaux ou internationaux
- favoriser la création innovante pour l'artisanat traditionnel et les secteurs de l'exportation (sans oublier de mettre en place une protection des nouveaux patrimoines)

Concernant l'intelligence informationnelle, il lui faut encourager l'utilisation des études de marché nationales et internationales. Ce processus d'aide de la PME peut s'inscrire dans un système gouvernemental strict, délégué au système consulaire, ou bien encore semi autonome et associatif.

CONCLUSION

L'intelligence économique ou informationnelle apparaît comme un complément ou un substitut à l'innovation technologique comme source de développement économique. Elle permet de renforcer le rôle du pays émergent dans la tendance à la régionalisation et à la mondialisation des économies dans un contexte libéral. Sa mise en œuvre dans les pays émergents se heurte aux traditionnels obstacles du manque de moyens financiers et de la résistance au changement culturel. Toutefois, l'intelligence économique ou informationnelle ne prend toute sa valeur que dans un contexte de développement économique et industriel du pays émergent. Dans le nouveau contexte économique mondial, nous sommes arrivés à la conclusion que le développement des marques locales constituait un levier indispensable à un développement économique endogène. Ce développement en répondant à la demande locale crée un ancrage pour hisser le niveau de compétitivité des marques. L'intelligence informationnelle est l'un des moyens pour favoriser cette politique. La politique gouvernementale nous semble devoir également aller dans ce sens en favorisant la création d'un réseau d'intelligence, en favorisant les alliances de marque, en subventionnant les études non technologiques dans le pays et à l'étranger.

RÉFÉRENCES

Cook Michelle, Cook Curtis, (2000), Competitive Intelligence : Create an Intelligent Organization and Compete to Win, Kogan Page, Londres,

Bloch Alain, (1999), L'intelligence économique, 2 - e édition, Economica, Paris

Burke Maria E., Hall Hazel, (1998) Navigating Business Information Sources, American Library Association

Carayon Bernard, (2003), Intelligence économique, compétitivité et cohésion sociale, Rapport au Premier ministre

Daveuport T., Marchand D., (2000) ~ De l'inforrnation à la Connaissance », L'art du Management de L'information, Village Mondial,

Daveoport T., Prusak L., (1997) Information Ecology, Mastering the Information and Knowledge Management, Oxford University Press, New-York

Escorsa Pere, Maspons Ramon, (2001), De la Vigilancia Tecnologica a la Intelligencia Competitiva, Financial-Times-Prentice-Hall, Madrid

Fayard Pierre, (2000) La maîtrise de l'interaction, L'information et la cornmunication dans la strategie, Zéro heure, Editions culturelles

Fayard Pierre, (2002), Le concept de « Ba » dans la voie japonaise de la création du savoir, Document non publié, rapport pour l'ambassade de France à Tokyo

Hassid L., Moinet N, Jacques-Gustave P., (1995), L'intelligence économique (les yeux et les oreilles de l'entreprise), Les Editions d'Organisation, Paris

Kahaner Larry (1997), Coopetitive Intelligence, Touchstone Ed. Malaval P. (1998), stratégies et gestion de la marque industrielle, Publi-Union

Michon C., (1999), Le marketing des start-up: une voie possible, le marketing minimaliste, Revue Mariet Management, Vol. 2, avril-mai

Nonaka Ikujiro, The concept of « Ba »: Building a foundation for Knowledge Creation, California Management Review, vol. 40, n°3, Spring 1998

Porter Michael, (1982), Choix stratégiques et concurrence, Economica, Paris
Porter Michael, (1986), L'avantage concurrentiel, Interéditions, Paris

Prax Jean-Yves, 2000, Le Guide du Knowledge Management, Dunod, Paris

Quinn John F., (1994), Commercial Intelligence Gathering: Jetro and the Japanese experience, working paper, Fifth National OPSEC Conference "Managing Risk in the information Age"

Revelli Carlo, (2000), Intelligence stratégique sur Internet, 2éme édition, Dunod, paris

Rouach Daniel' (1996), la veille technologique et l'intelligence économique, Que sais-je ? PUF,

Tai, Susan, H.C., and Pae, Jae H., (2002), Effects of TV Advertising on Chinese Consumers: Local versus Foreign-Sourced Commercials, Journal of Marieting Management, 18, 49-72

Tascott D., Ticoll D., Lowy A., (2001), Capital Réseaux, Village Mondial Tiwana A., (2001) Gestion des connaissances, Campus Press Usunier J.C., (1999), Marieting across cultures, Prentice Hall Ed.

L'ÉMERGENCE DES PÔLES D'EXCELLENCE DANS UNE ÉCONOMIE OUVERTE

L'EXEMPLE DU MAROC

Abdellatif BERNOSSI

La globalisation rampante et le développement soutenu de la mondialisation à travers la prolifération d'accords de libre-échange, l'abolition progressive des barrières douanières et la compétition acharnée qui en découlent, poussent aujourd'hui les acteurs économiques, où qu'ils soient à chercher à se repositionner sur le marché en fonction de leurs pôles d'excellence existants ou à venir.

Cependant, au-delà des acteurs économiques eux-mêmes, ce sont les pays et plus précisément les régions qui les composent qui sont appelés à se définir dans le tumulte d'une compétition désormais globale.

Or un pôle d'excellence, cela se construit sur la base d'un environnement bien cerné, en fonction d'objectifs ou défis à relever et par le biais d'une stratégie et de moyens à mettre en œuvre.

Le Maroc n'échappe pas à cette dynamique planétaire, et se doit de déterminer sa place au soleil du marché unique en fonction de ses potentialités à transformer en pôles d'excellence.

Enfin la région Tanger-Tétouan, constituée en territoire polycentrique, recense ses atouts et cherche à s'appuyer sur un bon réseau de régions voisines, internationalement parlant, pour réaliser son décollage économique.

Le concept de pôle d'excellence ou de compétence, désormais banalisé en Europe, est encore peu usité au Maroc où l'on continue à rechercher des leviers de développement économique tous azimuts. Et il est fort probable que la construction des pôles d'excellence sera davantage la mission des régions où ils ont un contenu plus concret et en tous cas plus facilement identifiable.

Un pôle d'excellence se construit autour d'une activité adossée à un centre de recherche et développement.

Bien entendu, il ne peut s'agir que d'une activité porteuse ayant un fort potentiel de développement et pouvant percer dans la compétition régionale voire internationale. Car l'excellence se détermine, définitivement, en termes d'enjeux mondiaux.

C'est donc une activité fondée sur la formation, la recherche, l'innovation et une compétence reconnue apte à relever les défis fixées comme autant d'objectifs à atteindre.

Ceux-ci devant se cristalliser dans des percées majeures dans le domaine de compétence concerné : performance de haut niveau œuvre de compétences réunies autour de l'activité, attrait incontestable des meilleurs intervenants et création de richesses et d'emplois, fruit de la recherche et de l'innovation ; le tout en scellant les meilleurs partenariats du secteur aux plans national et international.

Construire un pôle d'excellence ne peut se concevoir sans la mise au point d'une stratégie appropriée fondée sur la formation, la recherche, la promotion de la démarche qualité, la capacité de visibilité et d'anticipation, le choix judicieux des priorités et l'action en permanence inscrite dans la perspective d'une croissance soutenue.

Le transfert de technologie, et l'acquisition du savoir sont tous deux des piliers sur lesquels se fonde une recherche compétitive. Ceci suppose, d'une part tisser des alliances et partenariats efficaces et, d'autre part, mener une politique rigoureuse de formation et de développement des ressources humaines.

C'est en étant à l'écoute méthodique et systématique du « marché », qu'il devient possible de déterminer les aspects sur lesquels les efforts seront focalisés pour un impact maximum.

Cependant le marché n'est pas la seule référence, car si l'on ne prend pas en ligne de compte les questions d'éthique, les données culturelles spécifiques du pays et de la région, le risque d'échec devient alors patent .

Enfin comme pour toute stratégie réussie, la qualité du processus d'évaluation permanente et pertinente des actions entreprises et l'appréciation de leur impact, doit bénéficier de toute l'attention requise afin d'assurer au pôle un développement harmonieux et maîtrisé.

La mise en œuvre d'une stratégie patiemment construite suppose la mise en œuvre de moyens appropriés en quantité et qualité satisfaisantes, tant humains que financiers.

Le socle en est un dispositif lisible et cohérent où les missions et les choix sont clairement déclinés et biens coordonnés, confiés à des ressources humaines adéquates correctement formées et motivées où la professionnalisation prédomine.

La gestion rigoureuse de la collecte, du traitement et de la diffusion de l'information, intéressant le secteur d'activité, au sens le plus large, y compris tout ce qui a trait à l'appropriation du savoir, de la technologie et de la propriété intellectuelle, est un autre moyen au service de la stratégie définie ci-dessus.

On peut citer également la création et la participation à des réseaux de recherche et d'innovation technologiques, la mise en place d'équipes mixtes public-privé opérant dans des laboratoires communs université - entreprises,et l'encouragement à l'émergence d'incubateurs et d'entreprises innovantes.

Pour donner à tous ces moyens un impact maximum, il convient d'ériger les ressources humaines en paramètre essentiel de développement du pôle : cadre motivant, attrait de compétences étrangères et expatriées, formation continue obligatoire et usage généralisé des outils informatiques, le tout dans le cadre d'une organisation interne efficiente, et performante.

Un pôle de compétence peut-il émerger en dehors du soutien des Institutions ? Un Pôle d'excellence ne peut se concevoir si son apport à l'économie régionale et nationale n'est pas significatif. Par conséquent c'est une affaire qui, si elle n'est pas directement initiée par les Institutions, devra sans nul doute, pour réussir, bénéficier d'un soutien fort de leur part.

Par leur aide matérielle ou financière, les pouvoirs publics, les collectivités territoriales, en particulier les régions, ainsi que les réseaux associatifs, jouent un rôle déterminant dans l'émergence et la pérennité du pôle. Les activités promotionnelles qu'elles peuvent mener aideront à faire connaître le pôle et à promouvoir son image et sa notoriété dans le monde.

Toutefois, il paraît légitime également de se demander si tout pôle de compétence est bon à promouvoir.

En effet, un pôle dont l'action se traduit par la dégradation de l'environnement, la non prise en compte du facteur de développement humain au plan socio-culturel, la perte d'indépendance nationale dans des secteurs hautement stratégiques, ce pôle-là devrait être purgé de ses écueils potentiels avant d'être soutenu et reconnu comme tel.

Le Maroc ne fait pas exception à ce qui vient d'être énoncé. Et comme il a été écrit plus haut, un pôle d'excellence est global, mondialement parlant, ou n'est pas.

Si le concept, ne fait pas partie du langage courant, l'environnement ne semble pas encore mûr pour l'adopter.

En effet l'association université-entreprise est encore très timide, les entreprises publiques les plus performantes le sont souvent en raison d'une situation de monopole ou quasi- monopole (RAM, OCP, Maroc-Telecom, Régie des Tabacs...), l'information économique de base fait défaut, la recherche dispose de très faibles moyens et l'exode et le non-retour au pays de cerveaux appauvrit le tissu dédié à la recherche.

Cependant des entreprises, voire des secteurs performants, existent et disposent même d'une renommée internationale.

De même, aussi bien l'Etat que les collectivités territoriales et l'université amorcent une timide implication dans le monde de l'économie. En témoigne le rôle prépondérant conféré aux walis dans les questions économiques et la mise en place des Centres Régionaux d'Investissement.

Les secteurs qui, à nos yeux , pourraient devenir des pôles de compétence, sont le tourisme, l'agro-alimentaire, l'industrie de la pêche, la chimie et para-chimie, le textile/habillement, les centres d'appel multilingues, et l'artisanat .

Progressivement, ces centres de compétence, pourraient émerger si certaines conditions étaient réunies.

Et d'abord l'existence d'une volonté politique visant à insérer le projet de pôle dans la stratégie gouvernementale en matière de développement économique et d'aménagement du territoire.

Condition essentielle, un pôle ne mériterait pas son titre si l'on ne procèdait pas à la revalorisation de la fonction « recherche » à l'Université et plus généralement dans toutes les composantes de l'enseignement supérieur et professionnel, et en appliquant, une politique de formation valorisant l'excellence et épousant les besoins des pôles d'excellence en chercheurs.

La consolidation de cette fonction passe par la mise en place d'une politique attractive visant à ramener des compétences pointues au pays et sa dotation d'un système complet, fiable et transparent d'informations de tout ordre permettant aux unités de recherche de disposer des matériaux nécessaires à leur travail.

Par ailleurs, faire émerger les pôles d'excellence est tributaire des partenariats et alliances au moyen de projets concrets entre l'entreprise et l'université d'une part et des liens à tisser avec les réseaux de compétence au niv eau international à l'effet de transférer technologie, savoir et savoir-faire d'autre part.

Enfin, l'émergence de pôles d'excellence au Maroc, passe par la création des mécanismes d'accompagnement indispensable à leur mise en valeur, et à leur promotion tant à l'intérieur qu'à l'extérieur du Maroc, en particulier en intéressant les collectivités territoriales à leurs projets et en les impliquant dans le développement des pôles.

Analyser le cas du Maroc, peut également être approché à travers celui des différentes régions qui le composent. A titre d'exemple, examinons celui de la région Tanger-Tétouan.

Plus précisément, on parlera du réseau métropolitain polycentrique intégrant l'ensemble du territoire de la péninsule Tingitane : Tanger, Tétouan, Chefchaouen, Larache et Assilah.

Hormis la chimie et para-chimie, tous les secteurs d'activité éligibles à l'excellence y existent.

En outre, l'implantation du Port Tanger Méditerranée pourrait y ajouter d'autres en matière de logistique, de transport maritime et de shipping en général.

Par ailleurs, le rôle dévolu à Tanger comme place financière offshore pourrait en faire un autre pôle d'excellence si certaines conditions sont réunies.

Enfin la Zone Franche d'Exportation TFZ, en réservant 15 hectares de terrains à un projet de technopole, pourrait transformer cet espace moyennant des investissements adéquats en un lieu dédié aux NTI avec l'ambition de constituer un pôle d'excellence à son tour. De même l'industrie liée aux composants pour automobiles constitue déjà un pôle d'excellence régional avec les plus grands équipementiers mondiaux (Delphi, Yazaki, Volkswagen ...), plusieurs sous-traitants et quelques dix mille ouvriers.

Dans le cas cette région, une action décisive de faire éclore ces pôles d'excellence pourrait trouver sa source dans la création en gestation actuellement de la Fondation « Tanger –Invest ». Celle-ci pourrait, si elle voit le jour, constituer un catalyseur de taille pour la promotion de cette région.

Enfin le rôle dynamique et ouvert sur son environnement de l'université A.ESSADI, sa diversité, sa composition, constituent un atout majeur dans l'émergence de pôles d'excellence dans la région.

IV

Globalisation, stratégies et Géopolitique

la Nouvelle Donne

L'IMPACT DU PROGRÈS TECHNIQUE SUR LA RESTRUCTURATION ENTREPRENEURIALE ET LA RELOCALISATION DES PRODUCTIONS

Claude ALBAGLI

Depuis la fin des années quatre-vingt, l'économie internationale se retrouve bouleversée. Un mouvement tellurique redessine la carte mondiale et les relations de ses composants. Il est bon de revenir sur ce qui fait la différence entre la mondialisation des échanges - rendue possible depuis le premier tour de la planète par Magellan en 1521 - et celle qui, depuis une quinzaine d'années, entraîne un bouleversement des échanges et de l'entreprise.

Nous aborderons cette présentation en trois temps, d'abord pour montrer comment trois facteurs se cumulent pour insuffler la puissante modification des échanges qui se déroule sous nos yeux depuis une quinzaine d'années. Dans un second temps nous mettrons en exergue quelques unes des conséquences les plus saisissantes sur l'organisation entrepreneuriale et sociale. Enfin en dernier lieu.

I- LES TROIS MUTATIONS MAJEURES

Au nombre de trois, elles s'inscrivent dans les nouvelles technologies de l'information et de la communication, dans l'effondrement des coûts des transports et dans le changement de paradigme supportant l'analyse des échanges extérieurs.

1- Les technologies d'information et de communication (TIC)

Les technologies de l'information et de communication (TIC) ont proprement bouleversé le mode de fonctionnement de la planète. Ce n'était pas que les différentes parties du monde n'étaient pas connectées depuis très longtemps, mais que ces communications nécessitaient un temps assez long pour que les messages soient transmis d'un point à l'autre des continents. Les informations perlaient entre les parties du monde, mais cela était au prix d'un décalage temporel important. Il fallait attendre, il y a peu de temps encore, le succès d'une opératrice de la poste de Bamako (Mali) pour joindre Paris par téléphone et cette attente pouvait se prolonger durant des heures. Les journaux parvenaient avec une semaine de retard. Les émissions de radio étrangères n'étaient audibles qu'à certains moments de la journée, et encore, cela n'était possible qu'avec des grésillements intempestifs. Les chaînes de télévisions étrangères ne parvenaient pas sur les territoires excentrés, l'apparition de télévisions nationales constituait déjà à elle seule, une véritable percée technologique. Lorsque tout ceci se complétait par des difficultés logistiques qui entravaient la circulation des hommes, on comprend la segmentation des espaces informationnels. Un administrateur colonial qui devait se rendre de France jusqu'en Oubangui-Chari mettait encore deux mois au début des années cinquante, alors qu'aujourd'hui, quelques heures suffisent pour passer des forêts tropicales aux plaines de la Beauce.

Qu'est-ce que cela a changé ? Les communications sont maintenant directes et instantanées. C'est-à-dire que désormais la planète entière par sa capacité à disposer partout et au même moment des mêmes informations se dote d'une capacité émotionnelle unitaire pour réagir à l'évènement. Elle est désormais collective, simultanée et immédiate. Elle peut au même moment partout s'émouvoir d'une catastrophe naturelle, d'un attentat spectaculaire ou d'un crack boursier. Cette unité tend à faire de la terre, sur le plan des émotions, un village global. Car les agents économiques sont tous en mesure de recevoir l'information au même moment et d'être soumis à la même vague émotionnelle. La rétention spatiale et technique des informations sur les évènements plaçait les opérateurs dans des logiques différentes et décalées. Et lorsque le rattrapage s'effectuait, une grande part de la pertinence s'en était évanouie et l'émetteur était en but déjà avec d'autres évènements et un environnement déjà modifié. On connaît les mésaventures des colons français et allemands qui sur les marches togolaises, durant la Première Guerre mondiale, avaient réagi avec des semaines de retard au déclenchement du conflit ou au cesser le feu de l'Armistice…

Aujourd'hui, les places boursières sont interconnectées et fonctionnent en temps réel sur l'information planétaire. Cette nouvelle situation provoquée par les technologies de l'information et de la communication est essentiel pour le fonctionnement des marchés monétaires et financiers et provoque de nouvelles opportunités. La facilité avec lesquelles aujourd'hui les capitaux peuvent se déplacer d'une place à l'autre, est due largement aux avantages des nouvelles technologies. L'acquisition de cet atout est venue à temps pour tirer partie des conclusions sur les pratiques des marchés financiers empêtrés par le surendettement. Initialement préféré par les pays pour conforter leur indépendance que l'on voyait menacée par des opérateurs gloutons et prédateurs, soupçonnés de vouloir faire main basse sur les ressorts de l'économie nationale et de faire perdre au pays l'indépendance politique très récemment conquise. Lorsque les excès de cette politique amenèrent bien des pays à devoir se soumettre à des plans d'ajustement structurel qui nécessitaient un contrôle total de leur économie, il devint évident que les affres de l'endettement se révélaient pire que ce que l'on avait redouté : la mainmise par les créanciers et le FMI de toute la politique économique et budgétaire des Etats. Désormais, on préférait les capitaux sous forme d'investissements directs étrangers, puisqu'ils apparaissaient dépouillés de suspicion. A la faveur des nouvelles technologies, les investissements directs et les mouvements de capitaux purent se déplacer à grande vitesse et en continu d'un marché à l'autre, propageant leurs tendances, leurs rumeurs et leurs logiques. Mais la volatilité extrême de ces capitaux sur les places financières allait menacer les économie d'autres dangers en se déplacement massivement d'une place aux premières alertes. C'est ce qui se vérifia sans attendre au Mexique (1994), en Thaïlande et Asie du Sud-Est (1997), en Russie (1998), puis en Argentine (2002), en Turquie ....

La liberté de circulation des capitaux est consubstantielle à la révolution numérique. Internet est en même temps le vecteur de transfert de la technologie et de son accessibilité. Les effets de cette mutation technologique sont devenus plus importants dans le cadre du libre échange que les négociations de l'OMC.

2- Les containers ou la révolution du conditionnement

Le deuxième aspect de ces mutations concerne les transports. Une invention finalement assez élémentaire a consisté à placer toutes les marchandises à transporter dans d'énormes cubes en acier, capables de recueillir plusieurs tonnes de marchandises susceptibles d'être manipulées en une seule manœuvre par le levage à partir d'un système de grues. L'usage de ces containers a été généralisé de façon massive au cours de ces dernières années et a permis un effondrement spectaculaire des prix pour plusieurs raisons.

1° En plaçant une quantité importante de marchandises dans un même cube transportable, on évite des manipulations longues et fastidieuses par des cohortes de dockers péniblement chargés. La simplicité de la manipulation ne nécessite que l'investissement d'un système de levage et de dépose. Les cubes peuvent s'empiler les uns sur les autres pour être stockés. On réalisait ainsi une économie significative de la main d'oeuvre.

2° Mais en transbordant les containers, par de simples manipulations de portiques, on raccourcit significativement le temps d'immobilisation des moyens de transports (bateaux, trains ou camions). La rotation des navires peut alors s'accélérer et leur rentabilité augmenter réduisant ainsi les coûts de transports.

3° Les ruptures de charge que constitue le transfert d'un moyen de transport à un autre, sont une cause importante du renchérissement des coûts de livraison. Or la simplification du transbordement d'un container du bateau au train, du train au camion, réduit considérablement, ici encore, les frais de transport des marchandises.

4° La simplicité du chargement a occasionné la mise en chantier d'énormes navires porte-containers navigant entre les continents. Ceux-ci chargent dans leurs soutes, mais aussi sur le pont des centaines de cubes métalliques. Ils se trouvent ainsi capables de transporter des quantités beaucoup plus importantes que par le passé. Cela constitue le quatrième facteur contribuant à réduire le coût unitaire du transport des marchandises.

Avec cette mutation significative du transport des biens, les coûts de la mobilité n'apparaissent plus comme un élément dissuasif dans les échanges. Nous verrons que cela bouleverse sensiblement la stratégie internationale des entreprises.

3- Le changement de paradigme

Le troisième élément intervient dans ce contexte, il s'agit du changement de paradigme, c'est-à-dire au renversement des hypothèses et des axiomes fondant les échanges internationaux. En effet, durant les années d'après guerre, malgré les négociations pour l'abaissement des barrières tarifaires entre les pays développés libéraux, les analyses étaient sous l'emprise d'une influence néfaste des échanges internationaux. En effet, la théorie de la détérioration des termes de l'échange nimbait toutes les analyses portant sur les échanges entre le Sud et le Nord. La théorie de Prebish s'imposait comme un paradigme dominant.

Cependant, les pays africains qui avaient mis en place la déconnection sous l'emprise des analyses de Samir Amin, ou les pays latino-américains qui s'étaient forgés un outils industriel à l'abri des barrières douanières dans un contexte de substitution aux importations sous l'influence de la CEPAL, avaient connu des résultats décevants. Les industries protégées avaient fini par être obsolètes, les produits nationaux coûtaient plus chers que ceux que l'on aurait acquis sur le marché international, amputant d'autant le pouvoir d'achat des consommateurs nationaux, enfin les pays qui s'étaient résolument affranchis du centre pour ne pas être une périphérie dépendante, s'étaient isolés et coupés de tout le progrès technique irrigant les échanges. Les résultats n'étaient décidément pas convaincants.

Les performances des pays de l'Asie du Sud-Est apparaissaient a contrario comme une révélation. Les quelques 80 millions d'habitants que constituaient les quatre dragons, offraient à contre courant des idées reçues, le quadruple exemple d'une stratégie de conquête des marchés extérieurs complètement contraire aux schémas théoriques dominants. La réussite spectaculaire d'un pays comme la Corée qui - partie d'un PNB par habitant du niveau du Sénégal pour devenir la treizième puissance planétaire - ne manquait pas d'impressionner et de lézarder les certitudes antérieures. Le commerce extérieur pouvait donc être source d'enrichissement et de développement. Cette trajectoire hétérodoxe intrigua les théoriciens set suscita l'engouement comme si la clef du développement étaient mise à jour. Pourtant si l'on avait fait la part des choses en aurait observer que ce succès tout à fait fulgurant n'aurait pas pu être obtenu si tous les pays du Tiers-monde (4 milliards d'individus) avaient choisi la même stratégie et s'étaient engouffrés sur les marchés américains et nippons. La saturation des marchés extérieurs aurait conduit à l'échec de tous. Néanmoins, le commerce extérieur faisait preuve, dans certaines conditions, de vertus incontestables.

Le paradigme qui apparût à l'orée de la décennie quatre-vingt-dix affichait désormais une foi absolue dans le libre échange. Il avait été préparé, durant la décennie précédente, par une série de mesures organisées à partir des Plans d'Ajustements Structurels visant à rétablir les équilibres de la balance commerciale, de la balance des paiements et du budget. Les économies se préparaient à coups de libre-échange, de libéralisation, de dérégulation et de déréglementation. L'échange international devenait un fondement des nouvelles approches du développement et de la croissance.

Les conséquences pratiques de ce retournement furent la baisse considérable des barrières douanières et des obstacles réglementaires aux échanges. Les prix des biens et services échangés sur le marché international n'étaient plus grevés par ces taxes, ni bloqués par un dispositif contraignant et filtrant. La fluidité des échanges de marchandises et de services était ainsi établie, permettant l'augmentation rapide des flux d'importations et d'exportations.

Ainsi la combinaison des nouvelles technologies de l'information et de la communication, de l'effondrement des coûts de transports provoqué par la mutation du système de conditionnement et enfin, du nouvel engouement en faveur du commerce international induisant la disparition des barrières douanières et des obstacles réglementaires bousculait de fond en comble, tout le paysage économique.

II- LES RUPTURES DE LOGIQUE

Le contexte international se trouvait radicalement transformé. Les entreprises se voyaient confrontées à de nouveaux défis que nous pourrions répertorier de la façon suivante : basculement des stratégies des multinationales, bouleversement de la régulation nationale, prévalence de la logique financière.

1- Le basculement des multinationales en transnationales

Dans la période antérieure, les entreprises qui voulaient exporter étaient gênées par les dispositifs douanier et réglementaire. Si le marché convoité ne pouvait pas être pénétré par la voie commerciale, on pouvait entreprendre une installation au sein même du pays. L'objectif n'était pas nécessairement des plus simples, car le nationalisme économique qui s'était imposé avec l'avènement des indépendances politiques, rendait toutes les négociations délicates. Les codes d'investissements qui cadraient ces opérations, ressemblaient davantage à un dispositif de défiance envers les investisseurs étrangers qu'à un support incitatif. Les industriels étrangers restaient potentiellement des prédateurs néocoloniaux et non pas des créateurs potentiels de richesses. Néanmoins, des négociations pouvaient intervenir, et au prix de quelques concessions, dont l'entrée du capital national privé ou public dans la structure de financement de l'entreprise, des implantations d'unités industrielles étaient conclues. Tout se passait ensuite comme si ces entreprises agréées agissaient désormais à l'abri d'un marché protégé et captif, bénéficiant à son tour, des barrières douanières et réglementaires qui jouaient cette fois-ci à son avantage en les protégeant de la concurrence. Les entreprises implantées relevaient d'une sorte de clonage de la maison mère, qu'une taille plus réduite singularisait le plus souvent. Lorsque Renault implantait une chaîne de R12 en Turquie ou les Dacia en Roumanie, il s'agissait avant tout d'une reproduction des chaînes de Billancourt limitée à un modèle. Si le clonage relève d'un succès scientifique récent, il constituait pour les capitaines d'industries multinationales, une pratique bien établie depuis un demi siècle déjà.

Désormais, avec les bouleversements répertoriés ci-dessus, le terrain d'action de l'entreprise changeait dans sa dimension spatiale. Puisque les coûts de transport se sont effondrés, puisque les barrières douanières et réglementaires ont largement été levées, puisque les investissements étrangers sont réclamés, la configuration entrepreneuriale va changer du tout au tout. La planète entière devient un champ d'opportunité pour les entrepreneurs. Dès lors, il ne s'agit plus de savoir si la production d'un bien à l'échelle du marché convoité est compatible avec le seuil de rentabilité d'une unité de production. La problématique se déplace. Elle consiste à décomposer le bien identifié en sous-produits le constituant et à chercher sur l'espace planétaire, les endroits où chacun d'entre eux seront les plus rentables. Certains sous-produits offrent des caractéristiques nécessitant plus de travail, d'autres plus de capital, d'autres des technologies de pointes, d'autres un environnement juridique et fiscal spécifique. L'objectif de l'entrepreneur est de placer chaque segment de produit dans le pays offrant les avantages comparatifs les plus opérationnels. L'examen d'un ordinateur portable offre tout à fait l'illustration de cette stratégie. Les semi-conducteurs sont produits peut-être en Chine, le poste de travail avec l'écran est réalisé en Corée, le transformateur plus élémentaire, provient sans doute d'un pays moins avancé, la Malaisie, l'ouvrage d'accompagnement s'il s'agit de l'Europe, a toute les chances d'avoir été fait en Italie même si le client est français. Le contrat commercial a son siège social en Irlande compte tenu des facilités fiscales offertes aux implantations des sièges sociaux. Les logiciels de l'ordinateur proviennent des Etats-Unis. La sacoche d'accompagnement pourra provenir de l'Inde ou encore de Chine. Ainsi le produit fini détenu entre les mains du consommateur final a une composition nationale multiple. Le regroupement de ces segments de produits bien que provenant des endroits les plus éloignés ne pose pas de problèmes dirimants. L'entreprise a pu faire son calcul de rentabilité non pas pour l'implantation ou non de la chaîne complète de production, mais s'est interrogée sur chaque segment de produit entrant dans la composition finale afin d'asseoir pour chacun d'entre eux une décision spécifique. L'entrepreneur doit ensuite réaliser l'assemblage de chacun de ces éléments pour reconstituer le bien final. La coordination se fera avec le concours des nouvelles technologies d'information et de communication. L'entreprise au lieu de, réaliser un clone s'est mise à reconstituer un puzzle. De multinationale, elle est devenue une transnationale. Il devient difficile d'identifier la nationalité exacte du produit ainsi mis sur le marché tant la diversité des implications internationales est grande. Mais cette confusion n'est pas limitée au produit.

2- Les bouleversements de l'ordre national

Les ouvertures des économies nationales et la forte implication des échanges internationaux dans le fonctionnement de leur économie, rend la conjoncture beaucoup plus sensible aux aléas étrangers. La configuration est beaucoup plus complexe et rend l'observateur plus perplexe pour son analyse. En effet, la pénétration des influences sur le marché intérieur ne permet plus à l'Etat de réguler son économie ni avec l'autonomie qu'il revendique, ni avec les outils forgés par les politiques keynésiennes habituelles. Les gouvernements se trouvent, pour une part, désemparés puisqu'ils ne sont plus en mesure de peser sur les causes des variations conjoncturelles. C'est un premier type de difficultés.

Mais la structure interne des économies nationales se trouve elle-même déchirée par des secteurs économiques répartis entre les activités de biens échangeables, donc soumis aux influences de la concurrence internationale et les biens et services non transférables relevant seulement de l'économie concurrentielle locale ou du dispositif public de la nation. Si l'Etat reste encore en mesure de jouer sur la fonction publique et territoriale, il ne peut qu'influer sur les conditions d'activité du secteur concurrentiel de proximité ou d'attractivité potentielle pour les opérateurs étrangers. Or la prospérité du secteur non transférable ne peut se concevoir durablement sans certains équilibres du secteur concurrentiels qui sont en dehors de la maîtrise des agents économiques nationaux. C'est cette distorsion économique qui peut juxtaposer des friches industrielles et des aires d'activités novatrices, qui peut faire cohabiter des couches sociales en déshérence et une « jet society » prospère.

Les répercussions internes menacent d'être considérables. Les élites appelées par Robert Reich, les manipulateurs de symboles rejoignent un club mondialisé et cosmopolite dont l'insertion dans une logique nationale reste des plus incertaines. Certains parleront de la trahison des clercs. La référence de leurs comportements n'étant plus celle de la nation, mais l'espace économique international dans lequel se meut cette élite. Des élites locales ancrées sur des activités plus traditionnelles avec pour référence les emplois offerts par l'Etat ou les entreprises traditionnelles de production de masse attendent de l'Etat la protection. Ils entendent que la puissance publique bloque les délocalisations et crée un climat propice à l'attractivité de nouvelles unités favorables à plus d'emplois. Dans les pays en voie de développement, la première catégorie possède des noyaux qui ne sont pas nécessairement embryonnaires. Ils sont reliés par des codes culturels communs, des valeurs internationales partagées qui assurent un réseau planétaire à la mondialisation. Mais entre les élites cosmopolites et les paysans traditionnels, il n'y a pas de classe moyenne capable d'assurer les relais. Il n'y a pas de société civile disposant de corps intermédiaires ou quand ces institutions existent, elles se présentent le plus souvent comme une francs-maçonnerie au pouvoir plutôt que comme un vecteur porteur de l'intérêt général. En fait la mondialisation tend à restructurer l'espace économico-social comme une sorte de métastase de la modernisation. Les couches les plus avancées sur la voie de la mondialisation ne font pas basculer l'ensemble de la nation dans cette nouvelle logique, mais se raccorde d'une manière internationale aux noyaux constitués à travers la planète. Il en résulte une dislocation entre les intérêts mondialisés et ceux qui restent localisés. La carte internationale peut identifier la représentation de la mondialisation à une peau léopard.

L'une des particularités de ce phénomène est qu'il ne tient pas compte de la dichotomie traditionnelle entre le Sud et le Nord. Les analyses pays prennent alors un caractère embrouillé. Les moyennes affichées ne sont qu'un résultat qui écrase les réalités puisque la mondialisation tend à accuser les divergences et donc les inégalités. Que peut-on relever de commun entre les sans-terre du Sertao brésilien et les golden boys de Sao Paulo ? Les uns relèvent du Tiers-monde et de ses mutations, les autres sont en connexion directe sur la dynamique de la mondialisation. Les deux réalités sont concomitantes et relèvent chacune du même pays. Quelle est alors son identité ? Il n'y a pas de passerelles entre les deux logiques.

3- L'affirmation de la logique financière

Les marques des stratégies industrielles ne se contingentent pas dans une logique liée à la seule réalité productive. Si nous avons déjà pu constater que le caractère national d'une entreprise s'estomper devant le puzzle géographique dans la composition des biens offerts par les transnationales, cette imprécision tend davantage encore à se manifester avec la propriété de ces groupes par le biais du marché financier. Celui-ci non seulement du fait des nouvelles technologies de communication est devenu en tous temps accessible sur les marchés boursiers, mais encore les fonds de pension tendent à imprimer au secteur industriel de nouvelles logiques qui relèvent davantage des contraintes financières que de la stricte observance des critères de rentabilité industrielle.

En effet, les travailleurs américains ont un système de retraite qui dépend assez largement de la capitalisation de leur épargne. Or celle-ci est gérée massivement par des fonds de pension qui sont en quête des meilleurs placements sur le marché boursier international. La barre de rentabilité est fixée à quinze pour cent. Cette exigence amène les gestionnaires de ces fonds à éliminer de leur portefeuille les titres qui n'atteindraient pas ce seuil. Il en résulte une pression fantastique sur les sociétés. Etre délaissé sur le marché boursier revient à se priver d'un accès au capital. La faible cotation met également l'industriel en situation de faiblesse devant son banquier s'il cherche à solliciter des prêts. L'industriel aura tendance à suivre les injonctions du marché. Ainsi, si sa rentabilité n'est pas suffisamment élevée, il sera contraint à rechercher au plus vite les moyens de l'augmenter. Cela pourra se faire soit par le biais d'une réduction de l'emploi, soit par une fermeture en vue d'une délocalisation, même si l'entreprise dégage un profit. Cette situation pourra paraître comme insupportable et inadmissible par les employés qui seront victimes de cette mise à pied. Pourquoi fermer une entreprise qui dégage des bénéfices ? La logique financière s'est surimposée à la logique industrielle.

Mais le résultat de cette situation n'est pas l'opposition entre le monde du travail et celui de la finance. Il met au contraire aux prises deux mondes du travail médiatisés par une logique financière. Les intérêts contradictoires entre les employés à la retraite aux Etats-Unis qui demandent à maximiser leur investissement pour jouir de la meilleure retraite et les employés européens par exemple qui veulent préserver leurs emplois. Mais cette opposition entre deux sociétés du travail n'est pas unique, elle se complique d'un troisième monde qui est dans ces circonstances le monde du travail du pays du Tiers monde qui aura bénéficié de cette délocalisation. Dans ce cas de figure, les intérêts des travailleurs américains et de ceux du Tiers monde ont partie liée et s'opposent aux employés licenciés par délocalisation. L'éclatement des intérêts catégoriels est aussi une conséquence de la mondialisation. Les victimes de cette logique crieront alors au dumping social des pays concurrents qui offrent des salaires plus attractifs et plus compétitifs, mais qui n'ont souvent pas beaucoup d'autres cartes à jouer pour s'immiscer et se hisser dans le jeu de la mondialisation.

III- TROISIEME PARTIE

La technologie a eu des effets très importants sur la structuration des activités entrepreneuriales. D'une part, elle a provoqué la disparition des activités par la délocalisation des entreprises et par la remise en cause des emplois dans les services qui étaient promis à une stabilité plus pérenne que celle des cols bleus. Ensuite à une restructuration des activités économiques qui apparaît avec les services et un remodelage des pouvoirs.

1- La délocalisation des activités

La facilité des communications, la réduction des coûts des transports et l'ouverture des frontières ont provoqué des opportunités de délocalisation pour les entreprises afin de bénéficier au mieux des avantages comparatifs en dotation de facteurs. Or, de ce point de vue les pays du Sud présentaient des avantages incontestables dans les comparaisons des coûts salariaux. A titre d'exemple, si le salaire horaire moyen de la main d'œuvre dans l'industrie manufacturière coûte 21,4 $ aux Etats-Unis ou 17,3 en France, celui-ci tombe à 2,6 au Brésil et à 0,6 en Chine . Ce différentiel a fait perdre un grand nombre de d'industrie de main d'œuvre au Nord et en conséquence, une partie significative des emplois manufacturiers se sont évaporés au profit des pays qui offraient une main d'œuvre performante et peu coûteuse dans un environnement social et politique stabilisé. Les investissements directs étrangers accompagnaient ce mouvement. Des méfiances suspicieuses à l'égard des investisseurs étrangers volontiers perçus comme des prédateurs qu'il fallait encadrer par des Codes d'investissement très contraignants, on avait basculé de l'édification de zones économiques spéciales au statut dérogatoire pour accroître au mieux le potentiel attractif à l'égard des entrepreneurs extérieurs. Mais dans ce contexte, tous les pays devenaient concurrents entre eux pour obtenir les capitaux créateurs de richesse que l'on avait volontiers canalisés auparavant de craintes qu'ils soient attentatoires à l'indépendance nationale. Tous les pays allaient offrir les conditions les plus attractives pour emporter la décision des opérateurs à savoir : mesures facilitant le transfert des bénéfices, réduisant les charges sociales, procurant une fiscalité avantageuse, donnant accès à des équipements collectifs conséquents,... Mais dans la mesure où chaque pays se mettait à offrir exactement la même panoplie d'un dispositif objectivement intéressant, les avantages comparatifs construits s'homogénéisaient et rendaient l'arbitrage aléatoire. Il devenait donc nécessaire de faire porter la différenciation sur d'autres variables. On allait considérer la stabilité sociale, les risques politiques, la garantie du système judiciaire, la sécurité des investissements, le degré de corruption, l'accès aux équipements collectifs et la densité de l'environnement industriel et tertiaire. Mais les quelques cabinets d'études référencés qui allaient rechercher cette batterie de critères complémentaires aux aspects financiers et comptables plus indirects, convergeaient dans le choix des facteurs clefs complémentaires et dans le résultat des pays nominés par ce traitement. La liste des pays satisfaisant d'une part à une dotation « naturelle » des avantages comparatifs, aux intérêts du dispositif dérogatoire et, pour finir, aux critères socio-politiques de cet environnement entrepreneurial finissait par ne retenir qu'une poignée de pays électifs dans les stratégies des entrepreneurs et des investisseurs. C'est la raison pour laquelle le choix des investissements directs et des délocalisations pouvaient se concentrer sur quelques pays bien qu'objectivement la plupart des pays en voie de développement offraient des bas coûts de main-d'œuvre et des conditions attractives financières et comptables pour des implantations industrielles. La Chine remportait la palme de cette attractivité en s'offrant comme l'atelier de la planète.

Mais la logique de la délocalisation va au-delà du simple transfert d'activités d'une région à l'autre. La délocalisation des activités vers des pays offrant des coûts de main d'œuvre moins élevés provoque une série de retombées bénéfiques. Les coûts de main-d'œuvre moins élevés entraînent des réductions de coûts qui à leur tour protégent la compétitivité des entreprises, augmentent les profits et étendent, grâce aux prix réduits, le marché potentiel et solvable des consommateurs. Cela permet également de garder sous contrôle les tensions inflationnistes. La hausse des profits permet alors aux entreprises d'améliorer les qualités du bien ou du service et de préparer les progrès techniques débouchant sur de nouveaux produits. En stimulant l'innovation, on crée de nouveaux emplois qui sont supposés remplacer ceux qui se sont évaporés à l'étranger. Cette capacité sera en étroite relation avec la flexibilité de l'emploi. De ce point de vue, le modèle est particulièrement adapté au mode de fonctionnement américain avec les centaines de milliers d'emplois créés et détruits chaque année, mais les économies européennes le sont beaucoup moins. La législation sociale, la force des syndicats et les pratiques de la gouvernance entrepreneuriale donnent au marché de l'emploi une plus grande rigidité que ne l'aurait faite le jeu du marché. Ainsi selon un rapport de McKinsey, le taux de réemploi pour les emplois des industries IT et des services qui ont été délocalisés pour des coûts plus faibles ne représente que de 40 % des emplois perdus. Cela atteste d'un réel appauvrissement social. Pour les Etats-Unis, le même cabinet calcule que pour tout dollar dépensé en services en Inde, l'économie américaine reçoit 1,4 dollars en retour. Cela est directement lié à la capacité de l'Amérique à créer de nouveaux emplois. Les IT hardware ont permis, par la délocalisation, de baisser les prix du marché de 10 à 30 %. Cela a créé entre 1995 et 2002 une valeur cumulative de 230 millions de dollars .

A travers de cette délocalisation et de ses investissements directs étrangers dont la mobilité et la flexibilité constituaient deux atouts majeurs, on pouvait lire la mise en place d'un double système international. Un premier type de flexibilité engage les rapports entre les entreprises. Il s'agit du modèle de réseau multidirectionnel mis en œuvre par les PME. Le second relève du modèle de production sous licence ou en sous-traitance sous l'égide d'une grande entreprise. Depuis deux décennies, ces deux systèmes d'organisation en réseau jouent un rôle considérable dans la croissance économique .

Or la complexité des opérations internationales ne manque pas de croître sous la férule de deux exigences : la nécessité de la coordination des opérations de production inscrites dans un espace géographique de plus en plus grand, d'une part et le besoin de réaliser l'ensemble de ces opérations dans des délais prédéterminés et interdépendants, d'autre part. Les fonctions de logistique devenaient donc tout à fait prépondérantes. Les nouveaux moyens de communication, les TIC, étaient essentiels pour la bonne cohérence de l'ensemble du puzzle. Mais les progrès dans ces nouvelles technologies de communication allaient provoquer une seconde opportunité de délocalisation pour les pays du sud.

2- Les nouvelles technologies de communication et l'outsourcing

Les nouvelles technologies de communication ont donné à notre planète une configuration inédite. En effet, si la mondialisation amorcée au XVIème avait opéré une capacité de jonction entre tous les points de la planète et permettait la circulation des hommes, des marchandises et des idées, il n'en demeurait pas moins que les délais de temps pour opérer ces jonctions restaient considérables malgré les progrès engagés. Cela faisait vivre chaque région planétaire dans une sorte de sphère temporelle décalée. Les capacités offertes par les nouvelles technologies d'information et de communication vont pouvoir donner une même unité de temps à l'ensemble de la planète, contracter le monde en un village-planétaire et bouleverser le sens et la représentation du monde : téléphonie mobile, messagerie numérique, liaisons satellitaires,... donnent à l'information une capacité d'être communiquée instantanément à n'importe quelle partie du monde. Désormais, la planète-terre est dans une même unité émotionnelle de temps. Si les conséquences politiques ne sont pas minces, elles sont aussi essentielles pour les entreprises puisqu'elles sont désormais en mesure de tirer parti de ce nouveau dispositif technologique pour résoudre les problèmes logistiques posés par le redéploiement industriel que nous avons vu précédemment. Cela conforte cette nouvelle configuration organisationnelle de l'entreprise, mais débouche sur une remise en cause de l'organisation des services qui constituaient un gisement d'emplois apparemment durablement attachés à l'environnement de l'entreprise. Soudainement, il apparaît qu'un certain nombre de services pourront être traités sans dommages, sur un autre territoire et sans que la notion de distance n'apparaisse comme un facteur limitant. Seuls vont compter les capacités à transmettre ces informations, à les gérer correctement et à garantir une utilisation optimisée des techniques de liaisons. Les entreprises sont donc incitées à reconsidérer l'organisation de certains de leurs services. Le monde indien doté d'une forte culture anglo-saxonne, de la qualité d'une élite particulièrement bien formée, va devenir un vaste champ d'opportunités pour les entreprises anglo-américaines. Si les chinois sont devenus l'atelier du monde, les indiens tendent à apparaître comme le bureau de la planète.

Ces nouvelles possibilités offertes par les technologies d'information et de communication a entraîné une nouvelle vague de délocalisations pour des fonctions qui apparaissaient encore, il y a peu, comme indissociables du siège de l'entreprise. Dans un premier temps, la combinaison de la technologie et du savoir faire dans le management était célébrée comme le gage de nouvelles possibilités dans les échanges et présentée comme l'avènement d'une nouvelle économie consacrant les vertus de la flexibilité. Mais l'enthousiasme initial a fait rapidement place à davantage de mesure. De la part des pays riches, cette perspective est devenue moins exubérante, elle est ressentie davantage comme un potentiel de nouvelles cohortes de perte d'emplois en faveur des pays plus pauvres, mais dotés d'une bonne formation. Ainsi le transfert de certaines fonctions en faveur des ingénieurs indiens n'est plus perçu comme une capacité d'adaptation particulièrement performante de l'entreprise avec une adaptation à la haute technologie, mais comme une contribution au déclin de la compétitivité de la performance des entreprises occidentales sur le créneau des nouvelles technologies. Le câble optique qui relie les Etats-Unis et l'Inde fut d'abord célébré comme une avancée significative dans le domaine du transport futuriste de l'économie digitale. Il est présenté aujourd'hui comme une gigantesque pompe aux emplois qualifiés à la défaveur des américains. On ne manque plus de souligner son aspect « antipatriotique » par l'évaporation des emplois dont il est directement responsable.

Les bouleversements que permettent les nouvelles technologies de communication viennent compléter les délocalisations de certaines activités productives. Aujourd'hui, cet approfondissement touche les fonctions liées à la Recherche et au Développement. Elles sont ainsi transférées à Bengalore en Inde, alors qu'elles étaient supposées intransférables, car stratégiques voici peu de temps encore. L'outsourcing va définir ce mouvement assigné à certaines fonctions de l'entreprise pour être désormais remplies à l'extérieur, par une autre entreprise implantée à l'étranger.

La transformation des entreprises avait depuis le XXème siècle ajoutait de nombreuses fonctions aux approches purement productives. C'est ce qu'on appelait les emplois en col blanc. Ces fonctions restaient très attachées à l'entreprise mère et restaient localisées au sein des entreprises à proximité du marché principal. L'entreprise partait à la conquête de nouveaux marchés en implantant une copie de ses lignes de production à l'étranger, mais conservait l'essentiel des services stratégiques liés à ces produits (conception, marketing, image de marque, Recherche et Développement,...). Le cabinet McKinsey évalue à 87 % la part des investissements directs dont la seule fonction est l'élargissement des marchés . Les marques et les produits ont été mondialisés, mais les processus accompagnant la production ne l'étaient pas. Les fonctions des cols blancs restaient attachées à la maison mère. Elles restaient « at home and in house ». Aujourd'hui, ces principes volent en éclats pour contribuer à réduire encore davantage les coûts. Cette restructuration prend deux formes principales :

- Grâce à l'extension du réseau internet qui permet une utilisation beaucoup moins onéreuse et beaucoup plus fréquente des communications, les entreprises sont désormais capables de travailler avec des ingénieurs situés en dehors de leur entreprise et de délocaliser leurs fonctions comme on l'avait fait précédemment pour les opérations de main d'œuvre. Un nombre croissant de tâches est ainsi délocalisé. On citera, à titre d'exemple, les services des cartes bancaires ou les services technologiques d'information.

• De même que nous avons assisté à une délocalisation importante des fonctions productives, les analystes prévoient une délocalisation massive dans les dix prochaines années du software engineering. Ces services seront consommés à l'autre extrémité des câbles fibro-optiques en Amérique au Japon ou en Europe après avoir été produits en Inde, mais aussi sans doute, dans un avenir proche, en Chine ou en Russie.

Ainsi de même que l'on avait tiré parti de l'énorme baisse des transports et principalement du transport maritime pour aboutir, comme nous l'avons vu dans la section précédente, à une formidable réorganisation de la production, nous obtenons aujourd'hui et a fortiori pour les toutes prochaines années, un réaménagement formidable des entreprises qui devrait contribuer à de nouvelles baisses des coûts de production. Nous sommes à l'évidence au début d'un processus puisque l'on prévoit que près de la moitié des fonctions des cols blancs sont susceptibles d'être concernées par l'outsourcing dans la prochaine décennie. On prévoit principalement des bouleversements dans les entreprises de services et plus particulièrement dans les trois secteurs que sont la banque, les entreprises de service liées aux télécommunications et le software engineering . Dans ces trois secteurs, se sont aujourd'hui 20 millions d'emplois qui sont concernés à travers le monde. Déjà, pour les services des industries de télécommunication, on évalue à 16 % la part effectuée en dehors du pays de consommation, c'est celle des trois branches qui est aujourd'hui la plus globalisée. Selon toujours les indications du rapport de McKinsey, les pourcentages ne seraient encore que de 6 % pour le software et de 1 % pour le secteur bancaire. La mutation risque d'être beaucoup plus violente que pour les conséquences de la baisse des coûts de transports, car elle a été beaucoup plus spectaculaire pour les communications en étant plus rapide et plus profonde.

Les deux assises de cette mutation sont d'une part le « Business-Process Outsourcing » et l'« IT industry ». Le « Business-Process Outsourcing » est à 70 % composé des revenus des centres d'appels, 20 % pour la gestion des assurances pour la santé représentant un gros volume, mais une faible qualification et le reste 10 % pour le traitement des réclamations nécessitant une plus forte valeur ajoutée et des compétences plus grandes. Les IT industries sont fondées sur la maintenance des ordinateurs et les services informatiques. Les perspectives du développement de l'emploi dans ce secteur sont tout à fait impressionnantes en Inde, elles sont facilités par l'utilisation de la langue anglaise qui permet des transferts immédiats pour les Etats-Unis et le Royaume-Uni, mais aussi pour l'Australie et la Nouvelle Zélande. Le développement de ces industries a commencé sous l'impulsion d'une délocalisation de ce type de fonction. Mais aujourd'hui l'essentiel de ces activités sont assurées par des entreprises nationales avec un recrutement de compétences nationales tout à fait opérationnelles. Les entreprises indiennes sont aujourd'hui entrain de croître à une très grande vitesse et à étendre leur compétence dans des domaines de plus en plus variés et de plus en plus qualifiés. Les objectifs de ces sociétés sont non seulement de fournir des services meilleur marché que celui offert par les cols blancs des entreprises occidentales, mais encore d'améliorer la qualité de ces prestations pour pouvoir s'imposer durablement sur le marché. Le succès des entreprises indiennes est dépendant dans le futur de deux considérations : 1) La disponibilité de compétences commerciales et de haut niveau technique dans le marché de l'emploi, c'est-à-dire de la qualité et de la quantité des compétences de la formation universitaire. 2) La capacité de disposer d'un environnement en relation avec ce niveau technologique, c'est-à-dire la mise au point d'infrastructures adéquates pour supporter ces activités d'excellence. Paradoxalement, le pays bute davantage sur les insuffisances de structures caractéristiques des pays non développés que sur la disponibilité des formations adéquates. Ce goulet d'étranglement commence à jouer, et faute de résolution, pourrait constituer un blocage et offrir à d'autres pays des avantages comparatifs décisifs.

Progression de l'emploi des activités « BPO » et « IT » En milliers

	2002	2003	2006	2009	2012
IT	106	160	379	1004	2717
BPO	170	205	285	479	972

Source : The Economist 13 Novembre 2004 d'après NASSCOM

Selon les statistiques indiennes, les diplômés « IT engineering » sortent au rythme de 300.000 par an alors qu'aux Etats-Unis ces promotions sont réduites à 50.000. Mais la qualité de ces diplômés n'est pas homogène. On peut considérer que 30.000 à 40.000 disposent de la compétence internationale. Cela signifie que la formation risque de ne pas satisfaire aux demandes internationales qui évaluent à environ un million les besoins d'emplois dans les entreprises IT et celles du software (BPO) pour 2008. L'Inde se fera donc concurrencée par d'autres pays comme les Philippines où ce secteur est en explosion, mais la Chine ne devrait pas se contenter de rester sur les créneaux de délocalisation de la main d'œuvre peu spécialisée. La Chine affiche déjà dans ses formations, un plus grand nombre d'ingénieurs IT qu'en Inde. Des opérateurs commencent à trouver la Chine plus attractive que l'Inde car la compétition entre les ingénieurs est moins vive. Le point crucial pour l'Inde restera à améliorer dans des délais très rapides ses infrastructures. Dans des délais très rapprochés, c'est sur ces données que se fera le partage avec la montée en puissance de la Russie et de la Chine et pas seulement sur le bas prix d'une main d'œuvre qualifiée et performante.

CONCLUSION

La conclusion la plus évidente de la mutation organisationnelle de l'entreprise est que la distance ne constitue plus un objet économique ! Les progrès techniques réalisés dans les transports et les communications ont entraîné une restructuration des entreprises, d'une part en déplaçant le raisonnement de la rentabilité du produit à chacune de ses composantes et en faisant de la planète le champ ouvert des possibilités d'implantation, d'autre part, en délocalisant un certain nombre de fonctions par le biais des télécommunications, étendant aux services un mouvement que l'on avait cru réservé essentiellement aux activités industrielles manufacturières. Le mouvement qui s'est engagé à la charnière des années quatre-vingt-dix n'est pas simplement une extension de la mondialisation, il consiste à développer un ensemble original doté de ses propres caractéristiques et à ce titre mérite d'être identifié avec ses traits spécifiques.

Les interférences organisationnelles entre les composantes industrielles ont été d'une extrême ampleur. Alain Minc rappelle que pour le démarrage d'un nouveau cycle économique, il est important qu'il y ait concomitance entre l'amélioration de l'offre -c'est-à-dire des gains de productivité dans le système de production - et le déploiement d'une nouvelle demande de la part du consommateur final. L'électricité avait été une illustration forte avec ses effets sur l'outil productif et la gamme des produits électro-ménagers pour le consommateur final. La révolution numérique effectue les mêmes effets : hausse de la productivité dans les entreprises de biens et services, demande renouvelée du consommateur final (Jeu vidéo, ordinateurs, DVD, téléphones portables….). Mais la particularité de ce nouveau cycle est qu'il y ait une concordance entre le brusque élargissement du marché (chute des coûts de transport, élimination des barrières douanières et réglementaires, ouverture des économies sur l'extérieur pour capter les capitaux) et le nouveau cycle technologique offert par la révolution numérique. Il y a simultanément révolution technologique et changement d'échelle du marché mondial.

Mais ces technologies ont eu des répercussions nouvelles sur les pouvoirs de l'Etat et sa capacité à réguler l'économie nationale. En effet dans la mesure où la rationalité économique des entreprises devient globale, il devient difficile à l'Etat d'interférer sur la régulation dans le strict cadre des frontières nationales. Celui-ci se voit assigner de nouvelles fonctions qui sont :

- la mise en place des infrastructures en rapport avec ses ambitions économiques et les exigences de la modernisation,
- la gestion sociale de sa main-d'œuvre pour préparer des compétences en rapport avec l'évolution technologique et la pression de la compétitivité internationale,
- la surveillance du dispositif législatif pour qu'il soit en mesure de garantir le développement normal des affaires grâce à un système judiciaire crédible,
- l'assurance de savoir que la mobilité des biens et des personnes se fera dans un cadre sécuritaire et non aléatoire.

Cet environnement qualitatif devient déterminant pour les arbitrages des entreprises dans le choix des pays d'implantation.

Enfin, il faut considérer que les nouveaux emplois créés depuis quelques années étaient encore totalement inconnus voici peu. Il est vraisemblable que les évolutions techniques à venir vont encore permettre la création d'emplois encore méconnus à ce jour, tellement l'impact sur l'organisation entrepreneuriale se révèle puissant. Mais si les pays riches se voient dépossédés d'une grande part de leurs emplois d'abord dans le domaine du montage industriel et des industries de main-d'œuvre, ensuite sur des services basiques aux emplois peu qualifiés et enfin sur des métiers dotés d'une haute compétence technologique dans les services, les batailles sur l'emploi au niveau mondial risquent d'être rudes et l'enjeu pour la maîtrise des informations sur les évolutions du système productif ne fera que s'amplifier.

La veille technologique peut désormais opérer dans un contexte totalement différent en ayant à sa disposition une très grande quantité d'informations disponibles dont il faudra tirer partie en trouvant la plus pertinente. On est passé de l'information séquentielle à l'information torrentielle. D'un âge où il fallait chercher l'information et l'obtenir au plus vite pour avoir un positionnement stratégique pertinent à un autre où il convient de repérer dans un amas d'informations de tous genres et de fiabilité diverse, les éléments pertinents, crédibles et opérationnels. L'absence d'informations suffisantes protégeait les marchés dans une certaine opacité, la surabondance de renseignements noie les plus adéquates dans de l'inutile et de le douteux.

BIBLIOGRAPHIE

- *ALLAIS Maurice (2001) « Mondialisation, destruction des emplois et de la croissance », Editions Clément Juglar*

- *ALBAGLI Claude (2002), « Globalisation et localisation », in GEOECONOMIE, Revue Trimestrielle, N° 24, Paris, France, Hiver*

- *CASTELLS Manuel (1998) « La société en réseaux, l'ère de l'information », Tome I, Fayard*

- *KEBABDJIAN Gérard (1999), « Les théories de l'économie politique internationale », Edition du seuil, coll. Points*

- *MINC Alain (2004), « Ce monde qui vient », Grasset*

- *RUBY Marcel (2003), « La mondialisation humaniste », Préface du Ministre Délégué de la Coopération et de la Francophonie, Pierre-André WILTZER, voir ALBAGLI Claude, « La division du travail dans la dynamique de la mondialisation », L'Harmattan, Coll. MES, , pp. 15 à 42*

- *THE ECONOMIST (2004), Outsourcing, November 13 th 2004*

- *Problèmes Economiques (2004), Faut-il avoir peur des délocalisations? La Documentation Française, N° 2859, 29 septembre 2004*

- *Problèmes Economiques (2004), L'arme de l'intelligence économique, La Documentation Française, N° 2864, 8 décembre 2004*

- *Cahiers français (2004), Croissance et innovation, La Documentation Française, N° 323, Novembre- décembre 2004*

MONDIALISATION, ENVIRONNEMENT CONCURRENTIEL ET STRATÉGIES DE RATTRAPAGE

L'EXEMPLE CHINOIS PEUT-IL ÊTRE REPRODUIT DANS LES ÉCONOMIES ÉMERGENTES ?

Xavier RICHET
et Wang WEI

INTRODUCTION

Dans cette contribution, on se propose de réfléchir aux origines du succès de la transition vers le marché de l'économie chinoise qui s'est transformée, au cours de ces dernières années, en l' « atelier du monde » et dont la déferlante, sur les marchés mondiaux, notamment les marchés émergents, produit l'effet d'un tsunami. Elle emporte aujourd'hui les faibles avantages comparatifs construits difficilement par des économies cherchant à trouver des niches laissées vacantes par les grandes économies de marché développées. Ces dernières remontent encore plus en amont de l'économie de la connaissance pour gagner des avantages concurrentiels durables mais la Chine est engagée dans le développement d' une stratégie de remontée en gamme qui la voit se positionner sur des productions à plus grande valeur ajoutée parallèlement à la mise en œuvre d'une stratégie d'internationalisation de ses firmes.

La trajectoire de développement chinoise soulève de nombreuses interrogations en ce qui concerne les modèles de développement, la question de la transition, le rôle des institutions, la dynamique des réformes. Elle soulève également de nombreuses interrogations en ce qui concerne la question de l'appropriation, de l'endogénéisation du savoir-faire, la capacité des firmes réceptrices domestiques à monter en gamme et à développer des productions à plus forte valeur ajoutée. Enfin, un dernier point intéressant concerne la capacité des firmes chinoises à s'internationaliser, à devenir des opérateurs majeurs sur le marché mondial, d'une part, et à apprécier les effets de cette montée en puissance sur la hiérarchisation des systèmes productifs régionaux, au niveau asiatique, sinon mondiaux[1] d'autre part.

I. UN NOUVEAU MODÈLE DE DÉVELOPPEMENT ?

Les économistes en général, ceux du développement, en particulier[2] , s'interrogent depuis longtemps sur les facteurs et les instruments mobilisables pour induire une croissance régulière, soutenue, aujourd'hui « durable ». Le vingtième siècle qui vient de s'écouler a expérimenté et a été témoin de la mise en place de différents modèles : radicaux avec plusieurs variantes (socialisme soviétique, cubain ...et chinois), « étapistes », sectoriels (la révolution verte), tiers-mondistes de différentes factures (même génocidaires : cf. le Cambodge). La plupart ont échoué, souvent tragiquement, conduisant à l'implosion des systèmes politiques sensés porter ces expériences. D'autre modèles ont perduré ou survivent grâce à la rente, sans être confrontés à de sérieux problèmes d'ajustement (Algérie). Les forces économiques proches et polarisantes (l'Union européenne) ont conduit certains pays à se spécialiser dans des créneaux laissés libres par les grandes économies de marché (Maroc, Tunisie). Dans ce qu'il est convenu d'appeler le « miracle asiatique », les seules expériences pertinentes, et de loin, restent celle des « dragons » et surtout celles du Japon et de la Corée du sud qui ont en commun d'avoir su se moderniser et se développer en s'appuyant sur une stratégie originale, celle de l'endogénéisation, de l'appropriation et de l'enrichissement des savoir-faire grâce à l'importation de technologies, parfois dépassées (« reverse engineering »).

Dans ce contexte, l'expérience chinoise[3] est tout à fait exemplaire :

- Elle représente un cas atypique de transformation dans la mesure où l'expérience de la transformation part d'une double matrice : la dimension du développement asiatique, d'une part, la greffe systémique (celle du communisme « sinisé ») de l'autre.
- Le contenu des réformes et la trajectoire des transformations se développent dans un cadre spécifique, éloigné des recommandations découlant du « consensus de Washington » (bonne macroéconomie, réforme profonde des droits de propriété, contrainte budgétaire et fiscale dure, ouverture sur l'extérieur, etc.).

1 : Cf. J.-F. Huchet & X. Richet (2005) (eds.): Gouvernance, coopération et stratégie des firmes chinoises, L'Harmattan, Paris.

2. Cf. Elsa Assidon (2003) : Les théories économiques du développement, La Découverte, col. Repères

3. Pour une vision d'ensemble de l'économie chinoise, cf; F. Lemoine (2003) : L'économie chinoise, La Découverte, col. Repères

On peut comprendre les performances actuelles de l'économie chinoise à partir d'une quadruple approche :

- le mouvement chaotique des réformes économiques et politiques conduites en Chine au cours des années cinquante et soixante-dix et dont le point d'orgue a été la dislocation de l'économie chinoise au cours de la Révolution culturelle et la volonté des dirigeants de la période post-Mao de développer un nouveau cours pour faire face aux contraintes sociales de nourrir décemment une population nombreuse.

- l'effondrement du système socialiste européen (Europe de l'Est et URSS) et les trajectoires plus ou moins gradualiste pour s'engager dans une transition économique post-socialiste.

- l'environnement géopolitique et économique asiatique marqué par le succès des stratégies des principaux pays de la région en appliquant des politiques d'ouvertures, en développant des stratégies d'industrialisation poursuivant la montée en gamme et en puissance dans des industries à fort potentiel de croissance (électronique, automobile, etc), notamment avec la participation du capital étranger. L'ouverture sur l'extérieur s'est accompagnée d'une stratégie d'accueil massif des capitaux étrangers qui ont permis d'investir dans différentes régions du pays, dans différents secteurs et, enfin, de développer un effet d'essaimage en créant d'importantes externalités positives. La Chine est récemment devenue le premier pays récepteur d'investissements directs étrangers ; elle commence modestement à externaliser son capital et investissant à son tour à l'étranger (tableau 1) à la fois pour s'assurer des approvisionnements, notamment en matières premières (énergie), des fournitures et composants, prendre des parts de marché mais aussi titer profit des bas coûts de la prodcution dans d'autres régions du monde (Asie, Afrique).

- la réforme initiée à la fin des années 70 sous l'autorité de Deng Xiaoping, a été à la fois gradualiste, expérimentale, continue, progressive. Elle a été accompagnée du démantèlement progressif de la gestion administrative, par l'ouverture du marché de nouveaux opérateurs privés, l'Etat se concentrant sur les questions de réglage macro-économque et poursuivant la décentralisation du contrôle de la plupart des firmes au niveau régional, souvent municipaux créant, dans les faits, un système de contrôle « multi-principaux-un agent ».

Tableau 1 : Flux et stock d'IDE en Chine et chinois à l'étranger

IDE en Chine (investissement entrant)

	1985	1990	1995	2000	2002	2003
Flux annuel entrant						
en Mds USD	1,7	3,5	35,8	40,7	52,7	53,5
var. en %	31,9	2,8	6,1	1,0	12,5	1,4
en % mondial	2,9	1,7	10,7	2,9	7,8	9,6
Stock total accueilli						
en Mds USD	10	25	137	348	448	501
var. en %	18,8	16,4	35,3	13,3	13,4	11,9
en % mondial	1,1	1,3	4,6	5,7	6,1	6,1

ID chinois à l'étranger (investissement sortant)

	1985	1990	1995	2000	2002	2003
Flux annuel sortant						
en Mds USD	0,63	0,83	2,00	0,92	2,5	1,8
var. en %	369,4	6,4	0,0	-48,4	-63,4	-28,5
en % mondial	1,0	0,3	0,6	0,1	0,4	0,3
Stock total investi						
en Mds USD	0,1	2,5	15,8	25,8	35,5	37,0
var. en %	14,0	20,5	13,3	3,7	7,7	5,1
en % mondial	0,0	0,1	0,5	0,4	0,5	0,5

Source : DREE, 2004

II. LA TRAJECTOIRE DES RÉFORMES

La réforme économique chinoise, mise en œuvre à la fin des années soixante-dix, a induit une très forte croissance tout au long de ces deux dernières décennies, qui a enregistré une moyenne annuelle tournant autour de 10% de taux de croissance annuel moyen. La croissance a été quasiment continue alimentant une surchauffe qui met aujourd'hui comme priorité l'« atterrissage en douceur » de l'économie chinoise.

Tableau 2 : Taux de croissance annuel moyen de l'économie chinoise

Source : China Statistical Yearbook (2004)

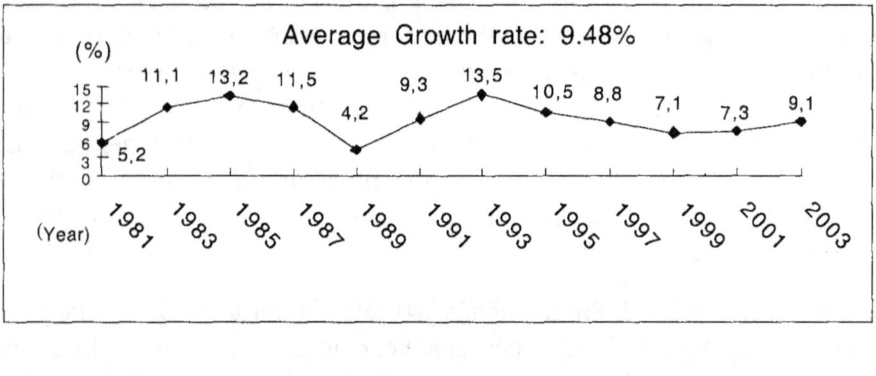

Par comparaison avec les autres régions du monde, la croissance chinoise demeure exceptionnelle y compris par rapport aux Etats-Unis et au Japon, contribuant à creuser les importants écarts dans le domaine des balances commerciales et modifier sensiblement la polarisation des échanges d'une part et à déplacer le centre de gravité de la croissance dans la région asiatique, de l'autre.

La réforme économique chinoise a ses propres particularités qui rendent difficiles les comparaisons avec les autres expériences conduites dans les économies en transition en Europe de l'Est et en Russie pour plusieurs raisons :

- le contexte politique, le maintien d'un pouvoir communiste hégémonique et sans partage sur la société renvoie plutôt à des comparaisons avec les expériences conduites avant les changements systémiques qui se sont produits dans la période qui a précédé les changements dans ces pays, notamment en Hongrie[4].

- Le faible niveau de développement économique de départ de la Chine et l'importance des réserves en main d'œuvre rurale en dehors du secteur socialisé, d'une part, l'environnement économique régional dans le contexte du miracle asiatique de l'autre, ont facilité le succès de l'approche dualiste chinoise.

Tableau 3 : Taux de croissance du PIB, 2003-2005 dans différentes régions du monde

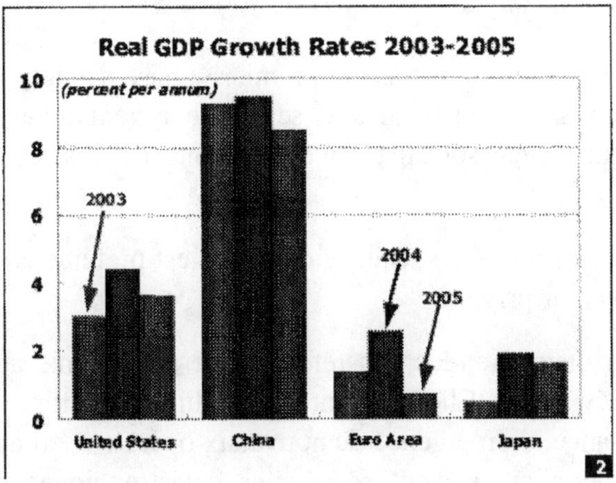

Source : FMI

Il est d'usage, dans la récente littérature sur les trajectoires et les phases de la transition, d'opposer le gradualisme asiatique aux thérapies de choc appliquées dans la plupart des pays Est Européens à l'exception notable de la Hongrie[5]. Le choix de la stratégie a été influencé par le niveau des contraintes et des déséquilibres accumulés plus que par des choix idéologiques. Le poids des contraintes (absence de "maladie hollandaise" comme en Russie, contrainte de nourrir une vaste population) ont poussé à un compromis durable en faveur de la décentralisation. Dans les deux cas, on retrouve certains points communs :

- L'apprentissage des mécanismes de marché par les entreprises qui accèdent à l'autonomie de gestion dans les domaines de la production, de la vente, des

4- X. Richet (1989): The hungarian model, cambridge. CU.P.

5 : S. Gomulka introduit même une sorte de dégradé en distinguant quatre types de stratégies : la thérapie de choc (Allemagne de l'Est), la semi-thérapie de choc (Russie), le semi-gradualisme (Hongrie, République tchèque), le gradualisme (Chine, Vietnam).

coopérations industrielles avec les firmes étrangères Les entreprises, par contre, maintiennent leur pouvoir de négociation avec le centre pour l'allocation des inputs, des crédits, des impôts, induisant des déséquilibres macro-économiques durables et un faible retour sur investissement.

- Le contrôle direct du Centre sur les entreprises, s'il se relâche formellement, est maintenu par différents canaux (le Parti dans l'usine, le syndicat, etc..) et les managers des entreprises d'Etat savent que la prise en compte des objectifs politiques, sociaux et économiques du Parti, au-delà de la rationalité micro-économique, demeure une contrainte très forte. Les managers des grandes entreprises d'Etat, en outre, ont un développement de plan de carrière qui les conduisent alternativement de l'entreprise au Ministère de branche.

- Le secteur privé, au moins dans la première phase des réformes, est toléré aux marges du système socialiste et se trouve systématiquement défavorisé par rapport au secteur socialiste en ce qui concerne l'accès aux inputs, aux financements.

- Toute forme de propriété socialiste dégradée est préférée et encouragée par rapport au secteur privé.

A priori, les résultats attendus des réformes de l'économie administrée sont difficilement prévisibles. Elle peuvent soit induire une forte dynamique en termes de croissance, d'émergence de nouveaux opérateurs, d'augmentation du bien être comme elles peuvent se révéler catastrophiques et devenir une véritable boîte de Pandore lorsqu'elles font apparaître des déséquilibres jusqu'ici masqués par l'organisation bureaucratique (Perestroïka). Dans le premier cas les autorités gèrent ce succès inattendu sans l'accompagner des réformes institutionnelles nécessaires pour renforcer le nouveau mode de régulation (droits de propriété, financement des investissements) ; elles tolèrent le développement de nouvelles formes d'organisation ad hoc. Dans le second cas, le pouvoir est enclin à freiner le rythme des réformes et à réactiver temporairement certains instruments de contrôle direct. L'importance des déséquilibres, toutefois, limite l'ampleur de ce cycle et débouche sur un nouveau cycle de réformes. Généralement, les réformes sont cumulatives : les succès initiaux et la permanence des contraintes, ou bien l'apparition ou la perception de futures difficultés conduisent à en étendre le domaine et à accroître la décentralisation et l'autonomie de décision des entreprises. Le leadership doit pouvoir mesurer les coûts d'opportunité du choix de telles mesures. De ce point de vue, en Chine, à chaque étape importante de la réforme, le compromis au sein de la direction centrale s'est toujours fait en faveur des mesures pro-marché.

La réforme concernant l'autonomie de gestion des entreprises d'Etat en Chine est passée par plusieurs phases depuis sa mise en œuvre en 1979 (Woo 1998)[6] :

- 1979-1983 : Les entreprises ont été autorisées à conserver une partie de leurs profits pour les utiliser à leur discrétion. Un système de bonus est mis en place pour récompenser les efforts individuels supérieurs aux normes fixées par le plan ; à partir de 1983, les entreprises d'Etat commencent à payer le coût d'utilisation du capital ; les dotations budgétaires ont remplacées par des prêts bancaires.

- 1984-1993 : une plus grande autonomie est accordée aux entreprises pour fixer les prix de vente, pour le choix de leurs productions, d'investissement et l'utilisation de la partie du profit qui leur revient. Plusieurs types de contrats sont introduits au sein de l'entreprise et entre l'entreprise et les organismes de tutelle. Cette nouvelle vague de réformes n'affecte pas les droits de propriété.

- à partir de1993 : La décision est prise de transformer les entreprises d'Etat en sociétés anonymes (corporatization). Les petites et moyennes entreprises d'Etat peuvent être mises en location-bail, louées à des personnes ; d'autres peuvent être placées dans le système de partenariat (distribution des actifs aux salariés), ou bien vendues à des collectifs ou à des personnes individuelles.

Un autre point commun aux réformes des systèmes socialistes est l'acceptation de la dégradation du statut de la propriété socialiste par la reconnaissance et la tolérance de formes de propriétés inférieures à la propriété sociale : coopératives et autres formes de propriété collectives, « entreprises de campagne » dont le statut juridique est flou mais qui a l'avantage d'entretenir l'ambiguïté par rapport à la propriété socialiste et d'éviter l'ouverture d' une discussion sur la place et la dynamique d'un secteur privé. C'est aussi la tolérance du développement d'activités privées, réalisées par différentes catégories d'acteurs capables d'opérer sur des segments qui leur sont ouverts par les mesures de décentralisation. Dans aucune autre économie socialiste réformée cet enchevêtrement de types de propriétés n'avait été poussé aussi loin et n'avait donné les résultats aussi positifs en termes de taux de croissance et d'accroissement du bien être de la population. La possibilité d'exploiter des technologies supérieures et d'utiliser de la main d' œuvre abondante à bas prix a permis à la Chine de construire des avantages comparatifs qui expliquent le

6 : W.T. Woo (1998) : "Why China Grew ?", in P. Boone, S. Gomulka, R. Layard (eds.) (1998): Emerging from Communism. Lessons from Russia, China, and Eastern Europe, The MIT Press, Cambridge, Mass.

succès de ses entreprises chinoises à la fois sur le marché domestique et sur le marché mondial.

Graphique 1 : Part de la Chine dans les exportations mondiales (%)

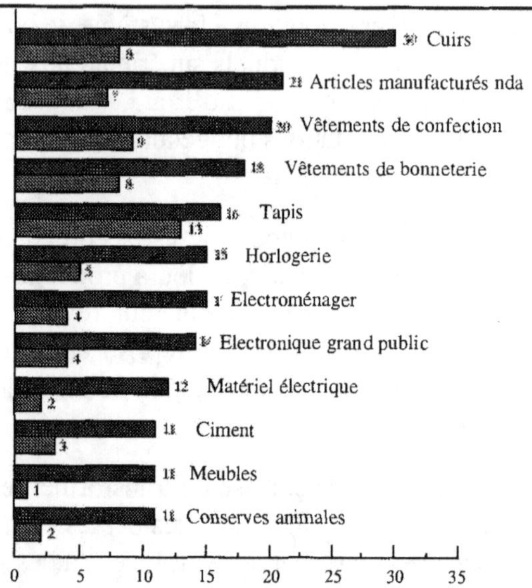

Note : Figurent les produits pour lesquels la Chine a une part de marché mondial supérieure à 10%

Source : CEPII, Base de données CHELEM, calculs des autres

Un autre aspect de la spécificité et du dynamisme de la réforme chinoise tient à des facteurs plus objectifs, notamment le faible niveau de développement initial de l'économie chinoise si l'on raisonne en termes de PIB par tête d'habitant, de développement des infrastructures, la faible part du secteur socialisé dans le PIB. La réforme a induit un effet de rattrapage. L'ouverture de l'économie chinoise et sa spécialisation sur le marché mondial ont contribué à pousser les exportations, notamment en provenance des entreprises du secteur non socialiste. La possibilité d'accéder au marché des devises a facilité l'acquisition de technologies supérieures. Enfin, l'entrée du capital étranger, attiré par des perspectives de croissance du marché chinois et par des avantages fiscaux non négligeables (crédit d'impôts pour les premières années et taux d'imposition relativement bas comparés aux entreprises d'Etat) a favorisé la création de joint-ventures avec des firmes étrangères permettant l'acquisition du savoir-faire technique et managérial au sein des firmes réceptrices. Elle a aussi permis de développer la production de biens de consommation durables de qualité supérieure sur le marché domestique, capables de supporter la concurrence avec les produits importés en provenance des économies de marché. Cette montée en gamme a servi de levier, par la suite, pour développer les exportations chinoises intégrant un plus fort contenu en valeur ajoutée (graphique 1). Il reste que l'importation de ce savoir-faire comme le suggère le graphique 2 se concentre principalement dans les firmes à capitaux étrangers et non dans les firmes chinoises. Pour certains auteurs, il faudrait nuancer l'aspect diffusion dans le tissu industriel domestique par les firmes multinationales étrangères[7] .

Graphique 2 : Opérations de transformation et d'assemblage en % des exportations totales de la Chine

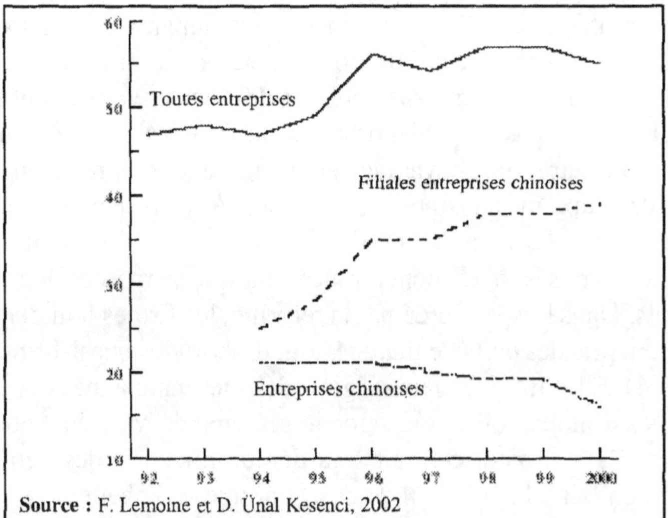

Source : F. Lemoine et D. Ünal Kesenci, 2002

III. HÉTÉROGÉNÉITÉ DE LA STRUCTURE ET DES MODES DE CONTRÔLE DES ENTREPRISES

Le comportement des entreprises, dans le nouvel environnement créé par les réformes, est déterminé par plusieurs facteurs : la structure du marché sur lequel les entreprises opèrent, le degré de concurrence qui s'y manifeste avec les menaces provenant de l'entrée de nouveaux concurrents, le cadre juridique et la réglementation qui facilitent les transactions. En raison de la nature partielle des réformes, les comportements des entreprises se sont modifiés de différentes manières. Les entreprises d'Etat, notamment dans le secteur non concurrentiel ou celles qui bénéficiaient d'un pouvoir de marché relativement

7 : Y. Huang (2003): Selling China. Foreign Direct Investment During the Reform Era, CUP, Cambridge

important, ont continué à recevoir leurs inputs par les mêmes procédures ; celles qui se sont trouvées en concurrence avec les nouveaux entrants (nouvelles entreprises, J.V.) ont vu leurs marchés se modifier et ont été conduites à adapter leur stratégie en intégrant le nouvel environnement concurrentiel.

Leur position de monopole, au départ, a constitué un atout, soit pour maintenir les sources de financement provenant du centre (subventions puis prêts bancaires) soit pour conserver leurs parts de marché arguant à la fois de leur position stratégique ou encore de leurs obligations sociales (logement, protection sociale, retraite, etc.). Le développement du marché, par contre , les a obligées à intégrer le nouvel environnement de marché et à développer des stratégies différentes que celles qui consistaient auparavant à maximiser le niveau des inputs et limiter celui de l'output bien que la menace de sortir du marché soit très faible. Les firmes produisant des biens relativement standards avec une technologie pas trop élaborées, d'un côté, et se trouvant près du marché final, de l'autre, ont d'avantage subi l'impact de la réforme et ont été plus perméables aux mécanismes de marché. A l'inverse, les entreprises produisant en amont des biens de production ou des semi-produits, dans des secteurs moins exposés à la concurrence ont pu perpétuer leurs anciens comportements. Dans l'espace créé par la réforme, les firmes non-étatiques ont progressivement pris des parts de marché, tout d'abord les quasi-firmes du type TVE (tableau 4). Elles trouvent leur origine dans les campagnes et les districts où les tentatives d'industrialisation, selon le principe de Mao du « compter sur ses propres forces » avaient conduit à la démultiplication des petites unités industrielles et en fait à la création de déséconomies d'échelle.

Des auteurs comme Xu et Zhuang (1998)[8] y voient un défi au paradigme des droits de propriété mis en avant par les partisans du "consensus de Washington". Selon eux, l'application des principes découlant de la théorie des droits de propriété n'apparaît pas l'instrument pertinent pour discipliner et contrôler les entreprises. Ces organisations se sont montrées plus efficaces en termes de croissance du volume de la production, d'investissement, d'emploi, de productivité des facteurs de production. Ce type d'entreprise s'est progressivement étendu aux zones urbaines, allant jusqu'à intégrer des activités de services ou encore, des activités dans le secteur des hautes technologies[9].

---

8 : C. Xu et J. Zhuang : « Why China Grew : The Role of Decentralization », in P. Boone, S. Gomulka, R. Layard (eds.) (1998): Emerging from Communism. Lessons from Russia, China, and Eastern Europe, The MIT Press, Cambridge, Mass.

9: L'ambiguïté du statut de l'entreprise permet de classifier dans cette catégorie des 'start ups' purement privés. Mais du point de vue des initiateurs de tels projets, ce comportement opportuniste permet à la fois de se protéger et de bénéficier des retombées des commandes des grands groupes d'état..

Tableau 4 : Les entreprises de districts et de villages (TVE)

Année	Nombre de TVE (millions)	Emploi dans les TVE (millions)	Valeur ajoutée de la production industrielle des TVE (milliards de RMB)	Profit des TVE (milliards de RMB avant impôt)
1978	1.52	28.27	20.8	9.6
1980	1.42	30.00	28.5	12.6
1985	12.23	69.79	77.2	24.7
1990	18.73	92.65	250.4	68.3
1994	24.94	120.17	1092.8	257.2
1995	22.03	128.62	1459.5	369.7
1996	23.36	135.08	1765.9	435.1
1997	20.15	130.50	2074.0	486.5
1998	20.04	125.37	2218.6	511.2
1999	20.71	127.04	2488.3	598.5
2000	20.85	128.20	2715.6	648.2
2001	21.16	130.86	2935.6	670.9
2002	21.33	132.88	3238.6	755.8

Source : China Township and Village Enterprise Yearbook 2003

Le revers de la réforme économique chinoise tient à la difficulté de de rationaliser le comportement des entreprises d'Etat dont la fonction-objectif des managers est de maximiser à la fois le niveau de ses inputs et les objectifs sociaux et politiques et éventuellement économiques qui lui sont assignés et le niveau de profit compatible avec le niveau de concurrence acceptable. Ces objectifs ne peuvent pas toujours être atteints simultanément. Parallèlement, les fonctions associées à l'extension des mécanismes de marché se développent difficilement. Elles restent plutôt formelles et leur impact sur le comportement des entreprises, en conséquence, reste limité:

Le système bancaire n'a pas été modifié en ce qui concerne l'analyse des risques et l'acceptation des crédits. Les banques d'Etat, en outre, en s'appuyant sur le modèle anglo-saxon, n'ont pas la possibilité d'acquérir des actifs des entreprises d' Etat. Les mécanismes d'affectation des crédits demeurent très administratifs, les banques, encore peu nombreuses, servent de canal pour transférer les ressources aux entreprises soutenues par le gouvernement central. En conséquence, elles doivent gérer les créances douteuses qui représentent une part importante de leurs encours. Dans un environnement de marché, elles seraient déclarées insolvables.

La baisse régulière des performances des entreprise d'Etat et l'incapacité du gouvernement d'y faire face, en raison de l'existence d'une contrainte budgétaire douce, a accru l'endettement des entreprises de ce secteur . Dans les faits, le succès du secteur non étatique supportant le risque a compensé le statu quo de l'entreprise d'Etat en termes de performances. La baisse des performances des firmes appartenant au secteur d'Etat s'explique par deux raisons opposées : la première, par l'entrée de concurrents domestiques et étrangers qui prennent des parts de marché, la seconde par le pouvoir de disposition des insiders qui accroissent les coûts de fonctionnement et réduisent les profits. La coalition que leurs dirigeants forme avec les instances de contrôle locales (bureaux économiques, représentants du Parti communiste, responsables des municipalités) favorisent l'obtention des ressources nécessaires pour couvrir les frais de fonctionnement de ces firmes et accroître leur endettement. La rationalisation des firmes d'Etat est actuellement en cours. Elle passe, entre autres, par différents types de mesures : restructuration des actifs, mise en place de structures de gouvernance plus efficaces ; rapprochement d'entreprises par le biais de fusions-acquisitions. Dans ce jeux, il y a nécessairement des gagnants et des perdants[10]. Elle passe aussi par la croissance du secteur des entreprises privées qui commencent à prendre une part importante dans le PIB, les exportations (tableau 5) du pays. Parallèlement, leur très forte croissance relativise la part des autres entreprises domestiques : les firmes d'état, les TVE (figure 2).

Tableau 5 : Les entreprises de districts et de villages (TVE)

Année		
2003	Nombre d'entreprises	99%
2003	Emploi	75%
2003	PIB	55.6%
2003	Part des exportations	62.3%
2002	Impôts	10.3%
1980-2000	Investissement	33.4%

Source: WANG Wei (2005), "Private Sector Thriving, The Emergence and the Development of Private Enterprises in China", IEWP, Académie chinoise des sciences socials, Pékin

Figure 2 : L'évolution du nombre d'entreprises)

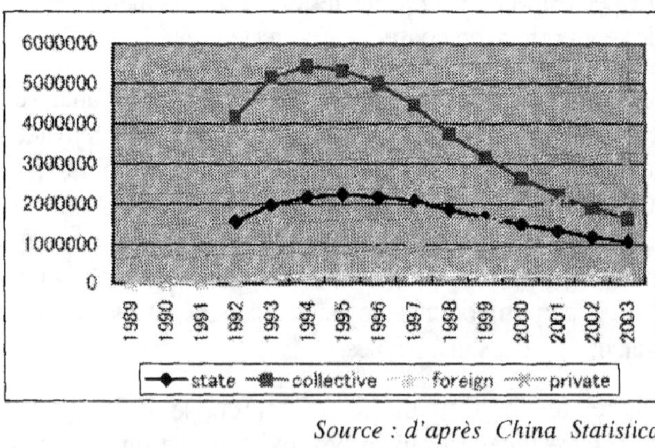

Source : d'après China Statistical Yearbook 2004

10: *JF Huchet et X. Richet (2005): « Entre bueaucratie et marché. Les firmes chinoises à la recherche d'un nouveau gouvernement d'entreprises » in JF Huchet et X. Richet (2005), op.cit*

IV. VERS UNE DÉCONCENTRATION DE L'APPAREIL PRODUCTIF

Depuis la fin des années 90, le gouvernement chinois se fait l'avocat d'une rationalisation des entreprises sous son contrôle parallèlement au développement des activités privées. Le développement du secteur privé relève plus de la nécessité que de choix idéologiques, en dépit de la politique de la « triple alliance » qui reconnaît, comme troisième pilier de la société chinoise, à côté des ouvriers et des paysans, les entrepreneurs privés admis à devenir membres du Parti communiste chinois.

L'organisation industrielle du pays est particulièrement hétérogène à la fois en termes de structures et de contrôle. En termes de structures (tableau 6), cette hétérogénéité tient à la superposition de réformes successives introduite au cours des dernières décennies, bien avant le lancement de la reforme de 1979. Elle s'explique aussi par la division fonctionnelle et territoriale des entreprises. Deux conséquences importantes en découlent : un très grand nombre d'entreprises et notamment de petites dimension dans le secteur d'Etat, un enchevêtrement des formes de propriété et de contrôle. La prolifération des entreprises, notamment au sein du secteur socialiste, trouve son origine dans la stratégie de développement et le système de responsabilité qui incombait aux différents échelons de contrôle. Les entreprises du secteur socialiste, dont les objectifs de production, les volumes d'inputs étaient fixés centralement par le plan étaient souvent dans l'incapacité d'atteindre les plans assignés. Les planificateurs locaux ont naturellement poussé les firmes sous leur contrôle à assurer leur approvisionnement et donc la régularité de leur production en renforçant l'autarcie au niveau local, soit en développant au sein des entreprises d'Etat des unités chargées de produire les inputs en pénurie, soit en créant des entreprises en amont ou en aval chargées de les approvisionner en inputs ou bien de distribuer la production. La création de ces firmes a permis de réduire les pénuries, la plupart d'entre elles n'avaient pas une taille critique suffisante pour produire efficacement. En outre, cette politique a contribué à créer des capacités redondantes (tableau 6).

Tableau 6 : Distribution des entreprises par taille 2003

Taille	Nombre	Production brute (milliards de RMB)	Valeur ajoutée de la production industrielle (milliards de RMB)	Capital total (milliards de RMB)
Grande	1984	4891.42	1513.79	6627.73
Moyenne	21647	4706.52	1393.56	5885.45
Petite	172591	4629.18	1291.68	4367.60

Source: China Statistical Yearbook 2004

La division territoriale (entre l'Etat et les provinces, les provinces et les municipalités) avec les pouvoirs de décision qui étaient attachés à chacune de ces instances, ont contribué à accroître le nombre d'entreprises, notamment celles pour lesquelles le niveau d'investissement initial était bas. Le taux de croissance de ces firmes était d'autant plus fort que les contraintes pour leur création étaient faibles et que l'accumulation des pertes ne constituaient pas une menace pour sortir du marché. L'interaction de mécanismes de marché imparfaits et des décisions prises par les différents niveaux intermédiaires a induit un niveau élevé d'investissement et la prolifération d'entreprises avec, comme conséquence, des surcapacités dans la plupart des secteurs et un taux de concentration relativement faible dans l'industrie chinoise La distribution des entreprises par formes de propriété fait également ressortir les fortes asymétries qui existent entre entreprises quant à leurs performances.

Les entreprises d'Etat occupent la majeur partie de l'investissement et de la production mais ses performances sont faibles en termes de productivité avec un niveau d'emploi trop élevé par rapport au niveau de l'output (tableau 7), elles occupent encore une part de la main d'œuvre salariée dans les zones urbaines (tableau 8).

Tableau 7: Distribution par formes de propriété 2003

Types	Nombre	Production brute (milliards de RMB)	Valeur ajoutée de la production industrielle (milliards de RMB)	Capital total (milliards de RMB)
National, total	196222	14227.12	4199.02	16880.77
Entreprises d'Etat	23228	1847.94	1883.76	9451.98
Entreprises collectives	22478	945.84	255.17	690.23
Sociétés par action	6313	1801.71	620.37	2225.92
Financement par capitaux de Hong Kong, Macao and Taïwan	21152	1742.56	468.05	1621.86
Financement étranger Autres	17429	2693.22	691.92	2304.17

Source: China Statistical Yearbook 2004

Tableau 8: Emploi total, 2003 (en millions)

	Nombre d'entreprises (10 000)	Ratio (%)	Employés (10 000)	Ratio (%)
Total	302.6	100.0	16502.2	100.0
Etat	36.9	12.2	5056.8	30.6
Collectives	85.8	43.7	3763.1	22.8
Privées	132.3	9.9	3170.3	19.2
Sociétés par action	30.0	1.9	2746.6	16.6
Etrangers	5.7	1.9	644.0	3.9
Hong Kong, Macao, Taïwan	8.2	2.7	997.4	6.1
Autres	3.7	1.3	124.0	0.8

Source: China Statistical Yearbook 2004

V- VERS UN DUALISME EXPLICITE ?

L'enchevêtrement de différents types de propriété en Chine se traduit par une multiplicité de modes de contrôle avec principalement trois types de formes de contrôle : le contrôle étatique lâche, l'autocontrôle des firmes coopératives et privées domestiques, le contrôle externe par les actionnaires pour les entreprises sino étrangères et étrangères.

Le premier type de contrôle est tâche pour plusieurs raisons :

- la démultiplication des instances de contrôle et la délégation des pouvoirs de contrôle à des organisations qui n'ont pas nécessairement les compétences financières et stratégiques requises pour décider sur les orientations futures de l'entreprise.
- la multiplicité des objectifs poursuivis par les l'Etat-Parti propriétaire (plein emploi, pouvoir des représentants locaux, ect.)
- le faible pouvoir de décision de l'actionnariat des entreprises d'Etat dans lesquelles une partie des actions ont été distribuées aux salariés (absence de marché des actions).
- une faible partie des actions de la firme sont cotées en Bourses une fois que l'émission en bouse a été réalisée.

La pression du marché financier est également faible pour discipliner les entreprises d'Etat en raison des mécanismes d'allocation des ressources par les banques d'Etat.

Dans ces conditions, les managers sont en position d'insider et la firme s'apparente, de facto, à une entreprise managériale (i.e. gérée par ses managers) en raison de la faiblesse du contrôle exercé par les actionnaires (et non pas en raison de la forte dispersion de l'actionnariat dans le cas de la théorie de Berle et Means[11]).

L'autocontrôle concerne différents types d'entreprises : les entreprises du secteur socialiste dans lequel les actions sont détenues par les salariés (coopératives) mais qui ne peuvent pas être vendues, les petites entreprises privées dont le capital est détenu par les propriétaires.

Figure 1 : Les différentes formes de propriété et de contrôle des entreprises chinoises

Secteur		Statut	Type d'entreprise	Contrôle par ordre d'importance
Secteur socialiste	Secteur d'Etat	Entreprises d'Etat	Entreprises publiques Monopoles naturels	Gouvernement central avec délégation aux échelons subalterne : gouvernements provinciaux, municipalités
			Entreprises stratégiques	1. Gouvernement central 2. Gouvernement provincial
			Entreprises du secteur concurrentiel	1. Municipalités 2. Actionnaires externes (i.e. non salariés de l'entreprise)
	Secteur collectif	Entreprises collectives (Coopératives)	Coopératives de production ou de distribution	1. Autocontrôle par les membres
		Entreprises de Districts et de Villages (TVE)	Entreprises collectives crées à l'initiative des gouvernements locaux, d'entreprises d'Etat, de personnes privées (avantages fiscaux ou monétaires)	1. Autocontrôle par les membres 2. Influence indirecte des pouvoirs locaux
Secteur non socialiste		Les entreprises individuelles détenues par des personnes privées	Petites entreprises de moins de 8 personnes. Entreprises familiales	Autocontrôle
		Les entreprises privées en société (*corporatization*)	Entreprises de production et commerciales	Les détenteurs d'actions qui sont échangeables et cotées sur les bourses de Shenzhen, Shanghai,
		Les entreprises conjointes sino-étrangères	Entreprises de production et commerciales	Les détenteurs d'actions
		Les entreprises étrangères	Entreprises de production et commerciales	Actionnaires étrangers

La dernière forme de contrôle, dans les entreprises sino étrangères cotées se rapproche le plus de la situation des firmes cotées en bourse dans les économies de marché. Il faut noter l'évolution récente de la législation qui autorise à présent les

11: *X. Richet (2001) : Economie d'entreprise, Hachette*

entreprises étrangères à devenir seul investisseur et donc de se passer de la forme JV en définitive assez lourde à gérer.

Les discussions en Chine sur le changement du mode de contrôle des entreprises ont largement évolué au cours de ces dernières années. Initialement concentrées sur les question des droits de propriété, sur la répartition des tâches de contrôle entre les différents échelons de la bureaucratie, sur le statut du secteur privé, celui des entreprises conjointes sino-étrangères, elles se concentrent à présent sur la rationalisation des entreprises, la privatisation d'une partie des actifs, les différentes formes de contrôle, enfin, sur la création de groupes industriels. On a parlé du 'syndrome des 500 plus grandes entreprises mondiales' pour justifier la politique de création de grands groupes industriels, notamment dans le secteur des hydrocarbures ; d'autres ont évoqué la constitution de 'réserves' pour le Parti-Etat que traduirait le slogan (Prendre les grande, lâcher les petites).

La réalité est plus complexe.

- L'accumulation de pertes croissantes par les firmes d'Etat, et, en conséquence, des banques d'Etat qui les financent. Plus du tiers des firmes d'Etat enregistrent des pertes, qui ont été multipliées par 18 au cours des 20 dernières années. On estime que les dettes cumulées représentent près de 4 fois les fonds propres des entreprises La contrainte budgétaire douce atteindrait ses limites ; elle ne pourrait plus s'appliquer sans compromettre l'équilibre des dépenses publiques du pays. En même temps, le gouvernement hésite à restructurer le secteur bancaire et à appliquer une contrainte budgétaire dure sur les entreprises. La mise en place de structures chargées de gérer les mauvaises dettes permet une forme de recapitalisation des entreprises.
- La nécessité d'assurer à l'Etat des revenus fiscaux suffisants en ciblant les principales entreprises stratégiques qui génèrent des profits élevés et réguliers
- La décentralisation du système de gestion, couplée au pouvoir des coalitions locales constituées par le management des firmes d'Etat et les autorités locales, montre ses limites. Les autorités locales n'arrivent pas toujours à restructurer durablement les firmes qui se trouvent sous leur juridiction sauf en procédant à des rapprochements volontaires, ou bien en fermant des entreprises qui ne sont plus viables.
- Les changements économiques au niveau régional et la globalisation, avec l' entrée de la Chine à l'OMC qui implique, à moyen terme, l'ouverture de la plupart des industries et des services (notamment bancaires) chinois à la concurrence étrangère.
- Mettre en place une nouvelle division des tâches entre l'Etat et le marché. Le premier devant se concentrer sur des industries de base nécessitant des aides spécifiques, le marché devant réguler le reste de l'activité.

La concurrence interne qui concerne aussi bien les firmes domestiques que les firmes étrangères présentes sur le marché domestique a contribué a modifier sensiblement la configuration industrielle de la Chine au cours de ces dernières années. D'un côté, au sein du secteur d'Etat, les firmes concurrentielles mettent en œuvre des stratégies plus offensives, sur le plan domestique, d'abord en s'assurant de plus grandes parts de marché, et au niveau international, au travers des stratégies d'acquisition, de rachats de marques étrangères (cf. IMB). La coopération des firmes chinoises au travers de la coopération avec les firmes étrangères.

CONCLUSION

Depuis son adhésion à l'OMC, l'économie chinoise aborde une nouvelle étape de sa croissance et de sa transformation. Les arrangements institutionnels semblent aujourd'hui arrivés à leur limite : ils ont ouvert de nombreuses possibilités aux firmes chinoises, des différents secteurs, pour se positionner avec plus ou moins de succès dans le nouvel environnement concurrentiel créé par la double ouverture, interne et externe. Le dynamisme actuel que connaît l'économie chinoise ne saurait faire oublier le revers de la médaille : une croissance stimulée par une forte gestion de la demande, notamment dans le secteur de la construction avec le risque d'explosion de la bulle spéculative ; le contrôle de la croissance en évitant un « atterrissage » brutal (freinage de la demande par les restrictions de crédit), la nécessité de réformer le système bancaire, d'apurer les mauvaises dettes, restructurer en profondeur les firmes du secteur d'Etat. A cela s'ajoute le coût élevé de la croissance (menaces sur l'environnement, apprivoisement en matières premières et tension sur les marchés mondiaux du pétrole, de l'acier), la mauvaise répartition des fruits de la croissance, le maintien de déséquilibres régionaux et sociaux importants. En fait, la réforme, en développant l'entrepreneuriat, en facilitant l'entrée de nouveaux opérateurs, à libéré de nouvelles forces productives avec le goût du risque. Il leur faut à présent un cadre institutionnel plus transparent. Il reste que cette expérience demeure à ce jour un cas unique avec de nombreuses conséquences sur l'économie asiatique avec une nouvelle hiérarchisation des pouvoirs, et sur l'économie mondiale avec la percée de l'économie chinoise qui menace les positions de nombreux avantages concurrentiels construits au cours de ces dernières années pour les économies émergentes d'autres régions du monde.

UN SYSTÈME D'INNOVATION RÉGIONAL EN GESTATION

L'EXEMPLE DU GUANGDONG

Eglantine JASTRABSKY
et Rigas ARVANITIS

La province du Guangdong et particulièrement le delta de la Rivière des Perles, a été la région de plus forte industrialisation en Chine. Jusqu'à la fin des années quatre-vingt dix un nombre important d'entreprises de caractère privé –mais sous des formes de propriété les plus diverses– ont été créées sur l'initiative des habitants. Cette région, plus qu'aucune autre au monde, a connu ainsi un double processus: création d'entreprises de taille modeste spécialisées dans une production industrielle souvent traditionnelle et formation de zones de productions spécialisées. A partir de 1999, le gouvernement de la Province a voulu stimuler l'amélioration des techniques productives et des technologies de base dans cette région. Cet effort public rencontre donc la dynamique privée pour créer un espace industriel extrêmement dynamique. Mais quant à savoir si cet espace deviendra un espace d'innovation, la question reste largement posée.

Pour répondre à cette question, nous allons exposer la problématique de documents officiels du Département de Science et de technologie de la Province du Guangdong (Divers, 2002), et nous guiderons notre appréciation en utilisant des interviews auprès de centres techniques et d'entreprises menés par l'équipe du Centre franco-chinois de sociologie de l'industrie et des technologies en collaboration avec l'Institut de recherche pour le développement du Guangdong (Université Zhongshan) entre 2000 et 2004.

I- POLITIQUE INDUSTRIELLE ET D'INNOVATION

Lors de sa 8ème réunion en 1998, le PCC affirme sa décision stratégique de promouvoir le progrès scientifique et technologique, de moderniser la structure industrielle et « de faire des entreprises la source de l'innovation ». A l'issue de cette réunion fut publié le rapport n°16 intitulé « De la décision de s'appuyer sur les progrès scientifique et technologique pour atteindre un niveau supérieur de production au Guangdong » (p. 69)[1] . Cette même année, les autorités provinciales du Guangdong se sont engagées à développer l'enseignement des sciences et à mettre sur pied un véritable système d'innovation, « c'est-à-dire à privilégier les groupements d'entreprises, attirer l'investissement étranger et les multinationales et à créer un environnement productif, notamment dans la ceinture technologique du Delta de la rivière des Perles » (p. 120).

Notons que la définition du système d'innovation utilisée dans le rapport s'apparente à celle d'un système productif efficient –ensemble d'entreprises industrielles qui sont en concurrence ou liées entre elles par des liens commerciaux de fournisseurs à client –plutôt qu'à celle d'un système d'innovation, qui est un ensemble d'interactions entre le système éducatif scientifique, technologique et économique[2]. Dans le Guangdong, le constat est qu'il manque à la fois la composante scientifique –pour des raisons que ce même rapport expose plus loin—et l'innovation stricto-sensu, à savoir, l'introduction de produits et procédés nouveaux dans les entreprises.

II- L'ANALYSE DE LA CROISSANCE DU SYSTÈME DE RECHERCHE ET DE TECHNOLOGIE DU GUANGDONG

Les analyses sur la province du Guangdong examinent avec raison les entreprises et les investissements. Il n'y a évidemment aucune surprise si on tient compte du fait que la création d'entreprises et les investissements étrangers ont été le véritable moteur du développement du Guangdong qui se sont superposés sur l'ancienne structure productive socialiste (Arvanitis, Miège et Zhao, 2003). Cependant, la relative faiblesse des entreprises d'état, l'absence d'industries lourdes de process (chimie de base, sidérurgie), la relative autonomie politique dont jouissait la Province durant toute l'ère d'ouverture sous le gouvernement de Deng Xiaoping et la proximité avec la frontière ont donné un avantage décisif à cette province. Le Guangdong est ainsi sans conteste la province la plus riche où l'industrie représente plus de 50% du PNB et 40% dans les activités de service.

1- Les numéros entre parenthèses renvoient aux pages de cette édition du « rapport bleu » de 2002.

2- Pour une bonne définition du système d'innovation, voir (Amable, Barré et Boyer, 1997).

Tableau 1. Indicateurs macro-économiques du Guangdong

	Unité	1997	1998	1999	2000	2001 (estimation)
Produit intérieur Brut	Milliards RMB	731,5	791,9	486,4	966,2	1 055,6
PNB/ hab.	En RMB	10 428	11 143	11 728	12 885	13 750
Nombre d'habitants enregistrés	Millions d'habitants	70,13	71,15	72,99	74,98	75,65
Valeur de la consommation	Milliards RMB	410,9	437,5	472,4	533,6	--
STRUCTURE DU PNB du Guangdong						
Secteur primaire	Milliard de RMB	98,682	100,492	102,130	100,006	100,453
Secteur secondaire	Milliard de RMB	364,782	399,197	426,432	486,875	530,398
Secteur tertiaire	Milliard de RMB	268,087	292,223	317,869	379,342	424,796
En pourcentages						
Secteur primaire	%	13,5%	12,7%	12,1%	10,4%	9,5%
Secteur secondaire	%	49,9%	50,4%	50,4%	50,4%	50,2%
Secteur tertiaire	%	36,6%	36,9%	37,6%	39,3%	40,2%

Note : RMB (Renminbi, littéralement Monnaie du Peuple) est la dénomination chinoise de la monnaie (aussi appelée Yuan, plus communément à l'étranger). Son taux de change est fixe par rapport au dollar US, 1 USD = 8,28 RMB, et environ 1 Euro = 10 RMB.
Source : « Rapport bleu » S&T Guangdong, 2002, tableau 6, p. 246- 249

Tout commence avec la politique d'ouverture initiée en 1978[3]. En ce qui concerne la réforme du système scientifique et technologique de la Chine, trois dates sont importantes depuis la politique d'ouverture : en 1985, c'est pour les auteurs le début officiel de la réforme avec l'établissement de la Fondation nationale pour les sciences naturelles, fondation créée sur le modèle de la « National Science Foundation » américaine. En 1995, l'instruction et les sciences sont décrétées d'intérêt public, les autorités émettent un plan de protection des droits de propriété intellectuelle. En 1999, l'accent est placé sur le développement des technologies de pointe et d'innovation.

3- *Notons cependant que les travaux de terrain indiquent plus une continuité qu'une rupture entre la période maoïste et la période de libéralisation. Voir par exemple (Putterman, 1997) ou encore (Unger et Chan, 1999) et notre propre article: Arvanitis, Xu Jianniu, Qiu Haixiong, Le « cluster » de Shuikou, en préparation.*

Notons, pour notre part, que cette date de 1999 marque une rupture essentielle dans la politique nationale, certainement plus importante que les autres dates, dans la mesure où il s'agit dorénavant de stimuler le développement industriel et technologique et que l'innovation devient le maître mot de la politique nationale chinoise.

Mais le constat que font les autorité en 2002 est que « maintes questions n'ont pas encore été résolues, comme celle de la modernisation des équipements » (p. 26-27), l'insuffisance des relations entre l'économie et la recherche. Pourtant le marché technique ne cesse de s'élargir : en 2001 on dénombrait 22 970 contrats de technologie (en Chine) pour un montant total de 78 milliards 875 millions de RMB (p. 27). La conclusion des autorités à été de préconiser une politique visant une plus grande autonomie des activités scientifiques, en les rendant dépendantes du marché et moins de l'offre nationale.

Tableau 2. Dépenses de R&D 2000-2001, en milliards de RMB

	2000		2001	
	Dépenses R&D	% PIB	Dépenses R&D	% PIB
Pékin	15,5	6,28	15,5	6,30
Guangdong	10,7	1,11	12,5	1,18
Shanghai	7,67	1,69	8,81	1,78
Jiangsu	7,31	0,85	8,23	0,90
Total Chine	89,6	1,00	96,0	1,00

Sources : « Rapport bleu » S&T Guangdong, 2002, Tableau 4-20, p.214

En Chine, le gouvernement central est la source principale de financement de la R&D, mais « les financements sont trop peu importants pour permettre aux structures de recherche de se lancer dans des projets d'envergure et à long terme ; les structures coexistent sans aucune sélection et avec un manque d'initiative propre » (p. 25). De manière générale, et ce sera une surprise pour les observateurs que nous sommes, les ressources des institutions de recherche sont en baisse. En 2000, 89 milliards de RMB étaient investis dans la recherche et les laboratoires (publics), soit 18% de plus que l'année précédente, atteignant 1% du PIB. Seuls 5,2% des dépenses totales sont destinées à la recherche fondamentale (p. 29). Le 7 août 2001 est lancé le 10ème plan quinquennal (2001-2006) au niveau national. En matière de sciences et de technologie, le but est « de mettre sur pied un système d'innovation performant, faisant des entreprises le lieu privilégié et la source de l'innovation. Les impulsions gouvernementales sont nécessaires, à condition qu'à un certain moment elles laissent la place aux impulsions du marché » (p. 63).

Le gouvernement central participe davantage au financement des centres de recherche que les gouvernements locaux, malgré une augmentation des ressources générales de ces derniers qui cherchent à favoriser la recherche technique en relation avec les besoins du marché et en essayant d'attirant d'autres financements que publics. « Dans le Guangdong, l'investissement dans la R&D était de 1.942 millions de RMB et de 2.870 millions de RMB en 1996 et 1997, soit respectivement 0,3% et 0,39% du PIB de la province ». Les autorités voulaient qu'à la fin du 8ème Plan Quinquennal, en 1995, les dépenses en R&D au Guangdong atteignent 1,5% du PIB. « En 2000, cet investissement dépasse les 10 milliards de RMB (soit 1,2 milliards de dollars US) , représentant 1,11% du PIB, un peu moins que Pékin, –plus de 15 milliards de RMB de dépenses en R&D– mais mieux que Shanghai –7 milliards 400 millions de RMB (chiffres de octobre 2001). Le Guangdong montre de meilleurs résultats quant à l'implication des entreprises dans la croissance que les autres provinces chinoises. L'investissement des entreprises représentait 88% des investissements totaux en 2000 (soit 9.520 millions de RMB) et 90% en 2001 (soit 11.370 millions de RMB).

Tableau 3.1: Scientifiques et ingénieurs en proportion de la population, 2000

	Nombre de personne engagées dans des activités S&T (pour mille hab.)	Nombre de scientifiques et ingénieurs (pour mille hab.)
Beijing	240,4	174,2
Shanghai	158,7	102,0
Guangdong	54,5	31,5
Jiangsu	70,6	36,1
Chiffre absolu Total Chine	3.190 milliers	2.004 milliers

Source : « Rapport bleu » S&T Guangdong, 2002, Tableau 4-17, p.213

De plus le Guangdong bénéficie d'une main d'œuvre mieux formée : sur la population totale de la province 238 personnes sur mille ont un diplôme de spécialisation technique et 886 personnes sur mille employés (population active)

Tableau 3.2 : Personnel engagé dans des activités de S&T (en millions de personnes)

	Nombre de personne engagées dans des activités S&T			Nombre de scientifiques et ingénieurs S&T		
Année	2000	2001	2002	2000	2001	2002
Centres de recherche	491,3	427,4	415,0	303,4	276,7	271,0
Education supérieure	352,2	366,4	383,0	315,1	358,8	376,1
Entreprises °°	2.139,9	1.368,0	1.367,0	1.259,2	791,0	813,0
Total Chine	3.223,5	3.141,1	3.221,9	2.045,9	2.071,5	2.172,0

Source : MOST, Statistiques de Science et Technologie, On-line

Tableau 3.3 : Personnel engagé dans la R&D (en millions de personnes)

Année	2000	2001	2002
Personnel engagé dans la R&D	925,4	956,5	1.035,0
Scientifiques et ingénieurs engagés dans la R&D	698,0	742,7	810,5
Proportion de personnel R&D par million d'habitants	551,42	581,93	630,97

Source : MOST, Statistiques de Science et Technologie, On-line

III- L'INVESTISSEMENT DES ENTREPRISES DANS LA R&D

Les entreprises investissent peu dans la R&D, leurs dépenses ont même baissé. Les grandes et moyennes entreprises investissaient 1,39% de leurs revenus dans la R&D en 1991, 1,15% en 1995, 1,35% en 1999 et 1,6% en 2001. Mais surtout, il y a peu d'échanges entre les forces productives, universitaires et de recherche.

Tableau 4. Ressources et dépenses en Science et Technologie des principales municipalités du Guangdong (en millions de RMB)

Lieu	Total des fonds de science et technologie	%	Total des dépenses de science et technologie	%	Total des dépenses en R&D	%
Province du Guangdong	26.164,64	100,0%	26.627,13	100,0%	13.423,01	100,0%
Shenzhen	9.036,66	34,5%	9.555,14	35,9%	6.804,63	50,7%
Canton	8.053,84	30,8%	7.282,30	27,3%	2.982,59	22,2%
Foshan*	2.629,58	10,1%	2.452,93	9,2%	1.112,12	8,3%
Jiangmen	920,52	3,5%	1.022,37	3,8%	276,91	2,1%
Huizhou	899,48	3,4%	904,76	3,4%	384,90	2,9%
Dongguan*	834,38	3,2%	1.205,34	4,5%	156,30	1,2%
Zhongshan*	708,99	2,7%	700,31	2,6%	396,58	3,0%
Zhuhai*	663,26	2,5%	938,31	3,5%	3.338,89	24,9%
Zhaoqing	287,26	1,1%	358,28	1,3%	85,16	0,6%

Note : Les municipalités signalées par un astérisque sont situées dans le Delta de la Rivière des Perles. Shenzhen et Zhuhai sont des « Zones économiques spéciales ».

Source : « Rapport bleu » S&T Guangdong, 2002, tableau 7, p. 250.

Au Guangdong, début 2001, il y avait 2 733 structures de recherche technologique et scientifique, employant 95 400 scientifiques et techniciens, soit le double environ par rapport à 1995. C'est la ville de Shenzhen qui a le plus profité de ces progrès: elle compte 521 structures de R&D, dont 91,7% sont mises en place par les entreprises. En 2001, 26 centres de développement des entreprises le plus productives avaient développé 459 nouveaux produits, 440 demandes de brevets dont 161 pour inventions. Leurs investissements en recherche avaient atteint la somme de 4 milliards 220 millions de RMB, soit 6,62% de leurs revenus totaux (plus de 10% pour Huawei et Zhongxing, entreprises phares en électronique) (p.67).

C'est en 1998 que le gouvernement du Guangdong a commencé à réformer le système de recherche scientifique, en intégrant davantage les entreprises et en les engageant à créer des centres de R&D. Après 1999, la politique nationale en matière de recherche veut éliminer ou privatiser un très grand nombre de centres de recherche au niveau national. L'ampleur de la tâche semble titanesque puisqu'il s'agit de réformer l'Académie des sciences (diminution du nombre de centres et du personnel qui a été réduit de plus de 20.000 personnes), modifier 1.618 instituts publics de recherche en entreprises (réforme en cours et très largement entamée puisqu'à ce jour par exemple, parmi les centres de développement technologique dépendant des gouvernements provinciaux et municipaux, quelques 70% ont été enregistrés comme entreprises), quelques 205 instituts dépendant des divers Ministères (Agriculture, Territoire et Ressources, Ressources Hydriques, Bureau Forestier et Bureau Météorologique) ont été également transformés[4].

Tableau 5. Structures de recherche dans le Guangdong

	1997	1998	1999	2000	2001 (estimation)
Nb de structures de sciences et technologie au Guangdong	1 359	1 602	1 640	2 566	--
Dont : Structures de recherche	477	476	474	445	445
Structures de recherche au sein des campus universitaires	195	393	375	343	--
Structure de développement technique au sein des grandes et moyennes entreprises	687	728	791	1732	--
Nombre de grandes et moyennes entreprises qui possèdent au moins une structure de développement technique	517	502	535	529	--
Proportion par rapport au total de grandes et moyennes entreprises	24. 9%	23. 8%	26. 2%	25. 7%	--

Source : « Rapport bleu » S&T Guangdong, 2002, tableau 6, p. 246- 249

Mais les autorités restent plutôt optimiste : la plupart des centres de R&D sont mis en place au sein des entreprises, qui assurent plus de 70% des financements et sont responsables de 65% de la création des produits dits de haute technologie. Plus de 60% des centres de R&D que compte la province sont installés dans les entreprises, soit 67,4% d'entre eux. En 1998, 23,8% des

4- Ces divers chiffres sont invérifiables. Ils proviennent de divers rapports officiels et les découpages administratif rendent totalement opaques les statistiques chinoises. Reste que le mouvement de privatisation des institutions publiques a bien lieu en ce moment. Voir par exemple (Tang, 2003)

grandes entreprises (incluant les entreprises nationales, les grands groupes et les entreprises à capitaux étrangers) avaient leur propre centre de R&D, en 1999 26,2% et en 2000 43%. En 2001, 85% des petites et moyennes entreprises collectives opérant dans le secteur technique avaient leur propre centre de R&D. En 2001, sur les 25 milliards 600 millions de RMB investis dans la science et la technologie au Guangdong, 71,4% provenaient des entreprises de la province. Les grandes et moyennes entreprises ont investi 9 milliards 450 millions de RMB cette année-là, soit 4 milliards 172 millions de RMB de plus qu'en 1997.

65 000 brevets ont été émis en Chine en 2001 et le Guangdong représente près de la moitié de ces dépôts. Evidemment, cela reflète le dynamisme technologique de la province mais aussi l'importance des investissements étrangers dans la province, car la plupart des brevets d'invention en Chine sont le fait d'entreprises étrangères alors que les entreprises chinoises déposent plutôt des modèles de conception (utility models and design)[5].

Tableau 6. Dépôts de brevets dans le Guangdong

	1997	1998	1999	2000	2001 (estimation)
Nombre de dépôts de brevet	12 858	13 473	16 802	21 123	27 596
Nombre de brevets émis	7 171	10 707	14 328	15 799	18 259

Source : « Rapport bleu » S&T Guangdong, 2002, tableau annexe 6, p. 246- 249

Mais la province du Guangdong a une faiblesse majeure en matière de formation de cadres de haut niveau. L'éducation moyenne de la province est en dessous de la moyenne nationale, que ce soit au niveau du nombre de jeunes allant à l'université ou au niveau de la qualité des professeurs. La formation est donc devenue un objectif primordial de ces prochaines années. Le Guangdong manque d'universités de renom, de structures de recherche et de personnel qualifié. Une enquête réalisée à Shenzhen en 2001 montre que sur les 520 000 techniciens spécialisés de la ville, seuls 172 300 possèdent le passeport intérieur de la ville (hukou) et que la moitié de l'ensemble des techniciens et scientifiques de la ville ont émis le souhait de partir à l'étranger, à Pékin ou à Shanghai, où l'environnement technique et créatif en général est considéré comme meilleur (p. 66).

5- *Voir National Bureau of Statistics and Ministry of Science and Technology, China Statistical Yearbook on Science and Technology 2003 (Beijing: China Statistical Press, 2003), p. 434.*

Il faut donc ici séparer le développement économique et celui de la recherche. Le développement du Guangdong apparaît comme celui de la cité-état de Singapour dans les années quatre-vingt, c'est-à-dire une zone de développement économique et industriel, mais encore en retrait en matière d'innovation, de recherche et de développement des ressources humaines ((Goudineau, 1990). Notons enfin, que les universités chinoises ont installé des systèmes de formation continue essentiellement dans les domaines de la gestion (sous la forme de Executive MBA, ou EMBA) et que ce marché est devenu extrêmement concurrentiel, notamment à Shenzhen. De plus, les entreprises financent des formations universitaires de gestion à leurs cadres qui se déroulent les samedis et les dimanches au sein des Universités. Ces formations sont payantes et chères, mais donnent accès à un diplôme universitaire. Les entreprises les supportent pour au moins trois raisons : les cadres acquièrent un vocabulaire et des modèles de gestion au standard international, ils établissent des relations personnelles avec des cadres d'autres entreprises de même calibre et avec des universitaires, enfin ils fournissent du prestige à l'entreprise qui affiche par la suite des hauts niveaux de formation de ces cadres –critère important d'évaluation de la qualité et du renom de l'entreprise à la fois par les autorités et par les compétiteurs, clients et fournisseurs.

IV- LE DELTA DE LA RIVIÈRE DES PERLES OU « LA VALLÉE DE L'ÉLECTRONIQUE CHINOISE »

Le Guangdong est la première province de production pour ce qui est de l'électronique depuis le début des années 1990. En 2000, la production d'appareils électroniques et de logiciels a atteint la somme de 300 milliards de RMB. Le Guangdong possède 21 des 100 premières entreprises chinoises de ce secteur, dont 3 parmi les 10 premières nationales. C'est le Delta de la rivière des Perles qui est spécialisé dans la fabrication de ces équipements. De plus, dans la province, actuellement plus de 40% des entreprises ont installé un système MIS, CAD, CIMS ou Internet (p. 41-42). La volonté des autorités est de développer davantage ce secteur pour permettre à la région de rivaliser avec les régions de Pékin et de Shanghai et de spécialiser le Delta dans la production de haute technologie[6].

Le décollage a eu lieu en 1991, avec une production de 18 milliards 650 millions de RMB, une augmentation de 73% par rapport à l'année précédente. Pendant le 8ème Plan quinquennal, la croissance annuelle de ce secteur fut d'environ 38%

6- *Une évaluation modérée de la situation de l'industrie électronique en Chine (chose rare) est l'excellent article de (Cao, 2004)*

(1991-1995). En 1995, les usines d'informatique de Shenzhen et Huizhou représentaient 67% de la valeur de la production totale de la province (les ventes de Huaqiang, Kangjia, Saige et TCL dépassaient les 3 milliards de RMB en 1995) (p. 134).

Les « trois piliers industriels » de la province, à savoir l'électronique/ l'informatique, les équipements électriques et les produits dérivés de la transformation du pétrole passent de 253.334 millions de RMB en 1997 à 311 millliards en 2001. En 1998, ces trois secteurs industriels produisaient 37,6% de la production industrielle totale de la province et 45,4% en 2001. A ces deux dates la production d'électronique/informatique représentait 16,4% et 22,2% de cette proportion.

En 1997, la vente des logiciels du Guangdong ne rapportait que 2.500 millions de RMB, en 2001 il s'agit de 10 milliards pour les logiciels et 26 milliards pour les systèmes, soit environ un tiers des ventes totales du pays. En 2001, plus de 2000 entreprises sont engagées dans le développement et le commerce de logiciels, principalement à Guangzhou, Shenzhen et Zhuhai et dans une moindre mesure à Nanhai, Dongguan et Shunde. En août 2001, deux parcs de logiciels de niveau national ont été institués à Guangzhou Tianhe et Zhuhai Nanfang. Cependant, les auteurs du rapport signalent que la recherche et la formation des informaticiens sont en retard en Chine, par rapport à l'Inde. C'est pourquoi le développement de ce secteur est un des objectifs du 10ème Plan quinquennal dans le domaine des technologies de pointe.

Mais le Guangdong, dans ce secteur comme dans l'ensemble de sa production, se caractérise par une plus forte orientation vers l'export que le reste du pays. Les exportations de produits dits de « haute technologie » de cette zone ont augmenté de 30% entre 1999 et 2001. En 2000, les exportations de produits de haute technologie étaient de 17.210 millions de dollars US et 22.294 millions de dollars en 2001, soit respectivement 46,51% et 47,94% des exportations nationales de ce secteur. Les exportations de matériel électronique représentent plus de la moitié des exportations totales du Guangdong ; l'ensemble du secteur dit de haute technologie représente plus de 23% des exportations provinciales totales (2001). L'année 2002 montré une poursuite et même augmentation de cette tendance (p. 119).

Même si la définition du secteur de haute technologie inclut de nombreuses entreprises qui se limitent à de l'assemblage de pièces importées[7] ou même produisent des matériels obsolète (souvent par choix, comme nous l'avons constaté dans nos interviews, car il existe un très large marché national pour des équipements peu chers), il n'en reste pas moins que la province affiche un score

7- Un excellente évaluation économique et beaucoup plus limitative de l'industrie de haute technologie se trouve dans les travaux de F. Lemoine. Voir (Lemoine et Deniz, 2002; Lemoine et Unal-Kesenci, 2004)

plus qu'honorable en comparaison avec les autres pays exportateurs d'électronique. Il faut cependant souligner que cet effort vers l'industrie électronique a tout d'abord été impulsé par les investissements étrangers provenant essentiellement de des entreprises de Taiwan et de Hong Kong et efficacement relayé par des entreprises locales.

V- LA PRODUCTION DES ZONES DE DÉVELOPPEMENT TECHNOLOGIQUE

C'est en mars 1986 qu'a été lancé le programme dit « 863 », visant à développer la recherche scientifique de pointe, peu après la création, en juin 1985 du parc industriel de Shenzhen. En 1988, les autorités centrales dictent le programme « Torche », pour développer la production industrielle de pointe et innovante. A la suite de ce programme, en 1991 les autorités ont mis sur pied 27 zones de développement spécial de technologie de pointe et innovante à travers le pays, dont Zhongshan, Tianhe à Guangzhou et Shenzhen sont les modèles[8]. En 1992 et 1993, c'est au tour de Foshan, Huizhou et Zhuhai d'être institués en zones de développement technologique. En 1991, « les autorités centrales acceptent la proposition du gouvernement du Guangdong de créer la ceinture de développement high-tech du Delta, qui doit rivaliser avec celle du Jiangsu (Suzhou, Wuxi, Changzhou) et celle de Shanghai ».

Tableau 7. Indicateurs de haute technologie, province du Guangdong

	Unité	1997	1998	1999	2000	2001 (estimation)
Valeur des produits de haute technologie	Milliard RMB	111,6	154,2	212,7	2 84,7	354,2
% par rapport au total de la production industrielle	%	9. 02	11. 2	13. 9	17. 2	19. 1
Exportation des produits de haute technologie	Milliard RMB	44,4	52,6	67,8	92,5	137,2
% par rapport au total des exportations de l' industrie	%	7. 96	14. 66	16. 2	19. 45	23. 4
Valeur de la production indus des zones de développement de haute technologie (ZDT)	Milliard RMB	53,2	70,4	100,9	134,8	180,0
Valeur des produits de haute technologie des ZDT	Milliard RMB	38,5	55,1	69,8	95,5	130,0
Nombre d'entreprises de haute technologie	Unités	693	815	937	1 137	1 407
Valeur de la production industrielle des entreprises de haute technologie	milliard de RMB	83,6	109,7	142,3	215,1	--

8- Pour un évaluation rapide de cette politique on peut se référer à (Arvanitis, 2004)

Cette politique volontariste a été suivie d'effets : l'explosion de la production a eu lieu au tournant 2000. Si en 1997 la production totale de ces zones spéciales ne dépassait pas 50 milliards de RMB, en 2001 elle atteignait 354 milliards 209 millions de RMB, dont 132 milliards 136 millions de RMB à Shenzhen (46%), 61 milliards à Guangzhou, 47 milliards à Foshan, un peu plus de 20 milliards pour, séparément, Dongguan et Huizhou, et une fourchette de 12 à 17 milliards pour Zhuhai, Jiangmen et Zhongshan.

Dans toute la province, on compte 11 zones de développement technologiques (Kaifaqu), 6 de niveau national (tutelle nationale) et 5 de niveau provincial (tutelle provinciale). Il y a également deux parcs de logiciels de tutelle nationale, et 7 parcs scientifique et technologique appartenant aux collectivités locales (p. 131).

La valeur totale de la production dans les zones spéciales de haute technologie à Shenzhen dépasse les 63 milliards de RMB en 2001, soit 6 fois la valeur de 1996, et la valeur totale des produits de haute technologie atteint les 60 milliards de RMB, soit 17 fois la valeur de 1996. Les zones spéciales de haute technologie occupent 0,6% de l'espace et produisent 22% de la valeur industrielle de la ville. Plus de la moitié des produits créés sont protégés par des droits de propriété intellectuelle. 98% de la production est consacrée à l'électronique et l'informatique.

A Canton, ces zones spéciales concernent les entreprises d'informatique ou d'électronique ainsi que les entreprises pharmaceutiques. Dans le parc technologique spécialisé dans les logiciels informatique à Tianhe, il y avait 134 entreprises installées en 2001, produisant plus de 130 millions de dollars US.

A Zhongshan, l'ensemble des zones spécialisées technologiques produisaient 26 milliards de RMB, soit un quart de la valeur totale de la production industrielle de la ville et 7 milliards de plus que l'année précédente. Cette ville a même été saluée pour sa capacité d'innovation et a gagné de nombreux prix nationaux et provinciaux pour ses nouveaux produits et son innovation scientifique et technique.

La politique de la ville de Zhuhai en matière d'innovation a consisté à attirer des multinationales, telles Qiuzhou Songxia, ou encore Sanjing Tongbo. En 2001, la valeur totale de la production de ces zones spéciales atteignait 10 milliards 680 millions de RMB. En 2001, plus de 200 milliards de RMB ont été investis à Huizhou pour construire les équipements fondamentaux et les autres conditions pour attirer les entreprises.

Shenzhen et Guangzhou ont été désignées comme les têtes de pont du développement des technologies de pointe de la province par le comité directeur du Guangdong en 1998. C'est dans ces deux villes qu'ont été développés les premières zones d'industries de pointe, dans les secteurs électronique/informatique. Entre ces deux grandes zones se sont développés des villes industrielles, petites ou moyennes, véritables systèmes industriels localisés[9] –que nous appelerons clusters dans la suite de cet article, et selon le terme anglais qui s'est également imposé en chinois– dans des secteurs plus traditionnels, tels que les textiles, la construction, la plomberie, les meubles, le cuir. Il faut d'ores et déjà signaler que la politique de développement des zones technologiques et très différente en nature de celle des clusters industriels (voir plus bas).

VI- LES ENTREPRISES COLLECTIVES ET L'INNOVATION

Le terme « entreprises collectives » désigne des entreprises qui formellement se trouvent sous l'autorité d'un bourg ou d'un village, voire d'une ville. Si leur droit de propriété semble être public, la plupart de ces entreprises fonctionnent comme des entreprises privées. Plusieurs des données du rapport de science et de technologie du Guangdong de 2002 se réfère à une enquête (non mentionnée) qui a été menée auprès de ces entreprises. En vérité, ces entreprises font l'objet d'une attention toute particulière de la part des autorités. Il en existait 3 965 en 2001, avec un chiffre d'affaire de plus de 103 milliards de RMB, plus de 8 milliards de RMB de bénéfices, occupant 314 mille emplois, contribuant pour plus de 7 milliards de RMB aux impôts, exportant pour plus de 2 milliards de dollars.

Tableau 8. Entreprises collectives de science et technologie, Guangdong

	1997	1998	1999	2000	2001 (estimation)
Nombre d'entreprises collectives de science et technologie	2 778	2 873	3 186	3 568	4 303
Revenus de la production et du commerce de technologie de ces entreprises collectives (en milliard de RMB)	28,3	45,4	59,4	85,8	112,5

Source : « Rapport bleu » S&T Guangdong, 2002, tableau 6, p. 246- 249

9- Selon la définition qu'en donne la DATAR en France, un système productif local est un "groupement d'entreprises et d'institutions géographiquement proches et qui collaborent dans un même secteur d'activité." (DATAR, 2002)

Les entreprises collectives sont les plus dynamiques en matière d'innovation, bien qu'elles ne représentent que 0,99% des entreprises du Guangdong (3952 entreprises collectives au Guangdong sur 370 800 entreprises en tout en 2000 –sans compter les entreprises de très petite taille de moins de 9 employés). Elles comptent pour un peu moins de 30% de la valeur de la production industrielle de pointe, mais 88% de leurs produits sont de « haute technologie ». Parmi les 2 396 entreprises du Guangdong engagées dans la production de haute technologie, 1 259 sont des entreprises collectives, soit 52,5%. Dans les dix zones de développement spécial de technologie de pointe de niveau national et provincial du Guangdong, les entreprises collectives représentent une moyenne de 80% des entreprises présentes. A Shenzhen, les entreprises collectives furent responsables de 22 milliards de RMB de production de haute technologie pour l'année 2001, soit un sixième. Ces entreprises sont particulièrement présentes à Guangzhou (1789 entreprises) et à Shenzhen (554). Pourtant, dans la province concurrente du Zhejiang, en 2001 il y avait 10 000 entreprises collectives qui réalisaient 390 milliards de RMB de valeur de production annuelle, donc 23% de la production totale de la province en valeur ; sur les 850 entreprises produisant de la haute technologie de cette province, 95% était des entreprises collectives et sur les 8300 brevets acceptés dans la province 95% provenaient de produits développés dans ces entreprises.

Sur les 270 300 employés des entreprises collectives au Guangdong, environ 81 700 ont un diplôme universitaire de haute spécialisation, soit 34% des employés, ou 3432 sur 10 000 (la proportion générale pour la province est de 356 sur 10 000). 50 500 personnes ont un diplôme de moyenne spécialisation, soit 18%, et 63 567 personnes ont un titre technique de haut, moyen et bas niveau, soit 22%.

Ce sont ces entreprises qui investissent le plus dans la R&D. Elles furent d'ailleurs les principales entreprises engagées par les autorités du Guangdong dans la politique de progrès technique lancée en 1998. En 1997, leurs investissements en R&D ne dépassaient pas 1 milliard 500 millions de RMB, entre 1997 et 2001 ces investissements ont cru de 60% par an en moyenne, atteignant 5 milliards 892 millions de RMB en 2000 et 7 milliards 150 millions en 2001, soit plus de la moitié des investissements réalisés dans la province cette année-là. Ces dernières années (avant 2001), ces entreprises ont développé plus de 3000 nouveaux produits, dont 70% sont protégés par les droits de propriété intellectuelle. En 2001, elles ont émises 3514 demandes de brevets dont 2763 ont été enregistrées.

De manière quelque peu surprenante, le rapport du gouvernement considère que les entreprises collectives sont trop peu nombreuses dans la province :

elles ne représentent que 0,99% des entreprises, ne comptent que pour 7,25% de la valeur de la production et que 2% des exportations totales. Dans les deux villes où elles sont les plus présentes, à Guangzhou et Shenzhen, elles ne produisent respectivement que 10 et 11% de la valeur de la production industrielle. Ces entreprises sont généralement trop petites, emploient en moyenne 70 personnes et ont une valeur de production qui ne dépasse pas les 1 million de RMB par an. Les entreprises qui développent le plus les produits IT sont celles dites « aux trois capitaux » (public, privé et international). La surprise provient de ce que les auteurs continuent à soutenir l'idée que ce sont les entreprises collectives (et non pas les Joint-venture ou les entreprises privées) qui sont les plus porteuses

Il est important de signaler que le Guangdong a pour particularité donc une moins forte présence des entreprises « collectives » au profit des entreprises privées (seyin qiye). Cependant, si le rapport en fait état de manière si détaillée, c'est que ces entreprises non seulement sont plus dynamiques mais ont été la forme organisationnelle des entreprises les plus dynamiques dans l'ensemble du pays. Les grandes marques chinoises connues à l'étranger comme TCL, Haier Legend, sont toutes des entreprises collectives, plus ou moins privatisées. Les grandes marques du Guangdong comme Meidi (Midéa), Galanz, GREE ou Kelon sont dans le même cas. Des entreprises comme Jinlin (électroménager) ou Jinyue (composants électroniques) sont des entreprises publiques, également « privatisées » mais qui gardent un fort contact avec leur tutelle. Les années à venir devraient voir petit à petit une modification du statut juridique de ces entreprises. Toutefois, elles ont eu un énorme avantage de départ, l'accès à des ressources technologiques et financières bien au-delà de ce que recevaient les entreprises privées dans les années quatre-vingt. En effet, grand nombre de ces entreprises sont issues de centres de recherche publics transformés en entreprises ou encore des anciennes entreprises de bourg gérées privativement. Avec le mouvement de « marchandisation » des organismes publics de recherche qui a lieu en ce moment cette tendance devrait se poursuivre et se renforcer (Arvanitis, 2004).

VII- LA POLITIQUE DES CLUSTERS INDUSTRIELS

Sur les 415 regroupements industriels recensés dans le delta, un quart peut être considéré comme des « clusters industriels » (p.119). Ces clusters industriels sont destinés à devenir la plate-forme privilégiée de l'innovation au Guangdong. Un programme de recherche spécifique mené par l'Institut du Développement du Guangdong de l'Université Zhongshan (Sun Yat-sen) en a fait sont axe principal de recherche[10]. Il faut préciser, que la dénomination de cluster spécialisé (zhuanye zhen) est donc une appellation contrôlée que les autorités octroient à un bourg afin de bénéficier d'appuis spécifiques dans le cadre des programmes de soutient au développement technologique. Le principal soutien consiste à établir un centre d'innovation et de développement technologique, équivalent à ce que en France on appelle un centre technique spécialisé dans un domaine comme la métallurgie, le bois, les textiles, la construction, etc.

En juillet 2002, la province distribuait une liste de 38 centres d'innovation et de technologie localisés dans des bourgs spécialisés (voir tableau pour une liste incomplète de bourgs spécialisés). Cette liste cependant recouvre parfois de petits bureaux techniques ou de véritables centres technologiques. Ainsi par exemple, le bourg spécialisé dans la robinetterie de Kaiping Shuikou (municipalité de Jiangmen) n'avait pas a proprement parler de centre d'innovation. Cependant le bourg de Shuikou avait financé 1 million de RMB dans la création d'un service internet de B2B (business-to-business) pour l'industrie des robinets. Il est probable que cette unité, devenue entreprise indépendante en 2002, soit précisément le type d'interface dont ce bourg spécialisé a le plus besoin (interviews Shuikou, 2002).

Tous ces bourgs spécialisés suivent, d'après les auteurs, un cheminement similaire. Ils précisent ainsi que les villes de Dongguan et Shunde ressemblent à celui de Nanhai. En réalité, ce à quoi font référence les auteurs est que parmi les 70.000 entreprises, la plupart sont des entreprises individuelles (getihu, moins de 8 employés), PME et entreprises privés (seying qiye). De plus, ils ont en tête le fait que ces entreprises ont de faibles niveaux technologiques et que rares sont celles qui, PME ou grandes entreprises, diffusent des techniques nouvelles. Nos propres enquêtes nous font douter sur la similarité des situations. En effet, plusieurs de ces bourgs spécialisés comme Xiqiao (Nanhai) ou Shuikou (Kaiping, Jiangmen) sont des bourgs établis sur la base de compétences pré-existantes dans le domaine industriel bien avant l'ouverture économique de 1979. Cependant, la situation aujourd'hui indépendamment de la trajectoire industrielle spécifique de chaque bourg, rend perceptible une convergence de la situation de chaque bourg. Ainsi, assiste-t-on bien à la mise en place d'un modèle de développement en ce sens que les bourgs deviennent des plateforme d'innovation. La création des centres techniques devrait être la pièce maîtresse de ces plateformes

10- Sous la direction du professeur Qiu Haixiong. Nous remercions ce centre et le professeur Qiu pour l'appui qu'il nous offert lors de l'analyse et des enquêtes auprès des centres d'innovation.

d'innovation. Dans certaines municipalités comme celle de Nanhai, un grand nombre de centres techniques qui se sont créés (par exemple, neuf centres à Nanhai), alors que Nanhai regroupe des industries traditionnelles comme la céramique, le textile, l'habillement, les produits en aluminium, les produits alimentaires. De plus, un grand nombre des entreprises tentent elles-mêmes de créer des unités de R&D. Nous avions ainsi visité une PME de chaussures de ville qui avait 150 employés à Pingzhou (bourg spécialisé dans les chaussures) et, dans un coin de l'atelier de production, un jeune homme et une jeune femme dessinaient des chaussures sur un grand cahier à dessin en détaillant la forme de chaussures, des modèles, des pièces de cuir à découper entièrement à la main. C'était là l'unité de R&D. Statistique : 2 personnes dans la R&D sur 150 employés pour une entreprise de chaussures en cuir.

De plus, la plupart des entreprises manquent de fonds, de techniques, de personnel qualifié. Les patrons, dit le rapport, sont des paysans enrichis sans expérience industrielle précédente. Là encore nos observations seraient plus nuancées, dans la mesure où dans un grand nombre de bourgs spécialisés, les patrons sont des anciens ouvriers issus d'entreprises des anciennes brigades de production et communes populaires devenues entreprises de bourg et de village. Si leurs connaissances techniques sont faibles, ils n'en avaient pas moins de véritables compétences dans le domaine (fonderie, mécanique, électrolyse et galvanisation, par exemple). Le mode de gestion de ces entreprises est familial et grand nombre d'entre elles manquent d'équipement informatique de base.

Le développement de la municipalité de Nanhai présente certaines particularités. Le regroupement géographique des entreprises est élevé et cela bien avant que ne soit déclaré la politique de soutien aux clusters. Ce que les auteurs signifient quand ils disent que « les clusters sont une réalité » (p.143). Il a été donc décidé à Nanhai de « donner une voie propre au secteur manufacturier ». Chaque zhen (unité administrative territoriale inférieure à la municipalité) va ainsi devenir une unité de référence. Les centres d'innovation vont structurer chaque zhen, pour assurer la promotion de techniques informatiques, des techniques productives de base et des techniques propres au secteur industriel, diffuser les informations S&T et commerciales.

Xiqiao est un l'exemple même de la réussite de cette politique, avec son industrie des textiles de coton. Il comporte 1670 entreprises dans les textiles, d'impression, de filature et toutes sortes de tissus d'ameublement et pour la confection. Le slogan de la ville est « 1000 machines, 1000 wan milliers (100 millions) de mètres de tissus, 1000 usines ». Les ventes annuelles de ce bourg s'élèvent à 13 milliards de RMB. La taille des usines est petite et disparate.

Leur niveau technique est assez faible. Les entreprises ne voient pas l'intérêt de faire de la R&D. Ainsi, le 5 mai 1999, le gouvernement a décidé de créer un centre d'innovation en insistant sur les techniques de CAD. Le service est destiné aux PME. Le centre a produit plus de 8000 produits (motifs de textile conçu sur ordinateur) dont 80% sont utilisés par les entreprises. Chaque jour les personnels du Centre visitent les entreprises du cluster. C'est ainsi que « Xiqiao est en train de passer de l'imitation à l'innovation ». Le centre a aussi des clients du Zhejiang, Hunan, Taiwan qui viennent visiter et acheter. L'investissement du centre a été de 7 millions de RMB. Mais rapidement, le centre a été autosuffisant, vivant de la vente de ses services. De plus, le centre participe à un effort important d'informatisation des entreprises, assurant le développement du réseau local informatique et sa maintenance. Plus récemment, en 2004, le gouvernement de la province a décidé de créer une université technique spécialisée dans les textiles et faire en sorte que le bourg de Xiqiao devienne le principal pôle de développement technologique au niveau national.

A Jinsha, qui concerne des entreprises de métaux et mécanique, on retrouve une situation similaire. Cette industrie regroupe sur le territoire de Nanhai quelques 4.000 entreprises qui représentent une production de 10 milliards de RMB, soit 10% de l'industrie nationale et 40% de l'industrie au niveau de la province. La moitié des ventes sont exportés en Europe, Asie du Sud-est et Moyen Orient. Aujourd'hui, il y a dans le cluster de Jinsha quelques 1000 entreprises produisant pour plus d'un milliard de RMB. 98% de ces entreprises sont familiales et des PME. Elles n'ont pas de capacité d'innovation et la qualité de leur production est faible. Le zhen de Jinsha a créé un centre d'innovation en septembre 1999. Au même moment des collaborations ont été entreprises avec l'Université Huazhong pour créer une entreprise de R&D ainsi que d'autres structures de recherche. Un centre de développement CAD/CAM pour le développement de nouveaux produits a été mis en place, et une unité spécialisée dans le design de moules en acier pour les extrudeuses. Cette technologie a permis de réduire le temps de conception de nouveaux moules pour produire des produits nouveaux de 30 à 7 jours. Depuis sa création cette plateforme d'innovation a créé 1500 moules et a développé plus de 100 nouveaux produits. Ce centre est orienté vers les PME.

Plusieurs autres clusters de ce type existent: Xiaolan (métal et mécanique), Shunde Luntiao (scieries), Shaqi (sous-vêtements), Changping (logistique), Houjié (meubles), Dongguan (équipements électrique), etc. Xiaolan est un cas intéressant car il a mis sur place une entreprise de design moderne (Hanxin) avec un investissement de 7 millions de RMB. Le bourg comporte 3.400 entreprises, toutes des PME. Ce centre offre des services techniques et a produit plus de 570 produits nouveaux a plus de 200 entreprises et facture pour un montant de 100 millions de RMB. Il faut aussi préciser que la municipalité de Xiaolan a été particulièrement active pour attirer des investisseurs étrangers en créant une structure spécifique au sein de la municipalité qui fait l'interface sur toutes les questions administratives et économiques que doivent confronter les investisseurs étrangers (interview Joel Pujol, juin 2003). Le rapport cite d'autres cas d'entreprises de ce type, à la fois centres d'innovation et entreprise: A Shelong, Dongguan, l'entreprise Shumaxing produit des pièces d'équipement pour 15 milliards de RMB et la prévision en 2003 est de 30 milliards. Le rapport signale qu'à Dongguan, les produits sont créés entièrement sur place et les bourgs alentour servent de fournisseurs aux entreprises de Dongguan. Fin 2000, l'office de l'information national a fait de Shelong un cas exemplaire pour le pays. Les équipements sont parmi les plus performants et le bourg regroupe 60700 personnes.

La politique des clusters industriels et le réseau de centres techniques, appelés centres d'innovation, qui s'y rattachent forment la nouvelle colonne vertébrale de la politique d'innovation en Chine, en complément des autres grands volets que sont les zones de développement technologique, l'appui porté à certaines entreprises prometteuses, et la transformation en entreprises des centres de recherche publique (Arvanitis, 2004). Les centres techniques sont très fortement liés aux entreprises locales, notamment du fait qu'ils servent d'intermédiaire pour tout ce qui concerne l'informatisation des entreprises et par leur connaissance des conditions de production sur place. Leur adaptation aux conditions de l'industrie locale explique aussi leurs différences. Chaque centre d'innovation affronte des structures industrielles très différentes et la nature du secteur de production influence évidemment beaucoup leur fonctionnement. Les clusters industriels dynamiques poussent ces centres à devenir des fournisseurs de modèles de produits. Dans les clusters moins dynamiques, leur rôle est beaucoup plus difficile à définir. L'information est souvent au centre des préoccupations mais aucune expérience précédente de veille technologique ne permet aux employés des centres de vendre de l'information qui se limite dans la plupart des cas à des pages internet et dans le meilleur des cas à des systèmes B2B. En fait, les demandes des entreprises en formation ou en gestion sont très au-delà de ce que ces centres peuvent fournir. La faiblesse des liens avec les universités et écoles techniques rend se travail de connexion encore plus rare et difficile. Mais à terme, une des fonctions de ces centres est précisément de jouer ce rôle d'intermédiaire entre les organismes de recherche et les entreprises.

CONCLUSION : L'ESPACE INDUSTRIEL COMME BASE D'UN ESPACE RÉGIONAL D'INNOVATION

La province du Guangdong a saisi l'importance du soutien des entreprises dans leur composante technologique. Récemment, la province a décidé de créer un système d'indicateurs pour suivre le développement technologique de plus près. Il a aussi décidé de ne plus laisser entièrement l'initiative de ces développements aux seules mains des autorités locales qui manquent de moyens pour monter en puissance. Ainsi dans les textiles, la volonté de transformer un centre technique local en un véritable pôle de développement technologique et industriel au niveau national ne peut pas relever de la seule autorité locale du bourg de Xiqiao. Enfin, le gouvernement provincial a engagé une réflexion sur la meilleure façon de gérer les centres techniques en les dotant de structures spécifiques destinées à la promotion de l'information, des réseaux d'entreprises et de fournisseurs, et des réseaux avec les universités, en plus des activités techniques qui assurent un financement régulier des centres techniques (Qiu et Xu, 2004).

De plus, il faut noter que nombre des zones industrielles voient se structurer des associations patronales, associations soit spécialisées dans le secteur industriel ou encore localisées dans le bourg. Ces associations apparaissent comme des clubs d'homme d'affaires, mais les autorités locales cherchent à les promouvoir pour avoir un interlocuteur du monde économique que représentent les entreprises privées. Pour l'instant rien ne permet de dire si ces associations auront un impact dans la modernisation des entreprises. Mais il est clair que de multiples initiatives locales obtiennent l'assentiment des autorités locales dans ce sens.

Nous nous sommes concentrés sur le seul aspect industriel qui représente l'essentiel du développement économique de la province et du Delta de la Rivière des Perles. Cette région a connu, ce que Gilles Guiheux (Guiheux, 2004) appelle la création d'un espace économique local à la suite d'autres chercheurs, géographes, qui ont montré l'importance de l'enracinement local de l'industrie, en Chine (Sanjuan, 1999) ou de manière générale dans plusieurs pays en développement.

Mais pour arriver à transformer un espace industriel en un espace régional d'innovation il est nécessaire de transcender les limites locales notamment en créant des liens stables entre fournisseurs et clients, en facilitant l'accès aux ressources technologiques, en ouvrant un marché de l'emploi qualifié, en établissant des liens avec les centres universitaires. Le Guangdong donne des signes en ce sens, mais il doit simultanément affronter une triple concurrence et des difficultés structurelles.

La concurrence provient d'une part des entreprises étrangères qui feront peu de cas des centres techniques et de la croissance des PME et qui investiront de plus en plus en Chine en matière de R&D (Walsh, 2003). Les investisseurs étrangers, taiwanais, hongkongais, coréens, japonais et occidentaux, très présents dans le Guangdong, forment un ensemble d'acteurs économiques à part, très peu intégrés dans l'économie locale et qui utilisent l'espace local comme une ressource quasi-minière, riche en main d'oeuvre bon marché y compris de haut niveau (un technicien CAO coûte à peine plus qu'un ouvrier) et en infrastructures (avantages divers offerts par les gouvernements locaux aux investisseurs étrangers). La concurrence provient aussi des autres régions industrielles chinoises qui essaient d'avoir accès aux ressources du gouvernement central. Cette concurrence est manifeste au niveau local, mais transparaît aussi dans la prose politique du gouvernement provincial. Enfin, il faut insister sur la concurrence particulière de Pékin et Shanghai, villes qui par leur statut politique monopolisent des ressources scientifiques de haut niveau et reçoivent des appuis préférentiels pour établir des centres de développement technologique. Leur position reflète des choix politiques qui ne sont pas nécessairement basés sur une rationalité économique, comme en témoignent les multiples plans de développement urbain dont a bénéficié Shanghai, les pressions que reçoivent les multinationales pour s'implanter à Shanghai ou les mesures en faveur de l'implantation d'entreprises de High-tech dans la région de Pékin. Curieusement, les responsables politiques provinciaux ne mentionnent à aucun moment une quelconque menace en provenance de l'Asie. Seule l'Inde est mentionnée dans le domaine des parcs de développement de software, comme un exemple à suivre et dépasser. La Malaisie –fort pôle de développement techno-industriel–, la Thailande ou Singapour ne méritent même pas une mention, pas plus comme compétiteurs que comme débouché. Et, en effet, les entreprises elles-mêmes, semblent s'orienter plus facilement vers l'Europe, les Etats-Unis et l'Amérique ou encore l'Asie centrale et l'Afrique que vers l'Asie du Sud et du Sud-Est.

Les difficultés structurelles sont celles à la fois du système économique hérité de l'ancienne économie socialiste et des difficultés issues de la croissance récente. Le secteur privé national, particulièrement actif ici, commence à revendiquer une position de représentation, attitude parfois corporatiste mais bien réelle que l'état doit confronter pour la première fois de son histoire. Le fort pouvoir des gouvernements locaux se voit mis en question et les négociations ne seront pas faciles pour établir l'ordre des préséances et des priorités en matière de financement et de récupération des impôts. Le flou qui règne entre public et privé qui a été un avantage pour la création des PME dans les bourgs industriels devient une difficulté quand il s'agit d'appuyer la mise à niveau technologique des entreprises. Enfin, le manque de confiance des entreprises vis-à-vis de ce qui est collectif (pour ne pas dire de ce qui est public) où les liens de confiance, essentiels pour la création des entreprises, sont individuels, n'offre pas une configuration où les entrepreneurs co-gèrent les équipements collectifs. Pour l'instant, les entreprises sont avant tout des consommateurs d'infrastructures et rares sont les cas où les associations professionnelles ou industrielles font le relais avec les autorités locales.

Aujourd'hui personne ne saurait dire si les entreprises et les autorités locales arriveront à mettre en place un système d'innovation. Mais deux éléments militent en ce sens. Le premier est que la réflexion du gouvernement provincial est particulièrement active et inclut une bonne dose d'observation de terrain. Loin d'être un diktat du haut, il s'agit d'une politique mûrement réfléchie et qui s'inspire à la fois des expériences étrangères et de la réalité locale. Le rapport du gouvernement que nous utilisons dans ces pages est un témoignage de cette tendance. Cela engage un processus de discussion, par exemple sur la nature même des activités d'innovation, le rôle des universités, le fonctionnement des centres d'innovation, la place des entreprises nationales et étrangères. Le deuxième aspect est que les entreprises insérées dans des clusters industriels entretiennent par la force des choses une relation symbiotique avec les centres d'innovation qui contrebalance leurs carences en matière technologique et leurs liens forts avec des clients étrangers. La conjonction d'une volonté politique, des ressources locales, l'existence d'un dense réseau industriel, la rapidité de l'apprentissage technologique interne des entreprises sont autant d'éléments qui appuient un pronostic favorable. A cela nous devrions ajouter l'extrême perméabilité des universitaires et chercheurs à la création d'entreprise et la participation à la vie économique. Peut-être même au-delà du raisonnable.

REFERENCES

Amable, Bruno, Rémi Barré et Robert Boyer (1997). Les sytèmes d'innovation à l'ère de la globalisation. Paris, Economica. 401 pp.

Arvanitis, Rigas (2004). "La politique d'innovation en Chine - un essai d'interprétation." La Lettre de l'Antenne (Antenne expérimentale franco-chinoise de sciences humaines et sociales à Pékin http://www.antenne-pekin.com), (3, mai 2004).

Arvanitis, Rigas, Pierre Miège et Wei Zhao (2003). "Regard(s) sur l'émergence d'une économie de marché en Chine." Perspectives chinoises, (77): 53-65.

Cao, Cong (2004). "Challenges for China's industrial development: a technological assessment." China Perspectives, 54: 4-16.

DATAR (2002). Les systèmes productifs locaux. Paris, Datar, La Documentation française.

Divers (2002). Rapport sur le développement de la recherche scientifique et technologique dans le Guangdong (Guangdong keji fazhan yanjiu baogao). Guangzhou, Guangdong gaodeng jiaoyu shubanshe (12/2002). 256 pp.

Goudineau, Yves (1990). "Etre excellent sans être pur: potentiel technologique et pouvoir technocratique à Singapour." Cahier des Sciences Humaines, 26 (3): 379-405.

Guiheux, Gilles (2004). "Les ressources localisées d'une entreprise privée en Chine centrale." Genèses, 56 (automne 2004): A paraître.

Lemoine, Françoise et Ünal-Kesenci Deniz (2002). China in the International Segmentation of Production Processes. CEPII Working Papers No.2002-02. Paris. 59 pp.

Lemoine, Francoise et Deniz Unal-Kesenci (2004). "Assembly Trade and Technology Transfer: The Case of China." World Development, 32 (5): 829-850.

Putterman, Louis (1997). "On the past and future of China's Township and Village-owned enterprises." World Development, 25 (10): 1639-1655.

Qiu, Haixiong et Jianniu Xu (2004). "The local governements policy concerning the innovation centers in industrial clusters (in chinese)". Regional Innovation Systems and Science and Technology Policies in Emerging Economies:Experiences from China and the World, Zhongshan University, Guangzhou, 19-21 April 2004, Zhongshan University, Chair on S&T Policy: To be published.

Sanjuan, Thierry (1999). A l'ombre de Hong Kong. Le Delta de la Rivière des Perles. Géographie et Culture. Paris, L'Harmattan. 314 pp.

Tang, Yuli (2003). "Review of the reform of research institutes". Conference on China's new knowledge systems and their global interaction, 29-30 September, Lund, Sweden, Swedish Agency for Innovation Studies, Stockholm Shool of Economics and Lund University: 27-37.

Unger, Jonathan et Anita Chan (1999). "Inheritors of the boom: private entreprise and the role of local governement in a rural South China township." The China Journal, 42 (July): 45-74.

Walsh, Kathlyn (2003). Foreign Hi-tech in China. Risks, rewards and implications US-China relations. Washington, D.C., Stimson Center (http://www.stimson.org/techtransfer/pdf/FinalReport.pdf). 151 pp.

Tableau 9. Liste des clusters industriels [11]

	Ville[12]	Lieu (*zhen ou cun*)[13]	Spécialité	PIB du lieu	Production totale	Production industrielle (ou	Prod. de spécialité et % de la prod. ind
1	Zhongshan	Guzhen	Luminaires	1.120	3.486	3.246	2.500 soit 77%
2	Zhongshan	Xiaolan	Métaux et mécanique	4.200	12.500	10.900	3.488 soit 32%
3	Zhongshan	Dayong*	Meubles traditionnels en bois rouge		2.800		
4	Zhongshan	Shaqi*	Vêtements de loisir				5.000
5	Zhongshan	Minzhong*	Fruits et légumes		2.572	413(*)	
6	Guangzhou	Huadu Shiling	Produits du cuir	--	4.015	3.769	2.800 soit 75%
7	Dongguan	Houjie	Ameublement				
8	Dongguan	Shilong	Electronique	2.030	--	3.140	--
9	Dongguan	Shijie*	Electronique	1.350			70%
10	Dongguan	Changping*	Logistique			5.350	
11	Dongguan	Humen*	Vêtements		8.433	8.090	
12	Dongguan	Chang'an*	Métaux et mécanique	1.910	5.090	4.880	--
13	Foshan	Zhangcha	Tissage et broderie	850	2.706	2.630	1.710 soit 65%
14	Foshan,	Genglou*	Elevage	346	1.787	679(*)	--

11- Sources : Rapports sur le développement des clusters industriels, Province du Guangdong, Dépt. De Science et de Technologie. Rapports de 2000 et 2001. Les villes avec un astérisque indiquent des chiffres de 2001

12- Ou district administratif territorial ; habituellement, les municipalités (shi) sont le district supérieur avant la province, mais certains districts peuvent contenir plusieurs municipalités ou villes. La municipalité de Foshan s'est vu ainsi attribué les villes de Shunde et Nanhai, mais ces dernières gardent leur gouvernement municipal autonome tout en dépendant administrativement non plus directement de la province mais de la super-municipalité de Foshan. Dans le cas de la municipalité de Guangzhou, la ville ne contient que des secteurs ou districts (qu). Récemment, certaines municipalités (comme par exemple Panyu) ont été intégrée dans la municipalités de Guangzhou, devenant ainsi des districts. Il faut remarquer que ce changement n'affecte pas directement la qualification de secteur urbain ou rural. Guangzhou contient aisni quelques 138 « villages » qui sont des divisions rurales, ce qui entraîne que les permis de résidence sont des permis ruraux et donc ne donnent pas accès aux avantages d'un permis résidentiel urbain.

13- Zhen : "contés" ou communes. Cun : village. Les zhen peuvent inclure plusieurs villages (ruraux) ou des divisions urbaines.

15	Foshan	Shiwan*	Céramiques	1.220	--	2.182	2.000 soit 91 %
16	Shunde	Chencun*	Floriculture	2.050	4.484	--	400
17	Shunde	Lunjiao	Outils pour le bois	2.138	8.900	8.190	760
18	Shunde	Lecong*	Marché de meubles		4.424	-	
19	Nanhai	Xiqiao	Tissage et filature	3.020	6.746	6.200	2.800
20	Nanhai	Jinsha	Métaux et mécanique	5.370	949	732	580 soit 80%
21	Nanhai	Guanyao*	Jouets	1.850			
22	Nanhai	Pingzhou	Chaussures				
23	Nanhai	Yanbu*	Lingerie	2.250	--	--	1.500
24	Nanhai	Dali*	Produits (profilés) aluminium	--	--	9.080	5.902 soit 65%
25	Shanwei, Denghai	Fengxiang	Jouets	1.002	3.043	3.029	2.120 soit 70%
26	Shanwei, Haifeng		Ketang* travail des perles	--	2.267	1.962	1.813 soit 80%
27	Jiangmen	Pengjiang*	Motos	3.451		7.550	2.872 soit 38%
28	Jiangmen, Xinyun	Siqian*	Produits en acier inoxydable	--	2.760	2.590	1.800 soit 69,5%
29	Jiangmen, Kaiping	Shuikou	Robinetterie				
30	Jiangmen	Dist. Jianghai*	Electroménager	1.733	--	3.711	1.652 soit 44,5%
31	Chaozhou, Chao'an	Anbu*	Produits alimentaires			3.579	
32	Chaozhou, Chao'an	Caitang*	Produits en acier inoxydable			1.000	630 soit 53%
33	Chaozhou, Caho'an	Fenghuang*	Thé				210
34	Chaozhou	Distr. Fenqi*	Céramique	1.744	--	4.412	4.130 soit 93,6%
35	Zhaoqin, Gaoyao	Jinli	Métaux et mécanique	1.150	2.080	1.710	--
36	Meizhou, Meixian		Yanyang* Pamplemousses				
37	Meizhou, Fengshun	Tangkeng*	Equipements audio			1.000	500 soit 50%
38	Yunfu	rue Hekou*	Produits en pierre	--	1.650	1.520	625 soit 41%

CONCLUSIONS GÉNÉRALES
Par Driss GUERRAOUI et Xavier RICHET

L'enjeu du thème de la rencontre internationale de Tétouan était triple : rassembler des spécialistes de l'intelligence économique et de la veille stratégique pour connaître l'état de l'art en la matière, croiser leurs réflexions avec celles des opérateurs et des praticiens reconnus, notamment locaux et créer un cadre permanant pouvant fédérer des potentialités humaines locales, nationales et internationales en vue de poursuive une réflexion à la faveur d'actions au service du renforcement de l'attractivité du territoire.

Si le territoire est un nouvel enjeux de l'analyse économique, c'est aussi un lieu d'expérimentation où les differents acteurs tentent de mobiliser les compétences, provoquer l'alchimie à même de dynamiser un espace économique qui occupe une place stratégique dans le développement des relations Nord –Sud.

Le concept d'intelligence économique est-il opérationnel pour répondre à ces défis ? Une large discussion s'est engagée sur la pertinence de ce concept qui se décline de différentes manières, qui représente plusieurs réalités, de la recherche de l'information à l'analyse et de l'analyse à l'action. Parfois le verbe remplace le concept et tient lieu de viatique. Les références à l'intelligence économique ont parfois quelque chose d'incantatoire, les concepts guerriers ne sont pas loin. Il convient donc « d'avoir l'intelligence de l'intelligence économique ».

Parfois trop d'information tue l'information. Il faut voir plutôt dans ce concept un prolongement de l'économie de la connaissance, qui elle-même indique un dépassement de la fonction de production classique : la concurrence entre firmes se déplace de plus en plus en amont, vers la conception des produits et des procédés, là où les découvertes et leur exploitation peuvent donner lieu un avantage concurrentiel durable aux premiers venus.

L'autre relève de l'économie de l'information. Ce mouvement implique la mobilisation importante de ressources, notamment la formation, en capital humain, pour pouvoir dominer ces connaissances. Les économies émergentes peuvent-elles s'engager dans ce mouvement, sauter les étapes en accumulant les savoirs, les expériences qui les rendent capables de se mesurer avec ce qui se fait dans les économies avancées ?

La domination des nouvelles technologies de l'information et de la communication par les nations développées et les grands réseaux transnationaux induit-elle le même type de hiérarchisation des systèmes productifs, assignant une place spécifique aux économies émergentes, ou bien, au contraire, laisse-t-elle ouverte des « fenêtres d'opportunités » aux économies émergentes qui ont su se déplacer vers l'amont, sur des segments précis, là où on produit de la connaissance ? Ces économies ne restent-elles pas des prestataires des grandes firmes occidentales, dans une relation de sous-traitance ? Les connaissances accumulées, dans ce sens, contribuent-elles à engendrer des effets externes positifs, à endogénéiser des savoir-faire induits par la coopération industrielle?

Une autre problématique importante a été, également, abordée lors de cette rencontre c'est celle du lien entre l'intelligence et le développement locale et régional, d'une part et les politiques industrielles ciblées, de l'autre. Les nombreux développements présentés autour du projet de métropolisation de la Région Tanger Tétouan illustre cette approche. Il s'agit, en fait, de voir comment autour d'un grand programme de désenclavement et de développement favoriser l'intelligence du territoire en créant les synergies, en favorisant les complémentarités et en mobilisant les compétences.

Si toutes ces problématiques se trouvent au cœur de la sécurité économique des entreprises et de la souveraineté des Etats Nations, elles présupposent la promotion d'une culture de l'intelligence économique que seule une mutation du système de formation à l'échelle de l'entreprise et de la société est à même de rendre possible. A ce niveau, ce sont les missions originelles de l'école qui se trouvent interpellées au sens du nécessaire passage de missions axées sur la dichotomie « apprendre à apprendre », « apprendre à entreprendre » et « apprendre à être » à une mission qui consiste à apprendre à innover, à créer et à promouvoir l'initiative individuelle et collective, publique et privée.

Le projet de création d'un observatoire de l'intelligence économique et de la veille stratégique, qui devrait rassembler des experts, des chercheurs et des opérateurs du Nord et du Sud permettra d'inscrire la réflexion sur l'intelligence économique dans la durée et ce autour d'actions locales qui devraient enrichir les connaissances sur cette nouvelle frontière du savoir et d'offrir aux opérateurs publics et privés les outils d'aide à la mise en place d'une gouvernance appropriée et pertinente de leurs organisations.

TABLE DES MATIÈRES

-II-
L'INTELLIGENCE TERRITORIALE: EXPÉRIENCES COMPARÉES

-III-
MOBILISATION DES COMPÉTENCES, VEILLE TECHNOLOGIQUE ET INFORMATION

-IV- GLOBALISATION, STRATÉGIES ET GÉOPOLITIQUE : LA NOUVELLE DONNE

www.ingramcontent.com/pod-product-compliance
Lightning Source LLC
LaVergne TN
LVHW050643051026
849532LV00002B/508